पद्मभूषण सुमित्रा महाजन

ताई

पद्‌मभूषण सुमित्रा महाजन

लोकसभा अध्यक्ष के कार्यकाल का बहुआयामी विवरण

मेधा किरीट

अनुवाद

अरविंद जवलेकर

प्रकाशक

प्रभात पेपरबैक्स

प्रभात प्रकाशन प्रा. लि. का उपक्रम

4/19 आसफ अली रोड, नई दिल्ली-110002

फोन : 23289777 • हेल्पलाइन नं. : 7827007777

इ-मेल : prabhatbooks@gmail.com ❖ वेब ठिकाना : www.prabhatbooks.com

संस्करण

प्रथम, 2022

सर्वाधिकार

सुरक्षित

मूल्य

तीन सौ रुपए

मुद्रक

आर-टेक ऑफसेट प्रिंटर्स, दिल्ली

———— ★ ————

TAI

by Smt. Medha Kirit

Published by **PRABHAT PAPERBACKS**

An imprint of Prabhat Prakashan Pvt. Ltd.

4/19 Asaf Ali Road, New Delhi-110002

ISBN 9978-93-5521-182-8

₹ 300.00

राजनीतिक तथा सामाजिक
क्षेत्र में कार्यरत
राष्ट्रभक्त युवा पीढ़ी
को समर्पित

मनोगत

—पद्मभूषण सुमित्रा महाजन

प्रिय मेधा किरीट सोमैया ने बहुत ही मन लगाकर लोकसभा अध्यक्ष के रूप में मेरे कामकाज का आलेख तैयार किया है। इसमें मेरा थोड़ा ज्यादा ही महिमा मंडन किया गया है, मगर सच कहूँ, मुझमें कर्तृत्व तो था, करने की ऊर्जा भी थी, 'महिला' विषय सदैव मन में घुमड़ता रहता था, अभी भी घुमड़ता है, अनेक विषयों का अध्ययन भी था, मगर अवसर मिलना कठिन था। कहते हैं न—

अमन्त्रं अक्षरो नास्ति, नास्ति मूलं अनौषधम्।
अयोग्यो: पुरुषों नास्ति, योजक: तत्र दुर्लभ: ॥

वास्तव में वैसा ही कुछ हुआ। 2014 में शायद वह दुर्लभ योजक माननीय नरेंद्र मोदीजी के रूप में मिला। उन्होंने मुझे मौका दिया, मेरे व्यक्तित्व को विकसित होने का अवसर दिया, दुनिया को मेरी क्षमताओं से परिचित कराने के लिए एक स्थान उपलब्ध कराया, यह बहुत बड़ी बात थी।

सच कहूँ तो मेरे लोकसभा सदस्य बनने के बाद अधिक समय भाजपा विपक्ष में ही रही। मगर एक बार 1996 में 13 दिन की और 1998 में 13 माह की सरकार अटलजी के नेतृत्व में बनी। 1999 में फिर सरकार बनी, तब मैं तथा जयवंतीबेन मेहता राज्यमंत्री बनाई गईं। संगठन में काम करने के कारण तथा 4-5 बार के सांसद के रूप में भी हम दोनों वरिष्ठ थीं, इसलिए हमें कैबिनेट दर्जा मिलने में अड़चन नहीं थी। हमने उसका बुरा नहीं माना, मगर यदि अवसर मिला होता तो शायद कैबिनेट मंत्री के रूप में उस समय ज्यादा कर्तृत्व भी दिखा सकते थे, अर्थात् यह भी सच है कि जब मैं मा. मुरली मनोहरजी के साथ राज्यमंत्री के रूप में 'महिला बाल विकास मंत्रालय' सँभालने लगी तो उन्होंने मुझे कई निर्णय लेने का स्वातंत्र्य दिया, सहयोग

दिया, प्रोत्साहन भी दिया, इसीलिए मैं आँगनवाड़ी कार्यकर्ताओं का मानदेय दुगुना करने तथा उनके लिए राष्ट्रीय तथा प्रादेशिक स्तर के पुरस्कार घोषित करने में सफल हो सकी। राष्ट्रीय स्तर पर पाँच 'स्त्री शक्ति पुरस्कार' प्रारंभ किए। स्त्री-विमर्श पर अनेक संगोष्ठियाँ आयोजित कीं। वे दो-ढाई वर्ष बहुत व्यस्तता के रहे, फिर संचार राज्य मंत्री बनी और अंत में पेट्रोलियम राज्य मंत्री। खैर!

2004 के चुनाव के बाद हम फिर विपक्ष में आ गए, मगर प्रशंसा कान में आती रहती थी कि वरिष्ठ नेता (मा. आडवाणीजी आदि) कहते हैं कि सुमित्रा होशियार है, अध्ययनशील है, वरिष्ठ है आदि, मगर सच कहूँ तो कभी-कभी लगता था कि यदि सच में आपको लगता है कि मैं होशियार हूँ तो फिर मुझे राष्ट्रीय कार्यकारिणी में लेते, किसी प्रस्ताव पर प्रमुखता से बोलने का अवसर देते या फिर लोकसभा में कहते कि इस विषय पर सुमित्रा बोलेगी। महिलाओं का विषय आता तो जरूर मेरा नाम लिया जाता, मगर मैं सोचती कि दूसरे प्रमुख विषयों पर ओपनिंग बैट्समैन के रूप में प्रथम वक्ता की भूमिका मुझे क्यों नहीं? ठीक है, यह उस समय के विचार, मगर मुझमें भी एक कमी है। राजनीति में दूसरों को धक्का देकर आगे बढ़ने का जो स्वभाव नेताओं में पाया जाता है, वह मेरा कभी नहीं रहा, आज भी नहीं है।

मेरे व्यक्तित्व का निर्माण ही राष्ट्रीय स्वयंसेवक संघ तथा राष्ट्र सेविका समिति के आदर्शों के अनुरूप हुआ है। बचपन में घर में पूर्णत: संघ का वातावरण था। हम लड़कियाँ भी बचपन से समिति में जाया करती थीं। घर में ऐसा नियम ही था। चिपलून में वसंत व्याख्यानमाला होती थी, पिताजी का आग्रह होता था कि उसे सुनने जाओ, कुछ अच्छा सुनने को मिलेगा। हम सब उसे सुनने जाते थे, इस कारण अनेक बड़े विद्वानों को सुनने का अवसर मिला। स्कूल में भी अनेक स्पर्धाओं में भाग लिया। गाँव के स्वच्छ तथा खुले वातावरण के कारण अनेक गुण विकसित हुए। बाद में वर्ष 1959 में पिताजी का स्वर्गवास हो गया। मैं उस समय 11वीं कक्षा में पढ़ रही थी। इसलिए हम सब भाई-बहनों के अगले 5-6 वर्ष संघर्ष करते हुए बीते। कभी किसी काका के घर रहे, नौकरी करके पढ़ाई की, मैंने भी उन दिनों एजी ऑफिस में नौकरी की, जाने दो!

विवाह के बाद इंदौर आने पर जैसे ईश्वर ने सारे कष्टों की भरपाई कर दी/मुआवजा दे दिया। केवल शौकीन पति ही नहीं, माता-पिता जैसे लाड़, दुलार करनेवाले, कॉलेज में जाकर पढ़ाई पूरी कर; हम हैं तेरे साथ, ऐसा कहकर सदैव पीछे खड़े रहनेवाले सास-ससुर देकर ईश्वर ने मानो कहा कि 'जा बेटी, जा! कर ले अपनी सारी मुरादें पूरी!' और मेरे जीवन की गाड़ी भी तेज गति से दौड़ पड़ी।

प्रारंभ में सासुमाँ के साथ महिलामंडल में जाना प्रारंभ किया। राष्ट्र सेविका समिति में भी जाने लगी। साहित्य सभा, वक्तृत्व स्पर्धा, संस्कार वर्ग, मेरी गाड़ी दौड़ रही थी। समिति का बहुत आधार मिला। सप्ताह में एक दिन प्रौढ़ शाखा में जाती थी। सासुमाँ धीरे से सलाह देतीं—'देख बेटा, तू सबकुछ कर, मगर शाम को जयंता (पति) के कोर्ट से आने के समय तुझे घर पर ही रहना चाहिए, समझी न? हमेशा यह ध्यान रखना। हाँ, कभी एकाध बार मैं सँभाल लूँगी, मगर हमेशा यह कैसे चलेगा?'

हमारे समिति के ग्रुप में मैं ही सबसे छोटी थी और साइकिल-स्कूटर चला लेती थी, इसलिए थोड़ी लाड़ली भी। समिति में मातृत्व, कर्तृत्व, नेतृत्व के आदर्श के रूप में माता जीजाबाई, देवी अहिल्याबाई तथा झाँसी की रानी के चरित्र बताए जाते थे। हम सेविकाओं को अलग-अलग स्थानों पर बोलने के लिए भी भेजा जाता था। इसके लिए अध्ययन कराया जाता था। हमारी प्रमुख मैनाताई गोखले, यानी वंदनीया लक्ष्मीबाई केलकर 'मौसीजी' (समिति की संस्थापिका) की बहन थीं। प्रभावशाली, उत्तम वक्ता, अनेक विषयों का गहन अध्ययन, उनसे ही मैंने रामायण पर प्रवचन देना सीखा। वत्सलाताई नामजोशी अनेक नए-नए उपक्रम सुझाती थीं। मराठी के साथ-साथ, उनकी हिंदी भी अच्छी थी। धीरे-धीरे मैं भी हिंदी में प्रवचन देने लगी।

समिति की ओर से हम प्रतिवर्ष अहिल्या पुण्यतिथि के दिन समिति के गणवेश में राजबाड़ा स्थित अहिल्या प्रतिमा पर फूलमाला चढ़ाने जाते थे तथा माननीय वत्सलाताई द्वारा लिखे हुए 'अष्टभुजा स्तोत्र' तथा अन्य गीतों का पाठ करते थे। अन्य लोग भी वहाँ होते, मगर हम अपने स्तोत्र, आरती आदि गाकर लौट आते। आज भी हम सब वह अहिल्योत्सव समिति की ओर से गाते हैं। मैं आज भी उस दिन प्रतिमा स्थल पर समिति के गणवेश में ही जाती हूँ।

समिति के कारण मैं अहिल्या चरित्र का गहराई से अध्ययन कर सकी और उनकी न्यायप्रियता, उस काल में उनके द्वारा की गई स्वच्छ राजनीति, हिंदुस्थान के कोने-कोने में—आसेतु हिमाचल सभी धर्मस्थलों पर उनके द्वारा किए गए निर्माण कार्य, इस सबका एक अलग प्रभाव, एक अलग छाप मेरे मन पर पड़ी। मुझे याद है, प्रारंभ में प्रवचन देते समय मैं कहती थी कि मैं कोई विद्वान् के रूप में आपके समक्ष प्रवचन नहीं दे रही, मगर आपके समक्ष बोलते-बोलते, बार-बार अध्ययन करते हुए मुझे अहिल्याबाई के तथा अन्य चरित्रों के जीवन के अलग-अलग पहलुओं के

दर्शन होते हैं। मैं भी बार-बार वही कहती हूँ, इसलिए वह मेरे मन पर भी अंकित हो जाता है, इसलिए मैं प्रवचन करती हूँ।

और वास्तव में वही हो गया। मैं अहिल्यामय हो गई और राजनीति हो या समाजनीति, रघुराम, जीजामाता, अहिल्यामाता इनकी छाप मन पर इतनी गहरी पड़ी कि अब मैं चाहूँ तो भी मेरे कदम डगमगा नहीं सकते। मुझसे जितना बन पड़ेगा, उतना मैं अच्छा, स्वच्छ, श्रेष्ठ कार्य करने का ही प्रयास करूँगी। मेरे जीवन का यह लक्ष्य कब, कैसे निश्चित हो गया, यह वह विधाता और मुझपर संस्कार करनेवाले ही जानते हैं।

आपातकाल लगा और उससे, यानी अन्याय से संघर्ष करते हुए मैं धीरे-धीरे कब राजनीति में आ गई, पता ही नहीं चला, मगर मैं देवी अहिल्या के काम से दूर नहीं हुई। 1981 में मैंने अहिल्योत्सव समिति की कार्यकर्ता के रूप में महिला सम्मेलन की जिम्मेदारी ली, फिर महिला प्रतिनिधि बनी। 1984 से 1986 तक सह सचिव रही और 1994 में अहिल्योत्सव समिति की अध्यक्ष बनी। आज भी हम सब उसकी धुरा सँभाले हुए हैं। अब इसका कार्य बहुत विस्तारित हो गया है। 1996 में माता अहिल्याबाई की 200वीं पुण्यतिथि खूब धूमधाम से मनाई। उस वर्ष 'अहिल्या राष्ट्रीय पुरस्कार' की स्थापना भी की। पहला अहिल्या राष्ट्रीय पुरस्कार मा. नानाजी देशमुख को दिया और माननीय अटलजी पुरस्कार देने हेतु मुख्य अतिथि के रूप में आए। यह मेरा तथा अहिल्योत्सव समिति का सौभाग्य ही था, जो बाद में निरंतर बढ़ता ही गया।

राजनीतिक यात्रा में अच्छा मार्गदर्शक भी सौभाग्य से ही मिलता है। मुझे माननीय कुशाभाऊ ठाकरे तथा राजमाताजी के रूप में वे मिले। माननीय कुशाभाऊ का स्वयं का जीवन ही इतना आदर्श तथा निरपेक्ष था कि 'कर्मण्येवाधीकारस्ते, मा फलेषु कदाचन।' यह किसी को हमें सिखाना-समझाना ही नहीं पड़ा। मा. कुशाभाऊ कभी भी किसी की मुँह पर प्रशंसा नहीं करते थे, मगर इधर-उधर से सुनने को मिलता था। एक बार ऐसे ही एक प्रसंग में महिलाओं को अवसर देने की बात हो रही थी, तब हमारे इंदौर के उस समय के एक पुराने कार्यकर्ता ने कहा कि कुशाभाऊ, हम इंदौरवालों ने तो सुमित्राताई को लाकर महिलाओं को 100 प्रतिशत अवसर दिया है। इस पर कुशाभाऊ ने तुरंत कहा, "देखो, तुम्हारे देने के कारण नहीं, अपने कर्तृत्व से उसने यह स्थान प्राप्त किया है। बेकार में क्रेडिट मत लो।" मुझे जब यह पता चला तो आप ही बताओ कि क्या मेरी प्रसन्नता का कोई पार रहा होगा?

मुझे केवल यही बताना है कि बचपन से लेकर अभी तक का मेरा प्रवास राष्ट्र सेविका समिति की उँगली पकड़कर ही हुआ है। अभी भी हर बार माननीया प्रमिलाताई का मार्गदर्शन हेतु फोन आता ही है, 'चिंता मत कर, हम सब तुम्हारे पीछे हैं। लोकसभा में कोई निर्णय लेने पर, वह योग्य होगा तो शाबाश कहकर प्रशंसा के लिए, नहीं तो ऐसा क्यों किया, इतनी क्यों गुस्सा हुई, यह भी स्नेहपूर्वक पूछनेवाली तथा स्पष्टीकरण देने पर हँसते हुए कहनेवाली कि 'अरे ठीक है, कोई बात नहीं, हमारी बेटी को लोग गलत न समझ लें, इसलिए पूछ लेते हैं।'

मेरा सुदैव है कि मेरा इंदौर का कार्यालय हो या दिल्ली का, मुझे सारे सहयोगी इतने अच्छे, कार्यक्षम तथा प्रामाणिक मिले थे कि आखिरी दिनों में तो मेरे मुँह से पहला शब्द निकलते ही वे मेरी मंशा समझ जाते और तत्काल काम में जुट जाते थे। आज भी सारे मेरी मदद के लिए सदैव तत्पर रहते हैं। यह भी ईश्वर की कृपा ही है।

ऐसे सारे रक्षा कवच मेरे पास थे, फिर मुझे किस बात की चिंता होती? इसी आत्मविश्वास के कारण मैं माननीय मोदीजी द्वारा अध्यक्ष पद का दायित्व देकर मुझमें दिखाए गए विश्वास पर सविनय तथा स्वाभिमानपूर्वक खरी उतर सकी, ऐसा अब कहा जा सकता है।

भूमिका

—मेधा किरीट

पद्मभूषण सुमित्रा ताई महाजन
लोकसभा की पूर्व अध्यक्ष!
1984 से 2019 तक निरंतर राजनीति में सक्रिय महिला!
इंदौर से लगातार आठ बार निर्वाचित हुई लोकसभा की सांसद,
मगर मूल रूप से कोंकण के चिपलून गाँव की एक सर्वसामान्य लड़की!

चौथी कक्षा में रहते माँ को और 11वीं में पिता को खोया। उसके बाद मुंबई में आई। रिश्तेदारों के यहाँ रहकर उनकी मदद से अध्ययन पूर्ण किया। अपनी बुद्धिमत्ता के द्वारा अकाउंटेंट जनरल के कार्यालय में नौकरी हासिल की। स्वावलंबन तथा स्वतंत्र विचारों से, मुंबई में रहने से इनकार कर जीवन में आगे कुछ विशेष करने का संकल्प किया। श्री जयंत महाजन से विवाहित होकर इंदौर आई। बचपन में माँ-बाप से मिले संस्कार तथा राष्ट्रीय स्वयंसेवक संघ/राष्ट्र सेविका समिति के संस्कारों के आधार पर इंदौर में सामाजिक कार्यों में सक्रिय हुई।

माँ-बाप की तरह ममता करनेवाले सास-ससुर और प्रोत्साहित करनेवाले पतिराज की मदद से विधि की पढ़ाई पूर्ण कर, दुनिया के सबसे बड़े लोकतांत्रिक देश, भारत की संसद् के सर्वोच्च पद पर विराजमान हुई। मातृत्व, कर्तृत्व और नेतृत्व इन स्त्रियों के अंगभूत गुणों पर विश्वास रखनेवाली।

स्त्री के अधिकारों को माँगकर, लड़कर अथवा याचना कर नहीं तो समाज द्वारा आदरपूर्वक दिया जाना चाहिए, ऐसा दृढ़ प्रतिपादन करनेवाली। उक्ति के बजाय कृति पर विश्वास रखनेवाली। राजनीति जैसे पुरुष प्रधान और परिवारवाद के प्रभाव

वाले क्षेत्र में स्वकर्तृत्व से मध्य प्रदेश में अपना अचल स्थान निर्माण करनेवाली। कार्यमग्न और प्रामाणिक ताई राजनीति में टिक सकी, वह उनकी निष्ठा और मृदुभाषी संवेदनशील वृत्ति के बल पर। अपनी आदर्श देवी अहिल्याबाई होलकर का अनुसरण उन्होंने सार्वजनिक जीवन में किया। उनकी परंपरा को मालवा में बनाए रखा। अपने में से ही एक—'Lady next door' के रूप में देश भर में ताई की ख्याति हुई। इसीलिए स्वभाविक प्यार से उन्हें 'ताई' (यानी दीदी) कहते उनका व्यवहार भी हमेशा वैसा ही रहा अथवा उन्होंने वैसा ही बनाए रखा।

खानदानी सात्त्विक बुद्धिमती ऐसी ताई के जीवन में भी अनेक उतार-चढ़ाव आए। अचानक पति गुजर गए। मजबूत साथ छूट गया, मगर विवेक से उसपर भी मात कर, सार्वजनिक जीवन में वे निश्चल बनी रही। राजनीतिक खींचतान का भी सामना करना पड़ा, मगर जनसमर्थन की ढाल उनके मुट्ठी में मजबूत थी। संघर्ष से वे भी नहीं बची, मगर वे सबसे पार पा गई।

उनका जीवन दुनिया के सामने आना ही चाहिए, ऐसा लगने का एक और कारण, वे भी मेरी तरह कोंकण की, जैसे मेरे परिवार में से ही एक। उनका कर्तृत्व देखकर अभिमान होता। उनके व्यक्तित्व को शब्दबद्ध करने के विचार से उनसे भेंट की। उसके पूर्व उन्होंने मेरी मराठी पुस्तक 'सखी सूत्र' की प्रस्तावना भी बिना किसी ना-नुकुर के लिखकर दी थी। मेरे पति श्री किरीट सोमैयाजी के सांसद होने के कारण 'कमल सखी मंच' के माध्यम से उनका प्रेममय हाथ हमेशा ही मेरी पीठ पर रहा। उसी का आधार लेते हुए मैंने ताई के समक्ष अपना विचार रखा, मगर उन्होंने कभी भी अपने व्यक्तिगत और राजनीतिक जीवन में घालमेल नहीं किया, वैसे ही अब भी नहीं करना चाहती थी, इसलिए उन्हें आत्मचरित्र नहीं लिखना था, चरित्र कथन के लिए भी तैयार नहीं थी।

मगर एक सर्वसामान्य मध्यमवर्गीय गृहिणी भारतवर्ष की लोकसभा अध्यक्ष के रूप में निर्वाचित होती है। अपने असामान्य कर्तृत्व का उदाहरण दुनिया के समक्ष रखनेवाली इस महिला ने सर्वोच्च पद पर विराजमान होने के बाद किस तरह अपना कार्य किया, उसका लेखा-जोखा, उसकी पार्श्वभूमि और उसमें से दिखाई देनेवाले अथवा अनुभव होनेवाले उसके व्यक्तित्व की संरचना को लोगों के समक्ष लाना मुझे आवश्यक लगा। मेरा निवेदन उन्होंने स्वीकार तो किया, मगर उन्हें उचित लगने पर ही उसे प्रकाशित किया जाएगा, यह तय हुआ। मेरी तो यह परीक्षा ही थी! इसके लिए केवल 2014 से 2019 के दौरान 16वीं लोकसभा की अध्यक्ष के रूप में उनके

द्वारा किए गए कार्य की कुछ उल्लेखनीय घटनाओं पर ही ध्यान केंद्रित करने तथा केवल उल्लेखनीय और उत्साहवर्धक जानकारी को ही लेने का निर्णय हुआ। पुस्तक के लिए उनका सहयोग तथा मार्गदर्शन बहुमूल्य रहा। प्रारंभ से अंत तक उन्होंने उसमें स्वयं ध्यान दिया। उसके बाद उन्हीं की सम्मति से उनके अध्यक्षता काल के कुछ विशिष्ट प्रसंगों को इस पुस्तक के माध्यम से सर्वसामान्य लोगों के समक्ष रखने का प्रयास कर रही हूँ।

इसमें उनके द्वारा किए गए काम तो ध्वनित होते ही हैं, मगर उसके साथ ही between the lines छुपे अनेक पहलुओं की चर्चा भी इस पुस्तक में हुई है।

इस पुस्तक में केवल और केवल उनके पाँच वर्ष के कार्य का जायजा ही इन 16 प्रकरणों में लेने का प्रयास किया है। साथ ही वह उन्हें कैसे संभव हुआ होगा, यह पता करने का प्रयास भी इसमें किया गया है।

इस पुस्तक की विशेषता यह है कि प्रत्येक अध्याय को अलग-अलग पढ़ा जा सकता है। इसमें समावेशन भी है। लोकसभा अध्यक्ष के रूप में किए गए कार्यों की समीक्षा अवश्य की गई है, तीसरे अध्याय में उनकी भावनाओं का चित्रण है, नौवाँ अध्याय देवी अहिल्याबाई पर उनकी भक्ति का है। चौदहवें अध्याय में उनके द्वारा विदेश में प्राप्त किए गए अनुभवों की हृदयस्पर्शी यादें हैं। आठवाँ अध्याय भारत-बांग्लादेश सीमा के सीमांकन के लिए किए गए संवैधानिक संशोधनों की जाँच करते हुए अंतरराष्ट्रीय नीति से संबंधित है। छठे अध्याय में सांसद 'श्री इ. अहमद' की मृत्यु के समय की वास्तविकता है, जबकि ग्यारहवाँ अध्याय अध्यक्ष शोध कदम (अशोक)—स्पीकर्स रिसर्च इनिशिएटिव से संबंधित है। गौरतलब है कि उनके 'नारीवादी' विचारों की यात्रा तेरहवें अध्याय में देखने को मिलती है।

प्रत्येक अध्याय की शुरुआत प्रसिद्ध मराठी तत्त्ववेत्ता कवि संत समर्थ रामदास के मार्गदर्शन उद्धृत करती है, जो उस अध्याय के विषय से संबंधित है। महाराष्ट्र संत परंपरा का ऋणी है, लेकिन समर्थ रामदास उन संतों से बहुत अलग हैं। रामराय की पूजा करना, लेकिन हनुमानजी के मंदिरों का निर्माण करना और गाँवों में व्यायामशाला स्थापित करना। ताई समर्थ रामदास का लिखा हुआ ग्रंथ 'दासबोध' की अभ्यासक हैं। उन्हें समर्थ रामदास के व्यक्तित्व में अपनापन लगता है। समर्थ रामदास ने समाज में जागरूकता बढ़ाई, जब समाज डरा-सहमा हुआ था। मुस्लिम शासकों के पैरों तले कुचला जा रहा था, तब उस समाज में जान भर दी। अन्याय के खिलाफ लड़ने को तैयार किया। उन्होंने कहा कि हम सक्षम हैं। 'सामर्थ्य आहे

चळवळीचे। जो जे करील तयाचे'। 'आंदोलन की ताकत बहुत बड़ी है, हर एक ने उसे अपनाना है'। उन्होंने गृहिणियों के बीच जागरूकता बढ़ाने के लिए युवाओं का साथ लिया, उन्हें भिक्षु बनाकर भिक्षा माँगने के लिए भेजते थे। वह छोटा भिक्षु जब पुकारता, वो वचन भी एक शिक्षा थी—'समर्थाचिया सेवका वक्र पाहे असा सर्व भूमंडळी कोण आहे?' उसका भावार्थ—'ये समर्थ के सेवक के प्रति गलत भाव से देखनेवाला कोई भी व्यक्ति इस भूमंडल में कोई मिलेगा।' सास बहू को बताती थी कि 'जा बहु इस बाल भिक्षु को माधुकरी (सुखी भिक्षा) डाल'। घर की बहू देखेगी। भिक्षु के आत्मविश्वास से प्रभावित होगी। बहू, जो जवान औरत है, उसे भी खुद में छुपी क्षमता का साक्षात्कार होगा। जब घर की महिला, एक स्त्री ने सीखा, वह पूरे परिवार तक पहुँच गया। 'दासबोध' में उन्होंने व्यवहार करने के तरीके पर सभी का मार्गदर्शन किया है। आदर्श विद्यार्थी कैसे बनें, ब्रह्मचारी कैसे व्यवहार करें, गृहिणी को क्या खाना—बनाना चाहिए? एक साधु यह सब करता है। समग्र रूप से समाज के बारे में सम्यक् दृष्टि से सोच रहा है। समर्थ रामदास समाजोत्थान करने जा रहे हैं। आज भी जब किसी वजह से मन अशांत होता है तो 'दासबोध' हाथ में ले लेती हैं। इसलिए ताई के व्यवहार में कहीं-न-कहीं यह 'आत्मसन्मान की झाँकी' है। 'सामर्थ्य' उनका निरंतर जुनून है। उनकी पसंदीदा कविता 'कुसुमाग्रज' की प्रख्यात 'पृथ्वी चे प्रेम गीत' यह है। उसमें कवि कल्पना करता है कि पृथ्वी प्रेमिका है। सूर्य से बहुत प्यार कराती है, उसके परिक्षेत्र में घूमती है। उसे पता है कि अपना प्रेमी इतना दाहक है कि नजदीक जाऊँगी तो जलकर भस्म बनूँगी, फिर भी वो और दूसरे के बारे में सोचती भी नहीं। वह अपने प्रेमी सूरज को बताती है—'बाकी कोई भी क्षुद्र (निर्बल) से शृंगार करना मुझे मान्य नहीं।' ताई को कई काव्य, मुखोद्गत हैं। संस्कृति, साहित्य और कला के लिए ताई का प्यार, इसने व्यक्तित्व को एक अलग तेज, आयाम दिया है।

चार भाषाएँ वे सहजता से बोलती हैं। उनकी मातृभाषा मराठी है ग्यारहवीं तक उन्होंने संस्कृत पढ़ा। शादी के बाद वह हिंदी भाषी इंदौर आ गईं। वहाँ हिंदी सीखी। वे रामायण पर प्रवचन हिंदी में करती थीं। उनकी कॉलेज की शिक्षा अंग्रेजी में हुई थी। उन्हें अपने पिता से साहित्य प्रेम विरासत में मिला। उन्होंने 'रामचरितमानस' पर हिंदी में कई पुस्तकें पढ़ीं। रामायण और अन्य पुस्तकें, समीक्षाएँ सतर्कता से पढ़ीं। वास्तव में सभी भाषाओं में पुस्तकें पढ़ना उन्हें पसंद है। जब वे शादी के बाद इंदौर आईं तो साहित्य और संस्कृति से जुड़ गईं। उनके कार्यक्रमों में शामिल होती थीं।

आज भी वह अपने भाषण कम-से-कम एक संस्कृत सुभाषित-सुवचन को उसके अर्थ के साथ खास सम्मिलित करती हैं और सजगता से उच्चारण करती हैं। संस्कृत की कई सुभाषित-सुवचन उन्हें याद हैं।

लोकमाता अहिल्याबाई होलकर ताई की आदर्श व्यक्तित्व। मालवा में ही नहीं, पूरे देश में अहिल्याबाई को मानते हैं, लेकिन उन्होंने अपनी आदर्श लोकमाता अहिल्याबाई के दिखाए रास्ते का अनुसरण किया। ताई द्वारा लिखित एकमात्र पुस्तक है 'मातोश्री'। देवी अहिल्याबाई पर लिखा गया नाटक का प्रकाशन मा. प्रधानमंत्री नरेंद्र मोदी ने किया। यह नाटक हिंदी में लिखा हुआ है।

जब वे सांसद बनीं, तब कई भाषाओं में अपनी महारत का लाभ उन्हें अपनी विचार अभिव्यक्ति में मिला।

पुस्तक को जान-बूझकर संक्षिप्त बनाने का प्रयास किया गया है, जिससे पाठक उसे सहज रूप से पढ़कर ताई का संक्षिप्त परिचय प्राप्त कर सकें।

इस प्रयास को अनेक लोगों का सहयोग मिला है। उसका उल्लेख पृथक् रूप से किया गया है। उनमें से अनेक आपस में परिचित भी नहीं हैं, मगर उनमें एक ही समानता है, वह है, उनका ताई से निश्छल प्रेम। 'ताई के लिए कुछ भी।' उनके द्वारा एकत्र की गई यह दौलत अमूल्य और अमोध (infinite) है।

इस पुस्तक की प्रेरणा से यदि केवल महिलाएँ ही नहीं, सभी लोग ताई के रेखांकित किए पथ पर चलें, अपने-अपने क्षेत्र में प्रगति कर सकें, उच्च पदों पर पहुँच सकें और समाज के लिए, राष्ट्र के लिए अपना योगदान कर सकें तो उनका परिश्रम और इस पुस्तक का प्रपंच दोनों सार्थक सिद्ध होंगे।

सहयोग

'ताई'—पद्‌मभूषण सुमित्रा महाजन, पूर्व अध्यक्ष, लोकसभा। इस पुस्तक के निर्माण की प्रक्रिया में कई लोगों का सक्रिय सहयोग रहा है। उन्होंने मुझे न केवल प्यार और सम्मान दिया, बल्कि पूरा सहयोग और साथ दिया। ताई के व्यक्तित्व को प्रतिबिंबित करने में मदद करनेवाले इन दोस्तों के एहसान में बँधे रहना ही मुझे पसंद है! मैं उऋण नहीं होना चाहती, फिर भी उनकी सक्रिय सहभागिता को रेखांकित करने के लिए नामोल्लेख मात्र कर रही हूँ। सिर्फ उनका नाम सूचित करना, बस इतना ही!

ताई की बहू स्नेहल अपने नाम की तरह स्नेह से सारे समय मेरे पास आधार बनकर खड़ी रही। इस मौके पर पुत्र श्री मिलिंद दादा महाजन और पोते सिद्धार्थ ने मेरी जो मदद की, मैं यह कभी भूल नहीं सकती।

मेरे परिवार में किरीटजी, नील, दिव्या, मंजिरी और डॉ. केदार के प्रोत्साहन से संकल्प पूर्ण हुआ।

और सबसे महत्त्वपूर्ण बात, सुमित्रा ताई का प्यार। वह हर पल मेरे साथ थीं। जीवनभर उनकी प्यार भरी नजर मेरे साथ रहेगी, ऐसा मुझे अटल विश्वास है।

फिर से आप सभी का धन्यवाद और प्यार भरा प्रणाम।

- श्री सुनील तातेड़, आईएएस, निजी सचिव प्रिंसिपल सेक्रेटरी
- श्री रमा दत्त—अतिरिक्त निजी सचिव
- श्री हरीश कश्यप—अतिरिक्त निजी सचिव
- श्री पंकज क्षीरसागर—विशेष कार्याधिकारी (मीडिया)
- श्री सचिन चतुर्वेदी—स्नेही
- श्रीमती रश्मी रॉय—सहायक

- श्रीमती ज्योती मुजुमदार—सहायक तथा पारिवारिक सदस्य
- डॉ. वत्सला जोशी पांडे—विशेष कार्याधिकारी
- श्री पराक्रम शेखावत—संसद टी.वी.
- श्रीमती शरयू वाघमारे—देवी अहिल्या देवी उत्सव समिति की सदस्य
- सर्वश्री नागेश नामजोशी, योगेश वर्तक, वंदना महस्कर, कृष्णा उपाध्याय, राजेश मिश्रा—इंदौर के कार्यकर्ता
- श्रीमती वृंदा शहासने—आचार्य, समर्थ रामदास अभ्यासक
- श्री पंकज बिस्त—किरीटजी के निजी सहायक
- श्रीमती सीमा सय्यद—मेरी शोध सहायक
- श्रीमती उमा शाह—मेरे कार्यालय सहायक
- श्री अरविंद जवलेकर—विवेचक व अनुवादक
- श्रीमती शर्मिला भागवत—विवेचक
- डॉ. स्वरूपा गाडगीळ—विवेचक व अनुवादक
- श्री आनंद लिमये—इंकिंग इनोवेशंस प्रकाशक (मराठी)
- श्री चंद्रशेखर कुलकर्णी—संपादक, पत्रकार तथा टीकाकार (मराठी)

अनुक्रम

1

लोकसभा अध्यक्ष पद पर विराजमान

दक्ष धूर्त योग्य तार्किक।
सत्य साहित्य नेमक भेदक।
कुशल चपल चमत्कारिक।
नाना प्रकारे॥

—दासबोध

तत्पर, दूरदर्शी, योग्य, तार्किक, नियमपालक, कला-मर्मज्ञ, कुशल, चपल, अपने गुणों से चकित करनेवाला—ये सद् विद्या के लक्षण हैं।

—समर्थ रामदास

"सोहलवीं लोकसभा के अध्यक्ष के रूप में श्रीमती सुमित्रा महाजन का सर्वानुमति से निर्वाचन हो रहा है। मैं उनसे निवेदन करता हूँ कि वे अपना पदभार ग्रहण करने के लिए आसंदी/व्यासपीठ पर आएँ।"

सोलहवीं लोकसभा के प्रोटेम अध्यक्ष और लोकसभा के सबसे वरिष्ठ सांसद श्री कमलनाथ ने यह घोषणा की। सबकी नजरें ताई की ओर गईं। तालियों की गड़गड़ाहट के बीच श्रीमती सुमित्रा जयंत महाजन उपाख्य 'ताई' धीरे से उठीं, उनके मुख पर समिश्र मुसकराहट थी। उसमें पद प्राप्ति की प्रसन्नता के साथ जिम्मेदारी का गांभीर्य भी था। संपूर्ण सदन तालियों की गड़गड़ाहट से गूँज रहा था। आत्मविश्वास के साथ, सधे कदमों से, चेहरे पर मुसकराहट लिये, प्रधानमंत्री श्री नरेंद्र मोदी की ओर धन्यवाद भाव से देखकर तथा मा. लालकृष्ण आडवाणी तथा श्री मल्लिकार्जुन खड़गे जैसे दिग्गजों के प्रशंसा भरे अभिवादन

को स्वीकार करते हुए वे सबके साथ आसंदी की ओर गईं। अपनी आदत के अनुसार चलते-चलते सावधानीपूर्वक अपनी साड़ी का पल्लू ठीक कर निर्मलता से मुसकराते हुए आसंदी पर चढ़कर उन्होंने लोकसभा के सभी दलों के सदस्यों का अभिवादन थोड़ी गरदन झुकाकर नमस्कार करते हुए स्वीकार किया। प्रोटेम अध्यक्ष श्री कमलनाथ द्वारा 'अब आप अपना आसन ग्रहण करने का कष्ट करें', ऐसा निवेदन करने पर वे अपने आसन पर अधिष्ठित हुईं। 'मैं सदन का तथा आप सबका हृदय से आभार व्यक्त करती हूँ।' यह कहते हुए उन्होंने अपने चिर-परिचित हास्य को बिखेरा।

जब वे ऐसा उन्मुक्त हास्य बिखेरती हैं तो उनके दाईं ओर की ऊपर की दाढ़ के गिरने से निर्मित खाली जगह दिखाई देती है। उनके गोलाकृति गोरे चेहरे पर वह काला निशान खिलता है, पूर्णिमा के चाँद पर दिखाई देनेवाले काले दाग जैसा, अथवा नजर से बचाने के लिए गोरे मुख पर लगाए जानेवाले काले दिठौने जैसा।

प्रोटेम लोकसभा अध्यक्ष—देश में आम चुनाव संपन्न होने के बाद लोकसभा अस्तित्व में आती है। नवनिर्मित लोकसभा में नेतृत्व के लिए सबसे बड़ी पार्टी का नेता प्रधानमंत्री के रूप में निर्वाचित होता है। लोकसभा में सदन चलाने की जिम्मेदारी लोकसभा अध्यक्ष, यानी सभापति की और उपसभापति की होती है। इस पद पर कौन बैठेगा, यह चुनने का अधिकार लोकसभा के सदस्यों, अर्थात् सांसदों को होता है। इस चुनाव के लिए भी किसी को अध्यक्ष के रूप में बैठना आवश्यक होता है। परंपरा के अनुसार लोकसभा में सबसे वरिष्ठ सांसद को, फिर वह चाहे जिस पार्टी का हो, उसे राष्ट्रपति प्रोटेम अध्यक्ष के रूप शपथ दिलाते हैं। नए सभापति का निर्वाचन कराने और उसका पदारोहण कराने की जिम्मेदारी प्रोटेम अध्यक्ष की होती है। 16वीं लोकसभा में प्रोटेम (कार्यवाहक) अध्यक्ष के रूप में सबसे वरिष्ठ सांसद कांग्रेस के मध्य प्रदेश के छिंदवाड़ा लोकसभा निर्वाचन क्षेत्र से लगातार 9वीं बार निर्वाचित होकर आए 67 वर्षीय सांसद तथा पूर्व संसदीय कार्य मंत्री श्री कमलनाथ को राष्ट्रपति प्रणब मुखर्जी ने सादे समारोह में शपथ दिलाकर नियुक्त किया। इस अवसर पर प्रधानमंत्री नरेंद्र मोदी, उपराष्ट्रपति हामिद अंसारी, संसदीय कार्य मंत्री एम. वैंकेया नायडू और संसदीय कार्य राज्यमंत्री संतोष गंगवार उपस्थित थे।

श्री कमलनाथ की अध्यक्षता में हुई पहली बैठक में लोकसभा अध्यक्ष का निर्वाचन हुआ, जिसमे श्रीमती सुमित्रा महाजन निर्विरोध निर्वाचित हुईं। वे अब तक लोकसभा अध्यक्ष के पद पर निर्वाचित हुए लोगों में सर्वाधिक बार निर्वाचित सांसद और दूसरी महिला सांसद थीं। इस पद पर पहुँचनेवाली वे मध्य प्रदेश की पहली सांसद थीं। इसीलिए प्रोटेम अध्यक्ष श्री कमलनाथ ने मा. प्रधानमंत्री नरेंद्र मोदी का अभिनंदन करते हुए कहा कि आपने मध्य प्रदेश के साथ न्याय किया है।

इंदौर की बहू

श्रीमती सुमित्रा महाजन उर्फ ताई मूलत: महाराष्ट्र के कोंकण में स्थित चिपलून की हैं। पिता चिपलून के विख्यात वकील श्री पुरुषोत्तम नीलकंठ साठे। राष्ट्रीय स्वयंसेवक संघ के विभाग संघचालक। नाट्यप्रेमी। माता उषा सामाजिक कार्यों में रुचि रखनेवाली गृहिणी। सुमित्रा ताई 29 जनवरी, 1965 को 22 वर्ष की आयु में इंदौर के श्री जयंत महाजन से विवाह के बाद इंदौर आईं, तब वे जूनियर B.A. की छात्रा थीं, मगर महाराष्ट्र तथा मध्य प्रदेश की स्नातकीय परीक्षा प्रणाली में अंतर था। इस कारण उनका एक वर्ष बेकार हो गया। उन्हें पुन: B.A. द्वितीय वर्ष में दाखिल होना पड़ा। पति विख्यात वकील। शिक्षा के लिए प्रोत्साहित करनेवाले सास-ससुर। उन्होंने ताई को आगे पढ़ने के लिए प्रेरित किया। ताई स्नातकोत्तर हुईं। M.A., L.L.B. का अध्ययन किया। एक सामाजिक शिक्षण संस्था में कुछ समय अंशकालीन शिक्षिका के रूप में सेवाएँ भी दीं। दो पुत्रों से संसार सजा—मिलिंद और मंदार।

मायके की भाँति ससुराल भी सामाजिक जागृति का भान रखनेवाला। संघ कार्य में सहभागी होनेवाला। ताई प्रवचन देने लगीं। जितना संभव होता, उतना समाज कार्य भी करतीं। सबसे पहले उनपर महत्त्वपूर्ण जिम्मेदारी आई, आपातकाल में जो लोग MISA अधिनियम के अंतर्गत कारागार में थे, उनके परिजनों को मदद उपलब्ध कराने की। ताई पहले अपनी साइकिल पर तथा कुछ समय बाद स्कूटर पर इसके लिए शहर में घूमती थीं। आपातकाल समाप्त होने के कुछ वर्ष बाद एक दिन अचानक भारतीय जनता पार्टी ने उन्हें चुनाव में खड़े होने के लिए आग्रह किया। ताई राजनीति में आ गईं। इंदौर नगर पालिका निगम में elderman (वरिष्ठ पार्षद) नियुक्त हुईं और फिर उपमहापौर भी निर्वाचित

हुईं। विधानसभा का चुनाव भी उन्होंने लड़ा, मगर श्री महेश जोशी से पराजित हुईं। बस एक बार!

उसके बाद तो ताई 1989 से लगातार 8 बार इंदौर लोकसभा निर्वाचन क्षेत्र से सांसद निर्वाचित हुईं और 2014 में लोकसभा की अध्यक्ष बन गईं। उनके पूर्व मीराकुमार अध्यक्ष पद पर विराजमान थीं, इसलिए ताई स्वतंत्र भारत की दूसरी महिला लोकसभा अध्यक्ष कहलाईं। इस पद पर आने के पूर्व उन्होंने इंदौर नगर निगम की उपमहापौर तथा केंद्रीय मानव संसाधन, दूरसंचार और पेट्रोलियम मंत्रालयों में राज्यमंत्री के रूप में काम किया था। उन्हें प्रशासकीय कार्य का अनुभव था।

उद्देश्यपूर्ण राजनीति

ताई बताती हैं, " मैं राजनीति में आई, तब लोग कहते थे कि कहाँ इस राजनीति के पचड़े में पड़ रही हो, कितनी खराब होती है वह! मैं उन्हें कहती, ऐसा कहकर कैसे चलेगा? मैं उन्हें उदाहरण देती, हम नदी के किनारे बैठकर नदी में कितना कचरा है, इसकी केवल चर्चा करें तो इससे क्या होगा? उसमें उतरकर ही कचरा निकालना पड़ेगा, नदी साफ करनी पड़ेगी न! इसलिए मैं राजनीति में आई। हम कुछ अच्छा करके दिखाएँ, इस भावना से, जिदपूर्वक मैं राजनीति में आई।"

अध्यक्ष पद पर उनके विराजित होने के बाद सभी राजनीतिक दलों के नेताओं ने अभिनंदनस्वरूप भाषण दिए। उनमें प्रधानमंत्री नरेंद्र मोदी का भाषण सबसे प्रभावी था। उन्होंने अपेक्षा व्यक्त की कि आप सर्वसामान्य लोगों में से आई हुई लोक प्रतिनिधि हैं। आप अनेक वर्षों से काम कर रही हैं, लगातार आठ बार आप सांसद रही हैं। उसके पूर्व नगर पालिका निगम में भी आपने कार्य किया है। इस कारण आप जनता के दुःख-दर्द से परिचित हैं। इसका लाभ सदन को भी होगा। उनके नाम की व्याख्या करते हुए प्रधानमंत्री ने कहा कि आपके नाम 'सु-मित्रा' में ही अच्छाई तथा सबसे मित्रता की भावना है; आपका व्यवहार भी ऐसा ही है। सदन को अबाध रूप से चलाने के लिए यह उपयुक्त सिद्ध होगा। उनके उपनाम 'महाजन' का उल्लेख करते हुए उन्होंने कहा कि 'संस्कृत में एक सुभाषित है, 'महाजनो येन गतः पन्थः।' अर्थात् महाजन (श्रेष्ठ लोग) जिस मार्ग से जाते हैं, उसी मार्ग पर चलना चाहिए। अब यहाँ तो महाजन स्वयं ही दिशा

दिखाने के लिए आसंदी पर विराजमान है। इसलिए लोकसभा निश्चिंत होकर आपके दिखाए मार्ग पर चलेगी।'

कुल मिलाकर सभी की ताई से बहुत अपेक्षाएँ थीं।

जैसे ही वह अध्यक्ष के रूप में मंच पर चढ़ीं, पुराने दिनों की यादें साझा हुई। लोकसभा के पहले दर्शन। ताई हाल ही में सांसद चुनी गई थीं। दिल्ली आई थी। संसद् भवन को प्रथम बार देखा तो भवन की भव्यता ने उन्हें प्रभावित किया। मंदिर के समान। लोकतंत्र के मंदिर का स्वरूप देखकर आँखें चार हुईं। उन्होंने एक बच्चे की जिज्ञासा से पूरी लोकसभा को देखा। अर्ध-गोलाकार सीढ़ी, बड़े गोलाकार साज-सामान, केंद्रीय हॉल, उलटे पंखे। राज्यसभा में लाल दरी और लोकसभा में हरे रंग की बिछायत। स्वतंत्रता सेनानियों के आंदोलन और सांसदों के रूप में उनकी सीटों के कारण हॉल के खंभों पर पड़े निशान। यह एक अकल्पनीय अनुभव था। उस समय लोकसभा में कई दिग्गज विद्वान् नेता थे। उनके विद्वत्तापूर्ण भाषणों, उनके विचारों, उनके व्यवहार ने उन्हें अपने देश में लोकतंत्र की गुणात्मक भव्यता का अहसास कराया। गर्व महसूस हुआ। वही शालीन सभ्यता को अपना लिया, क्षितिज का विस्तार हुआ और अनुभव के साथ परिपक्वता आई। उसी समझ और अनुभव को लेकर वे आज महर्षि व्यास से जाने जानेवाले मंच पर पीठासीन हो रही थीं।

उन अभिनंदन भाषणों के प्रत्युत्तर में सबको आभारपूर्वक संबोधित करते हुए ताई ने स्वयं लिखित भाषण पढ़ते हुए कहा, "मुझे आपने इस स्थान पर सर्वानुमति से नियुक्त किया, यह मेरा सम्मान तो है ही, साथ ही मेरे लिए चुनौती भी है, ऐसा मैं मानती हूँ। आपने मेरी जो प्रशंसा की है, उसमें अपेक्षाएँ भी सम्मिलित हैं, यह भी मैं जानती हूँ। मैं पिछले 25 वर्षों के अनुभव के आधार पर, उन अपेक्षाओं को पूर्ण करने का भरसक प्रयास करूँगी। आशा है, उस प्रयास में मुझे आपका सबका सहयोग भी मिलेगा। संसद् यह लोकतंत्र का मंदिर है। उसमें लोकहित पर चर्चा-मंत्रणा होना चाहिए, ऐसा मुझे लगता है। 66.48 प्रतिशत मतदाताओं ने हमें भरपूर मतदान कर प्रतिनिधि के रूप में चुनकर दिया है। शांति, प्रगति तथा खुशहाल समाज के निर्माण का भव्य स्वप्न साकार करने का उत्तरदायित्व हमारी संसद् का है। सदन निर्विघ्न तथा सुचारु रूप से चले, इसके लिए आपका भी सहयोग मिलेगा, ऐसी आशा मैं करती हूँ।" इसके साथ ही ताई ने उनके लिए देवी स्वरूपा देवी अहिल्याबाई का स्मरण भी किया। उन्होंने यह भी कहा, "यहाँ आए

हुए सुबुद्ध तथा संस्कारित सांसदों को स्वस्थ चर्चा की शानदार परंपरा का पालन करना चाहिए। राष्ट्र सर्वोपरि है, इस भावना का भान रखना चाहिए।" पहली लोकसभा के सभापति श्री मावलंकर का स्मरण कर उनके द्वारा स्थापित परंपराओं का उल्लेख करते हुए उन्हें प्रणाम किया। साथ ही आवश्यकता के अनुरूप सदन के सहयोग से नई परंपराएँ प्रारंभ करने की आवश्यकता भी प्रतिपादित की। फिर सबका तथा लोकसभा सचिवालय का आभार व्यक्त करते हुए उन्होंने कहा कि संसद् यह लोकतंत्र का मंदिर है, उसकी पवित्रता सदैव बनी रहे, इसके लिए जगन्नियंता को आह्वान करते हुए सेवा तथा समर्पण की भावना से उन्होंने एक संस्कृत श्लोक उद्धृत किया—

'अजयं आत्मसामर्थ्यम सुशीलम लोकपुजिता।
ज्ञानम च देही विश्वेश, ध्येय मार्ग प्रकाशकम॥'

उनके मन के भाव इसमें प्रतिबिंबित हुए थे।

कार्यपद्धति का नियोजन

लोकसभा की कार्यवाही सुचारु रूप से चले, इसके लिए ताई ने मन में कुछ योजना बना रखी थी, उसके अनुसार सभापति बनने के बाद उन्होंने सबसे पहले सभी सांसदों की बाकायदा जानकारी जुटाई। केवल नाम तथा पार्श्वभूमि नहीं, बल्कि राज्य, पार्टी, विचारधारा, आयु, पारिवारिक स्थान, आर्थिक स्थिति, शिक्षा, रुचि के विषय आदि। फिर उसकी श्रेणीबद्ध सारणियाँ बनाईं। संसद् और लोकसभा, यानी विद्वानों का, ज्ञानी/विशेषज्ञ व्यक्तियों का समूह था। आई.ए.एस., शिक्षा शास्त्री, डॉक्टर, अर्थशास्त्री, वकील, संरक्षण, वित्त, वैज्ञानिक ऐसी अनेक सारणियाँ तैयार की गईं। आवश्यक सारे वहाँ थे। उन सबकी नोंद की। कौन कहाँ उपयोगी हो सकता है, इसका भी विचार किया, फिर उन्होंने सभापति के रूप में उनके क्या अधिकार तथा कर्तव्य हैं, वे क्या कर सकती हैं, इसका भी अध्ययन किया तथा कार्य की रूपरेखा बनाई। पहला दैनिक कार्य तथा दूसरा नैमित्तिक कार्य। इससे उनकी राह आसान हो गई।

उस दिन अनेक वाहिनियों तथा पत्रकारों ने उनकी भेंटवार्त्ताएँ लीं। इस लेखन के लिए मैंने ताई की उसी दिन दी हुई, कम-से-कम 10 भेंटवार्त्ताओं का अध्ययन किया होगा, मगर उत्साह, ताजगी तथा हास्य सभी भेंटवार्त्ताओं में समान दिखाई दिया। अनेक लोगों ने उन्हें उलटे-सीधे प्रश्न पूछे, मगर ताई ने सभी का उत्तर

सहजता से दिया। एक बात, जो वह सतत कह रही थीं, वह थी, 'मीडिया से सहयोग की अपेक्षा तथा पत्रकारों से तारतम्य रखने की अपील, जिससे देश के विकास को गति मिल सके।'

उन भेंटवार्त्ताओं में से एक में तत्कालीन पत्रकार अर्णव गोस्वामी ने एक उलझन भरा प्रश्न पूछा, "आप विपक्ष का नेता किसे नामित करेंगी?"

□

मा. सुमित्रा ताई महाजन लोकसभा अध्यक्ष	
https://youtu.be/7EQkcc9s4GQ	

अध्यक्ष पद पर विराजमान —अभिनंदन	
https://www.youtube.com/ watch?v=vROqD4BeSVw	

2

कार्य का श्रीगणेश

महायत्ने सावधपणे।
समई धारिष्ट्य धरणे।
अद्भुतचि कार्य करणे।
देणे ईश्वराचे।।

—दासबोध

सावधानीपूर्वक महान् कार्य करना, प्रसंगानुसार धैर्य बनाए रखना, बड़े-बड़े कार्य अपने पर लेकर उन्हें पूरा करना, यह ईश्वर की देन ही है।

—समर्थ रामदास

सोलहवीं लोकसभा के लिए सार्वजनिक निर्वाचन 7 अप्रैल से 12 मई, 2014 के बीच 9 चरणों में संपन्न हुआ। 16 मई को परिणाम घोषित हुए। 543 स्थानों में से 282 स्थानों पर भारतीय जनता पार्टी के नेतृत्व में राष्ट्रीय लोकतांत्रिक गठबंधन (NDA) को बहुमत प्राप्त हुआ। शेष सारे दलों की स्थिति विकट थी। पिछली लोकसभा के सत्ताधारी दल कांग्रेस की शक्ति 206 सीट से 44 पर आ गई। 26 मई को मा. नरेंद्र मोदी प्रधानमंत्री बने। उनके साथ कुछ अन्य लोगों ने भी मंत्री पद की शपथ ली। श्रीमती सुमित्रा महाजन लोकसभा की वरिष्ठ सांसद होते हुए भी मंत्रिमंडल में समाविष्ट नहीं की गईं, तभी से यह अनुमान लगाया जा रहा था कि उन्हें लोकसभा के अध्यक्ष पद की जिम्मेदारी दी जा सकती है। उसी के अनुरूप दिनांक 5 जून, 2014 को लोकसभा अध्यक्ष के रूप में ताई का सर्वानुमति से निर्वाचन हुआ।

अर्णव गोस्वामी के विपक्ष का नेता कौन? इस प्रश्न को चतुराई से घुमाते हुए ताई ने कहा, "अभी तो मैंने पदभार ग्रहण किया है। इसलिए पहले मुझे जरा अध्ययन करने दो, इस विषय के विशेषज्ञों से चर्चा करने दो, अभी तीन-चार दिन हैं, फिर तय करते हैं।"

दौड़-भाग भरा जीवन

ताई को कहाँ पता था कि आयु के 72वें वर्ष में उनके जीवन में आमूलाग्र परिवर्तन होनेवाला है! **हमेशा इंदौर भागनेवाली ताई के लिए अब कई-कई दिन तक इंदौर जाना संभव नहीं होनेवाला था। इंदौर नगर उनके स्वागत में पलक पाँवड़े बिछाकर बैठा था। लोगों में उत्साह था। दीपमालाएँ, आतिशबाजी, मिठाई वितरण चल रहा था और ताई उधर दिल्ली में अपनी नई जिम्मेदारी में स्वयं को ढाल रही थीं।** अध्यक्ष के रूप में ताई का दिन बहुत ही व्यस्त हो गया था। वास्तव में ताई अबतक हमेशा ही शांत तथा मंद गति का जीवन जीने की आदी थीं। अबतक का उनका जीवन इतनी दौड़-भाग भरा नहीं था, मगर अध्यक्ष बनते ही उनका जीवन अचानक गतिमान हो गया।

आसपास सुरक्षा कवच, घड़ी के काँटों के साथ दौड़ता समय पत्रक, अनेक सचिव, सहायक, दूर से निरंतर आती सूचनाएँ, भेंट के लिए आनेवाले लोग, समय माँगनेवाले, नए, पुराने, जाने-अनजाने! उसमें भी कुछ जटिलताएँ, मगर ताई ने सब सहजता से अंगीकार कर लिया। इसमें उनका मंत्री पद का पूर्व अनुभव काम आया, फिर भी यह दायित्व उनके पूर्व के दायित्व से भिन्न था। तब पार्टी को प्राधान्यता देनी होती थी, अब निष्पक्षता का पालन आवश्यक था, तब दिग्गज नेता थे, जिनका मार्गदर्शन तत्काल उपलब्ध हो जाता था, अब ताई ही वरिष्ठ थी, इसका भान भी रखना जरूरी था। वह शांति तथा संयम के साथ सबकी बातें सुनतीं। आवश्यकता महसूस होने पर विशेषज्ञों को फोन कर उनसे सलाह लेतीं। उसमें उन्होंने कभी भी अपनी प्रतिष्ठा अथवा अहं को आड़े नहीं आने दिया। मिला हुआ कार्य, स्वीकारा हुआ दायित्व सक्षमतापूर्वक पूर्ण करना यही उद्देश्य रहता। अपने पर कोई आरोप न लगे, इसकी पूरी सावधानी रखतीं और पूरी तरह संतुष्ट होने के बाद ही कुछ बोलतीं।

जब लोकसभा का सत्र चालू रहता, तब ताई का दिन पूर्व रात्रि से ही प्रारंभ हो जाता था। रात में ही दूसरे दिन की लोकसभा की कार्यसूची, पटल पर आनेवाले

विषयों का विस्तृत विवरण लोकसभा कार्यालय से आ जाता था। वे कभी-कभी देर रात तक जागकर उसका अध्ययन करतीं। सुबह उठकर थोड़ा व्यायाम कर, सहायकों से दिन भर के कार्यक्रमों के बारे में चर्चा करती थीं। तबतक प्रेस तथा मीडिया को सँभालनेवाला सहायक महत्त्वपूर्ण समाचारों का संकलन उनके सामने रखता, उसे देखकर उसमें से कुछ संदर्भ तथा पढ़ने के लिए अलग निकालकर रखतीं। उसके बाद फाइलें देखकर उनपर हस्ताक्षर करतीं तथा उस संबंध में चर्चा कर आज कौन से विषय आ सकते हैं, उसके लिए किन सांसदों अथवा मंत्रियों को कुछ बताना है, बतातीं। उसके बाद संसदीय कार्य मंत्री के साथ मंत्रणा करतीं। तबतक संसद् में जाने का समय हो जाता।

प्रथम प्राथमिकता सदन

कभी-कभी किसी पूर्व निर्धारित भेंट के कारण अथवा किसी से मिलने जाना होता तो अथवा कोई सरकारी कार्यक्रम का प्रोटोकॉल होता तो उसे निपटाकर फिर लोकसभा में जाना होता था। पहला प्रश्नोत्तर का कालखंड तथा उसके बाद शून्यकाल महत्त्वपूर्ण होता। उसमें अनेक लोगों के प्रश्न पटल पर आते। कुछ लोगों के तारांकित अथवा अतारांकित प्रश्न होते, उस संबंध में चर्चा होती। भोजन के उपरांत सामान्यत: उपाध्यक्ष श्री थंभीदुराई अथवा कोई अन्य वरिष्ठ सदस्य अध्यक्षता करते। वे अन्य कामों को निपटातीं। अन्य कामों में व्यस्त होते हुए भी उनका ध्यान लोकसभा दूरदर्शन पर दिखाई जानेवाली लोकसभा की काररवाई पर निरंतर बना रहता था। कभी गति कम होने पर कहतीं, 'आज नौ बजेंगे', फिर सदन में जाकर स्थानापन्न होतीं और काम की गति को बढ़ातीं। कभी थोड़ी गड़बड़ होती दिखाई देने पर तत्काल दौड़कर जातीं और कार्यवाही के सूत्र अपने हाथ में ले लेतीं। कामकाज ठीक से चले, यही उनकी प्राथमिकता होती।

भोजनावकाश में अथवा कामकाज की समाप्ति के उपरांत भी अनेक राष्ट्रीय-अंतरराष्ट्रीय नेताओं के साथ मेल-मुलाकातों का व्यस्त कार्यक्रम होता। कभी-कभी वे त्रस्त भी हो जातीं। विशेषकर उन्हें भोजन के समय अथवा खाने अथवा चाय पीने के समय बोलना पसंद नहीं था। उस समय मन उसी पर एकाग्र हो, ऐसा उन्हें लगता, मगर अकसर ऐसा नहीं हो पाता था। भेंट हेतु आनेवाले व्यक्तियों के साथ, कभी सहायकों के साथ चर्चा, कभी पत्रकारों के साथ बोलना ही पड़ता था।

मगर कुछ भी हो, मिलने आनेवालों का आदर आतिथ्य उचित प्रकार से होना ही चाहिए, इस पर उनका खास ध्यान रहता। छुट्टी के दिन भी किसी काम से उन्हें संसद् भवन जाना पड़ता। एक बार इसी प्रकार ताई अपने सहायकों के साथ संसद् भवन में थीं, उस समय हरियाणा के किसी सरकारी स्कूल के मुख्याध्यापक विद्यार्थियों को लेकर संसद् देखने आए, मगर अवकाश का सुनकर निराश हो गए। यह ताई के एक सहायक के ध्यान में आया। उसने पास बनवाकर सबको अंदर लिया, मगर इस प्रक्रिया में वह जिस काम के लिए निकला था, वह लंबित हो गया। ताई उसकी प्रतीक्षा कर रही थीं, नाराज होकर उन्होंने उसे फोन लगाया, जब उन्हें घटना के बारे में पता चला तो उन्होंने उन्हें संसद् दिखाने के उपरांत अपने कार्यालय में आमंत्रित किया। बच्चों को शरबत तथा बिस्किट दिए। उनसे गपशप की। मुख्याध्यापक तथा विद्यार्थियों के जीवन का वह दिन अविस्मरणीय बन गया। ताई को विद्यार्थियों से बातचीत करना तथा सामान्य जनों को संसद् भवन दिखाना बहुत पसंद था। वह कहतीं, 'यह लोकतंत्र का मंदिर है, सभी नागरिकों को उसका दर्शन होना ही चाहिए।'

समस्या से सामना

लोकसभा के सांसद का महत्त्व राज्यसभा के सांसद से थोड़ा अधिक माना जाता है; क्योंकि वह सीधे जनता द्वारा चुनकर भेजा जाता है और वह साधारणत: 10 से 20 लाख लोगों का प्रतिनिधित्व करता है। प्रत्येक पार्टी के नवनिर्वाचित सांसद संसद् में अपने पार्टी के नेता का चुनाव करते हैं। लोकसभा में बहुमत प्राप्त पार्टी के सदस्यों का नेता सदन का नेता (leader of the house), अर्थात् देश का प्रधानमंत्री बनता है। प्रमुख विरोधी पार्टी के सांसदों द्वारा चुना गया उनका नेता विपक्ष का नेता (leader of the opposition) बनता है। प्रधानमंत्री लोकसभा तथा राज्यसभा दोनों जगहों का प्रमुख होता है। विपक्ष के नेता दोनों सदनों में अलग होते हैं। समय आने पर विपक्ष का यह अनुभवी नेता वैकल्पिक सरकार बनाने के लिए तैयार रहता है। विपक्ष के नेता का कार्य सदन के नेता, अर्थात् प्रधानमंत्री जितना कठिन भले ही न होता हो, मगर उसे महत्त्व दिया जाता है। विरोध लोकतांत्रिक सरकार का एक आवश्यक भाग है। विपक्ष से सरकार के कार्यों की प्रभावी समीक्षा तथा आलोचना अपेक्षित होती है। सरकार शासन करती है, व्यवस्था का निर्माण करती है, नीतियाँ लागू करती है तथा विपक्ष का नेता उसकी समीक्षा तथा आलोचना

करता है। सरकार योग्य दिशा में कार्य कर रही है अथवा नहीं, यह देखना विपक्ष के नेता का प्रमुख कार्य होता है। इस प्रकार दोनों के कार्यों तथा अधिकारों का लोकतंत्र में अपना महत्त्व होता है।

बहुदलीय प्रणाली में विपक्ष के नेता का पद दूसरे नंबर पर चुनकर आई पार्टी के नेता को दिया जाए, यह तो ठीक है, मगर उसमें पेंच यह है कि उस पार्टी को लोकसभा में कम-से-कम 10 प्रतिशत सीटें मिली होनी चाहिए।

पहली लोकसभा के अध्यक्ष श्री चिंतामणि गणेश उर्फ जी.वी. मावलंकर की अध्यक्षता में गठित समिति द्वारा निर्धारित नियम के अनुसार लोकसभा में कम-से-कम 10 प्रतिशत स्थान प्राप्त पार्टी ही राष्ट्रीय स्तर पर प्रमुख विपक्षी पार्टी बनने के लिए पात्र होगी और उस पार्टी के सांसदों द्वारा निर्वाचित नेता ही विपक्ष का नेता बन सकेगा। इस नियम के विरोध में कहा जाता है कि मानव अधिकार संरक्षण कानून-1993, केंद्रीय सतर्कता आयोग अधिनियम-2003, सूचना का अधिकार अधिनियम-2005, लोकपाल तथा लोकायुक्त कानून-2013, राष्ट्रीय न्यायिक नियुक्ति आयोग कानून-2014 आदि के लिए विपक्ष के नेता की उपस्थिति आवश्यक (require) है, भले ही अनिवार्य (necessary) नहीं। ये प्रावधान इस नियम को थोड़ा अधिक विवादित बनाते हैं।

विपक्ष में अनेक पार्टियाँ हो सकती हैं, मगर प्रमुख विपक्षी दल, यानी अस्थायी रूप से अल्पसंख्यक दूसरा मुख्य दल। इस पार्टी को मिली हुई सीटों की संख्या तथा कुछ अन्य क्षेत्रीय दलों को मिलाकर होनेवाला सीटों का जोड़ अधिक हो रहा था, वैसे देखा जाए तो सत्ताच्युत हुई कांग्रेस पार्टी ही सबसे बड़ी विपक्षी पार्टी थी, मगर इस बार लोकसभा अध्यक्ष के समक्ष प्रश्न यह था कि लोकसभा में 10 प्रतिशत सांसद भी नहीं होते हुए किसी राजनीतिक दल को लोकसभा में विपक्ष के नेता की मान्यता क्यों चाहिए होती है ? यह प्रश्न भी प्रमुखता से चर्चा का विषय बनता है कि लोकतंत्र में विपक्ष के नेता का होना अटल, यानी अनिवार्य होना चाहिए क्या ? या फिर ऐसी परिस्थिति में क्या सत्ताधारी पार्टी के लिए कुछ स्थान खाली छोड़ दिए जाने चाहिए ? **या फिर कम-से-कम 10 प्रतिशत सांसदों के होने का मावलंकर नियम आज कालबाह्य हो चुका है ? इसके बजाय क्या कम-से-कम 10 प्रतिशत मत प्राप्त किए दल के नेता को विपक्ष के नेता की मान्यता अध्यक्ष को देनी चाहिए ?** सत्ताधारी पार्टी विपक्ष का नेता क्यों नहीं चाहती ? ऐसे अनेक मुद्दे चर्चा में आते हैं।

The 10% Mavalankar rule

India did not have a leader of opposition till 1969. In the first three Lok Sabha elections, the Congress - lead by Pandit Jawaharlal Nehru had an overarching influence. Neharu's Congress won 1951-52,1957 and 1962 Lok Sabha elections with an overwhelming majority and the main opposition parties consistently failed to win 10% of the seats. The 10 percent rule was spelt out by Mr.G. V. Malvankar, the first Lok Sabha speaker. Mavalankar had ruled in the Lok Sabha that the strength of the main opposition party, to be officially recognised as such, must be equal to the quorum of the house. Quorum is equivalent to 10 percent of the members.

The statutory definition of the leader of Opposition, however, came with the salary and allowances of leader of opposition Act 1977. It said that the leader of Opposition will be from Opposition party having the greatest numerical strength and recognised as such by the Lok Sabha speaker or the Rajya Sabha Chairperson in the respective houses. The 1977 Act did not set the 10 percent condition, but Mavalankar's rule was a directive to the speaker and was enforceable as law. Mavalankar Rule was finally incorporated in Direction 121(1) in Parliament (Facilities) Act 1998. This Rule remains unchanged.

इसके साथ यह बात भी सही है कि एक मान्यता प्राप्त विपक्ष का नेता मंत्री के समकक्ष होता है। उसे वेतन, दैनिक भत्ते, निवास, प्रवास भत्ता, चिकित्सा उपचार, दूर ध्वनि, सचिवालय सुविधा, वाहन सुविधा आदि सुविधाएँ मिलती हैं।

ताई के लोकसभा अध्यक्ष बनने के बाद उनके समक्ष जो पहला पेंच निर्माण हुआ, वह था विपक्ष के नेता के चुनाव का। प्रथम दृष्टया ताई का मत था कि कांग्रेस दूसरे नंबर की बड़ी पार्टी है, इसलिए उन्हें यह पद देने में क्या आपत्ति हो सकती है? मूलतः ताई यह सहचर्य की राजनीति करती आई हैं। उनके पहले लोकसभा चुनाव के समय उनके प्रतिस्पर्धी थे, वरिष्ठ कांग्रेस नेता स्व. प्रकाशचंद्र सेठी, पूरे चुनाव

के दौरान उन दोनों ने कभी भी एक–दूसरे के विरुद्ध कोई स्तरहीन बयान नहीं दिया था। आगे चलकर तो सेठीजी की पत्नी ताई को अपनी चौथी पुत्री मानती थीं। ऐसी पार्श्वभूमि के कारण ताई का मत था कि कांग्रेस को विपक्ष के नेता का पद देने में क्या आपत्ति हो सकती है?

मगर लोकसभा अध्यक्ष पद है। उसके अलग नियम हैं। परंपराएँ हैं। पुराने समय से चली आ रही परिपाटियों का पालन करना पड़ता है। उन नियमों तथा परंपराओं का पालन करने के लिए लोकसभा अध्यक्ष बाध्य होता है।

पूर्व परंपरा

इसके पूर्व पं. नेहरूजी के कार्यकाल में 1952 से 1969 तक किसी भी पार्टी को 10 प्रतिशत सीटें नहीं मिल सकी थीं, वैसे देखा जाए तो पं. नेहरूजी के कार्यकाल में लोकसभा में विरोधी थे स्व. डॉ. श्यामा प्रसाद मुखर्जी, स्व. डॉ. राम मनोहर लोहिया। मगर उस समय आवश्यक संख्या बल किसी भी पार्टी के पास नहीं था, इसलिए विपक्ष का नेता नहीं था। उसके बाद जब इंदिरा गांधी प्रधानमंत्री थीं, तब 1980 में तथा 1984 में जब राजीव गांधी प्रधानमंत्री बने, तब भी इसी नियम के कारण लोकसभा में विपक्ष के नेता का पद रिक्त रहा था।

इन सभी पूर्व परंपराओं के आधार पर तत्कालीन कांग्रेस के नेता श्री मल्लिकार्जुन खड़गे विपक्ष के नेता leader of opposition नहीं बन सकेंगे, यह महत्त्वपूर्ण निर्णय ताई ने दिया। लोकसभा के उपाध्यक्ष के रूप में AIADMK अखिल भारतीय अन्ना द्रविड़ मुनेत्र कड़गम के नेता, तमिलनाडु के करुर से सांसद श्री मुनिसामी थंबीदुराई निर्विरोध निर्वाचित हुए।

'व्यक्ति के मत अथवा मान्यता की अपेक्षा पद की प्रतिष्ठा, नियम तथा परंपराओं का पालन अधिक महत्त्वपूर्ण होता है।' इस सबक के साथ ताई के कार्यकाल का श्रीगणेश हुआ।

□

जशन
https://youtu.be/xFvUSnpKALQ

3

स्वागत और सत्कार

लोकी लोक वाढविणे।
तेणे अमर्याद जाले।
भूमंडळी सत्ता चाले।
गुप्त रूपे॥

—दासबोध

एक के बाद एक साथी जोड़ते जाने पर उनकी संख्या असीम हो जाती है और भूमंडल पर किसी के जाने बिना ही उसकी सत्ता चलती रहती है।

—समर्थ रामदास

ताई की जन्मभूमि चिपलून तो कर्मभूमि इंदौर

कहाँ महाराष्ट्र के एक कोने में स्थित कोंकणी चिपलून, तो कहाँ मध्य प्रदेश के मालवा का वैभवशाली इंदौर, मगर यह सर्वसामान्य कोंकण कन्या इंदौर की जनता के दिलों पर पिछले तीन दशकों से निरंतर राज कर रही है। अपने आराध्य देवताओं की भाँति माता जीजाबाई तथा देवी अहिल्याबाई! थोड़े बहुत नहीं, पूरे तीस वर्ष!

और जब लोकसभा के सर्वोच्च पद पर विराजमान हुई, तब तो यह कोंकण कन्या सारे देश की जनता की 'ताई' बन गई। मराठी में 'ताई', यानी हिंदी में 'बड़ी बहन', जैसे दूसरी माँ ही और माँ की भाँति ही उसने जनता को स्नेह भी दिया। उसके सुख-दुःख अपने समझे। समस्याएँ हल कीं।

इंदौर की राजनीति में सुमित्रा ताई का उदय होने के पूर्व इंदौर कांग्रेस का गढ़ था, मगर ताई के नेतृत्व में भाजपा ने उसे कांग्रेस से छीन लिया। ताई ने

सांसद के रूप में उस गढ़ की तीस वर्ष रक्षा की और फिर धीरे से अपने वारिस, अर्थात् भाजपा के वर्तमान सांसद श्री शंकर लालवानी के सुपुर्द कर दिया। लोकसभा अध्यक्ष के रूप में जब ताई निर्विरोध निर्वाचित हुईं, तब इंदौर नगरी ने जैसे राजवस्त्र धारण किए थे। प्राचीन वैभव की यादें पुनर्जीवित हो गई थीं, मगर ताई के लिए तत्काल अपनी कर्मभूमि आ पाना संभव नहीं था। जनता आतुरता से उनकी प्रतीक्षा कर रही थी, जब वह अध्यक्ष बनने के बाद पहली बार इंदौर आईं तो लोगों ने उत्साहपूर्वक उनका भव्य स्वागत किया। शहर के हृदय-स्थल राजवाड़ा चौक में लोकमाता देवी अहिल्याबाई की प्रतिमा पर माल्यार्पण करते हुए उनके चरणों में नमन करने के उपरांत ताई को शहर के बाहरी क्षेत्र में आयोजित उनके नागरिक सम्मान के लिए शोभायात्रा के रूप में ले जाया गया। स्थान-स्थान पर शहनाइयाँ, ढोल तथा बैंड-बाजे बज रहे थे। स्थानीय महिलाएँ अपनी ताई की आरती उतार रही थीं। कार्यकर्ता बंधु फूलमाला पहनाकर तथा पुष्प वर्षा कर उनका अभिनंदन कर रहे थे। जब वे सम्मान स्थल पर पहुँचीं तो वहाँ भी हजारों की संख्या में नागरिक उनका अभिवादन करने तथा उनका उद्बोधन सुनने के लिए प्रतीक्षारत खड़े थे।

भूतकाल की स्मृतियाँ

सुमित्रा ताई की आँखों के समक्ष पिछले 50 वर्षों की स्मृतियाँ तैर गईं, जब वे श्री जयंत महाजन के साथ विवाहबद्ध होकर कु. सुमित्रा पुरुषोत्तम साठे से सौ. सुमित्रा जयंत महाजन बनकर इंदौर आई थीं। उस समय उन्हें इस बात की जरा भी कल्पना नहीं थी कि उन्हें इस शहर में कभी इतना स्नेह, सम्मान, प्रेम और आदर मिलेगा। इसलिए इस नागरिक सम्मान का उत्तर देते हुए वे भाव-विभोर थीं। उन्होंने कहा, "आज मैं लोकसभा अध्यक्ष निर्वाचित हुई हूँ, जिस कुरसी पर मुझे बिठाया गया है, जो सम्मान मुझे दिया गया है, वह मेरा नहीं, इंदौर की जनता का है।" स्पीकर शब्द पर व्यंग्य करते हुए उन्होंने कहा, "नाम है स्पीकर, मगर बोलने की बंदी! अच्छा स्पीकर कौन, जो सबसे कम बोले, वह अच्छा स्पीकर।" जनता के प्रेम के संबंध में एक साक्षात्कार में उन्होंने कहा था कि प्रेम हमेशा दोनों ओर से होता है।

राष्ट्र सेविका समिति, मुंबई विभाग द्वारा समिति के ठाणे स्थित जीजामाता भवन में सम्मान का कार्यक्रम आयोजित किया गया था। एक सेविका देश की

संसद् के सर्वोच्च पद पर विराजित हुई, इस बात का गर्व सबको महसूस हो रहा था। इसलिए स्वाभाविक रूप से बड़ी संख्या में सेविकाएँ कार्यक्रम के लिए आ रही थीं। बड़ा हॉल भर चुका था, फिर भी महिलाएँ आती ही जा रही थीं। तत्काल ही पास के कॉरिडोर में बड़ा स्क्रीन लगा दिया गया। संपूर्ण कार्यक्रम का प्रसारण उस स्क्रीन पर दिखाने की व्यवस्था की गई। वहाँ भी भीड़ हो गई। कार्यक्रम सफलतापूर्वक संपन्न हो गया। महिलाएँ प्रत्यक्ष रूप से मिलकर अभिवादन कर रही थीं। निकलने का समय हो गया था, मगर ताई आग्रहपूर्वक कॉरिडोर में जहाँ स्क्रीन/परदा लगाया गया था, वहाँ जाकर खड़ी हो गई, बोली, "ये सेविकाएँ भी मेरे लिए स्नेहभाव होने के कारण ही यहाँ आई हैं, उन सबसे मिलने तक वे वहाँ खड़ी रहीं।" ताई की विशेषताएँ उभरकर दिखाई देती हैं, उनके ऐसे व्यवहार से।

ताई हमेशा कहती हैं, "मैं समाज कार्य करते-करते राजनीति में आ गई, वह केवल लोगों की सेवा के लिए। मैंने वह प्रेमपूर्वक तथा प्रामाणिकता से किया है और लोगों ने भी मुझे बहुत प्रेम दिया है।" उसी प्रेम का प्रतीक था यह नागरिक सम्मान समारोह। ताई का स्वभाव सबको जोड़कर रखने का है। कोई उनके लिए 'सुपारी' (कम-से-कम) जितना भी करता है, तो भी वे उसकी जीवन भर कृतज्ञ रहती है और अवसर मिलने पर उसके लिए नारियल (ज्यादा से ज्यादा) के बराबर करने को तत्पर रहती हैं।

उनके साथ घटी एक घटना की मैं प्रत्यक्ष गवाह हूँ। वे जब अटलजी के मंत्रिमंडल में राज्य मंत्री थीं, श्री किरीटजी सोमैया (मेरे पति) को फोन आया। ताई को महाराष्ट्र के रायगढ़ जिले में एक छोटा कस्बा बोरवाड़ी के माउली वृद्धाश्रम जाना है, कृपया उस संबंध में जानकारी निकालें। संयोग से उस वृद्धाश्रम के प्रमुख ट्रस्टी मेरे काका श्री आबा ओक वकील ही थे, फिर क्या! स्वाभाविक रूप से उन्हें उस वृद्धाश्रम में ले जाने की जिम्मेदारी मुझे ही मिल गई। ताई की काकीजी वयोवृद्ध होने, विकलांग होने तथा निस्संतान होने के कारण इस वृद्धाश्रम में रह रही थीं। अपने अंतिम समय में उन्हें सुमित्रा ताई से मिलने की इच्छा थी। उनके साथ रह रही एक दादी ने उनकी ओर से एक सादा पोस्टकार्ड ताई को लिख भेजा। उसमें उनकी इच्छा बताई। ताई को इसकी कोई जानकारी नहीं थी। उन्होंने पत्र मिलते ही काकी से मिलने जाने का निर्णय कर लिया। इसलिए अपने सभी भाई-बहनों को साथ लेकर वे अपनी काकी से मिलने इस छोटे से गाँव में आई थीं। उनके साथ पूरा दिन बिताया था। इस प्रकार ताई बहुत संवेदनशील हैं।

कर्मभूमि में सम्मान

इंदौर में हुए इस सम्मान के समय ताई को उनके सास-ससुर बहुत याद आ रहे थे। अपने भाषण में उनका उल्लेख करते हुए उन्होंने कहा, "इंदौर ने हमें सबकुछ दिया। हम साधारण परिवार से आए लोग हैं। जहाँ जाते हैं, वही हमारा घर बन जाता है। जो मिलता है, उसी में संतुष्ट रहते हैं।"

ताई के शब्दों में 'महाजन परिवार' की संक्षिप्त कहानी

काशीनाथ महाजन केलशी में निवास करते थे। उनके दो बेटे थे। बड़ा हरीराम तथा छोटा सखाराम। बेटे पाँच-छह वर्ष के ही थे, तभी काशीनाथ पंत का देहांत हो गया। विधवा पत्नी तथा उसके बच्चों के साथ घर में भाईबंदों द्वारा किए जानेवाले भेदभाव से तंग आकर अपना आत्म-सम्मान बचाने के लिए वह स्वाभिमानी विधवा एक रात्रि को अपने दोनों बच्चों को साथ लेकर केवल पहने वस्त्रों के साथ घर छोड़कर निकल पड़ी। पैदल चलते हुए वह मुंबई जा पहुँची। वहाँ लोगों के घरों में भोजन बनाने तथा दाई का काम करने लगी। वहाँ उसकी भेंट इंदौर के एक परिवार शायद केतकर से हुई। उनकी मदद से इंदौर आई। यहाँ भी वह स्वाभिमानपूर्वक लोगों के घरों में काम कर बच्चों का पालन-पोषण करने लगी। वह अत्यंत परिश्रमी तथा स्वाभिमानी थीं। ऐसा मेरे ससुरजी बताते थे। वह ऊँची-पूरी, थोड़ी मोटी, तेज स्वभाव की, बच्चों को कड़े अनुशासन में रखनेवाली महिला थीं। बच्चे भी पढ़-लिखकर बड़े हो गए। बड़ा बेटा हरीराम स्कूल में हेड मास्टर के पद तक पहुँचा। छोटे सखाराम पंत शिक्षा पूरी कर उन्होंने स्वयं का व्यवसाय प्रारंभ किया। पहले साड़ियाँ रँगने का काम शुरू कर, धीरे-धीरे हौजरी प्रारंभ की। कॉटन के मोजे, स्वेटर, मफलर आदि। हमारे मोजे महू में मिलिट्री को सप्लाई होते थे। उन्होंने माँ के कष्ट देखे थे, इसलिए नियम बनाया कि अपने कारखाने में ज्यादा-से-ज्यादा जरूरतमंद महिलाओं को काम देंगे। मोजे का आगे का सिरा क्रोशिया की सुई से जोड़ा जाता था, उसी प्रकार स्वेटर के बटन आदि लगाने का काम महिलाएँ घर ले जाकर करती थीं। यह शादी के बाद मैंने भी देखा है। मोजे का टो बनाना भी सीखी हूँ। हाँ तो धीरे-धीरे दोनों भाइयों ने नंदलालपुरा में जमीन खरीदकर घर बना लिये। दोनों भाइयों का विवाह हुआ। छोटे सखाराम पंत को दो बच्चे थे। पहली लड़की हुई।

दो-तीन वर्ष बाद लड़का, यानी मेरे ससुरजी वामन सखाराम। वह साल भर के होने के पूर्व ही उनकी माँ, अर्थात् सखाराम पंत की पत्नी का देहांत हो गया। हरिराम दादा को बच्चा नहीं हुआ, मगर उनकी पत्नी ने सखाराम पंत के दोनों बच्चों को प्रेम से बड़ा किया। ये काकी मेरे विवाह के बाद भी डेढ़-दो वर्ष जीवित थीं। बहुत परिश्रमी थीं। मोजे सीना आदि करती थीं। इससे दृष्टि कमजोर हो गई थी। बाद में पैर भी अकड़ गए थे, मगर मेरी सासू माँ द्वारा उनको नहलाने-धुलाने से लेकर पूरी सेवा करते मैंने देखा है। कभी-कभी मैं भी उनकी मदद करती थी। मेरे ससुरजी के पिता का, वे 19/20 साल के थे, तभी देहांत हो गया था, फिर ससुरजी ने ही हौजरी का धंधा बढ़ाया। हरिपंत तीनों पोतों, यानी जयंत, वसंत तथा हेमंत को प्यार करने तथा संस्कार देने के लिए थे। सुना है, उसमें हमारे पति (जयंतराव) उनके बहुत लाडले थे। हमारे सास-ससुर भी हरिपंत को बहुत प्रेम तथा आदर देते थे। हमारे ससुरजी अपनी दादी की भी बहुत प्रशंसा करते थे। वे सबके किस्से सुनाया करते थे।

"इंदौर ने हमें बहुत कुछ दिया है। प्रामाणिकता तथा परोपकार सिखाया, स्थैर्य तथा सम्मान दिया। आज आपने मुझे जो अभिनंदन-पत्र दिया है, वह मेरी प्रशंसा का न होकर अपेक्षाओं का है, यह मैं जानती हूँ। मैं आपकी अपेक्षाओं को पूर्ण करने तथा आपके विश्वास पर खरा उतरने का पूर्ण प्रयास करूँगी। आपके प्रेम तथा प्रोत्साहन के आधार पर मैं इंदौर का नाम रोशन करने का, प्रामाणिकता से अपना कर्तव्य निभाने का तथा सारे देश की जनता की सेवा करने का निश्चित ही प्रयास करूँगी।"

ताई राजनीति में आई कुशाभाऊ ठाकरे के आग्रह के कारण। (भारतीय जनता पार्टी पूर्वाश्रम का जनसंघ। भारतीय जनसंघ की स्थापना 1951 में डॉ. श्यामाप्रसाद मुकर्जी की अध्यक्षता में हुई। राष्ट्रवादी विचारधारा के सामाजिक संगठन राष्ट्रीय स्वयंसेवक संघ के कुछ स्वयंसेवकों ने डॉ. मुकर्जी के नेतृत्व में जनसंघ में काम करना शुरू किया। इनमें पं. दीनदयाल उपाध्यायजी, मान. अटल बिहारी वाजपेयी, माननीय लालकृष्ण आडवाणी के नाम से सभी परिचित हैं, लेकिन कई लाइमलाइट में नहीं आए। राजनीतिक महत्त्वाकांक्षा से कोसों दूर! संगठन के लिए समर्पित! प्रत्येक प्रांत में ऐसे नेता होते थे, जनसंघ की रीढ़ की हड्डी। जिनको 'संगठन मंत्री'

कहा जाता था। जनसंघ पूरे देश में फैल गया। मध्य प्रदेश की जिम्मेदारी कुशाभाऊ ठाकरे के पास थी। वह नई राजनीतिक प्रतिभाओं की खोज को प्रबंधित करने, उनका मार्गदर्शन करने, उन्हें संगठन के हितों को ध्यान में रखते हुए सही स्थिति या अवसर देने में कुशल थे। फलस्वरूप मध्य प्रदेश में जनसंघ का तेजी से विकास हुआ। इसमें कुशाभाऊ ठाकरे का बहुत बड़ा योगदान था।) विवाह के बाद ससुराल आने पर ताई की आगे पढ़ने की इच्छा थी। एक बात उनके मन में पक्की थी, वह, यानी अपने को आर्थिक दृष्टि से आत्मनिर्भर होना चाहिए। ससुराल के लोग भी प्रोत्साहन देनेवाले ही थे। वे आगे पढ़ने लगी थीं। महिला मंडल तथा साहित्य सभा में सहभागी हो रही थीं। उन्हीं दिनों वे इंदौर की प्रवचनकार श्रीमती मैनाताई गोखले के संपर्क में आईं। उनके साथ वे फुरसत के समय में रामायण पर प्रवचन देने लगीं। सामाजिक कार्यों में रुचि बचपन से ही थी। धीरे-धीरे वे राष्ट्र सेवा समिति में सक्रिय हुईं। मुख्य बात, यानी 'हमेशा परिश्रम करते रहने की 'कोंकणी लोगों की आदत' उन्होंने छोड़ी नहीं थी।

इस बीच आपातकाल आ गया। संघ और परिवार मीसा ग्रस्तों की मदद करने लगे। उनकी सासुमाँ का उन्हें पूर्ण समर्थन था। उनका बहू पर विश्वास था तथा उसके कार्य की वे सराहना भी करती थीं। ताई अचानक राजनीति में आईं, तब उन्हें संघ का कार्य, बस इतनी ही जानकारी थी। परिवारजनों से चर्चा हुई। विवाह होकर बारह-पंद्रह वर्ष हो चुके थे। पति जयंतराव कहते थे कि घर को सँभालकर जो करना चाहो, करो। ताई भाजपा की ओर से नगर पालिका निगम परिषद् की सदस्य बनीं। ससुराल के प्रोत्साहन के साथ मायके के संस्कारों की ऊर्जा भरकर ताई ने उड़ान भरी। आगे का सब इतिहास तो पता ही है।

मातृभूमि में स्वागत

ताई जब लोकसभा अध्यक्ष बनीं, तब केवल इंदौर और मध्य प्रदेश ही नहीं, बल्कि चिपलून तथा जहाँ-जहाँ भी कोंकणी आदमी था, वहाँ उत्साह का ज्वार आया था। कोंकण में तो बड़े-बड़े होर्डिंग लगे थे। लोकसभा अध्यक्ष बनने के कई दिनों के बाद ताई को मायके के गाँव, यानी चिपलून आने का अवसर मिला था।

उस समय गाँव के लोगों का उत्साह गगन में भी नहीं समा रहा था। अपने गाँव की बेटी मायके आ रही है, इसलिए गाँव में प्रत्येक घर के बाहर पानी छिड़ककर रँगोलियाँ बनाई गई थीं। तोरण तथा पताकाओं से गाँव सजा था। उन दिनों भाजपा-शिवसेना युति थी। युति के सांसद श्री अनंत गीते, भाजपा नेता डॉ. विनय नातू आदि

ने दो दिनों का व्यस्त कार्यक्रम बनाया था। ताई कहती हैं, "विमान से जैसे-जैसे गाँव दिखने लगा, वैसे-वैसे ही मुझे मराठी कवि वा. भा.पाठक की—

'खूणा गावच्या दिसू लागल्या, स्पष्ट मला लोचनी, उड़े किती खळबळ माझ्या ह्दयातुनी।'

(गाँव की निशानियाँ मुझे स्पष्ट दिखाई देने लगीं और मेरे दिल में कितनी खलबली मचने लगी है।) इस कविता की पंक्तियाँ याद आ गईं। मेरी अवस्था बिल्कुल वैसी ही हो रही थी।" ताई को साहित्य से बहुत लगाव है। समीक्षात्मक समझ भी है। समाचार-पत्र के परिशिष्ट, कहानी, उपन्यास, कविता, ललित साहित्य कितनी भी व्यस्तता हो, वे समय निकालकर अवश्य पढ़ती हैं। कतरनें संगृहित करती हैं।

अनेक कविता, भावगीत, स्तोत्र उन्हें मुखाग्र हैं। कुसुमाग्रज उनके प्रिय कवि है और 'पृथ्वीचे प्रेमगीत' उनकी प्रिय कविता। यह साहित्य की रुचि उन्हें उनके पिताजी से प्राप्त हुई विरासत है।

वे जैसे ही चिपलून में उतरीं, माताओं ने रोटी से उनकी नजर उतारी। ताई ने जिस स्कूल में पहली से सातवीं तक अध्ययन किया था, उस स्कूल की छात्राओं ने उन्हें घेर लिया, फिर क्या था, शिष्टाचार, सुरक्षितता सब धरा रह गया। ताई गाँव के लोगों, पुराने परिचितों में घुल-मिल गईं। गाँव की ग्राम देवता, गणपति मंदिर, लक्ष्मी नारायण मंदिर में दर्शन करते हुए वे जहाँ उनका घर था, उस बेंदरकर गली में पैदल घूमी। पुरानी सहेलियों से भेंट हुईं। उनकी स्कूल की सहेली ने बताया, "ताई 7वीं तक कन्याशाला में, फिर 11वीं तक यूनाइटेड इंग्लिश स्कूल में पढ़ी हैं। ताई जब चौथी कक्षा में थीं, तभी उनकी माँ का देहांत हुआ। ग्यारहवीं में थीं, तब उनके पिता का देहांत हुआ। बाद में 11वीं उत्तीर्ण हुई, फिर वे पढ़ने मुंबई चली गईं, मगर वे हमें नहीं भूलीं। पत्रों के द्वारा हमारी मित्रता अभी भी बनी हुई है।"

उनकी एक सहेली सरोज नेने ने उनके संबंध में अखबारों में छपे समाचारों की कतरनों को चिपकाकर, जो अलबम बनाया था, उसे सराहनापूर्वक देखा। सबसे जी भरकर बातें कीं। खिलखिलाकर हँसीं। पुरानी यादों में खो गईं।

भगवान् परशुराम के दर्शन के बिना तो यह भेंट पूरी ही नहीं हो सकती थी। उसके बाद हुए भव्य सत्कार कार्यक्रम में अपने संबोधन में उन्होंने कहा, "चिपलूण ने हमें गढ़ा, संस्कार दिए। सचमुच हम भाई-बहनें गाँव के बच्चों के रूप में ही बड़े

हुए हैं। गाँव ने हमें संबल दिया। शक्ति दी। कठिनाइयों के समय समस्याओं का मुकाबला करने की शक्ति दी। लक्ष्मी नारायण मंदिर के प्रांगण में समिति की शाखा लगती थी। वहीं अनेक व्याखान होते थे। उन्हें सुनने हम जाते थे। मेरे पिताजी के व्याख्यान भी वहाँ होते थे, ऐसा भी हमने सुना है।

"मैं जानती हूँ कि यह जो मेरा सत्कार आप कर रहे हैं, वह विशेष है, क्योंकि चिपलून कोई मेरा राजनीतिक कार्यक्षेत्र नहीं है। व्यक्तिगत रूप से आप लोग मेरे मतदाता भी नहीं है। मेरे से आप लोगों की कोई अपेक्षाएँ भी नहीं हैं, फिर भी आपको मेरे लोकसभा अध्यक्ष बनने की प्रसन्नता हुई है। यह मायके आई हुई बेटी के लिए आपके निस्स्वार्थ प्रेम का प्रतीक है। इसलिए यह विशेष है।"

उन्होंने आगे कहा कि पहली लोकसभा के अध्यक्ष श्री मावलंकर भी कोंकण के ही रत्नागिरी के थे। उन्होंने जिस प्रकार निष्पक्षता से और प्रामाणिकता से कार्य किया, पद को एक प्रतिष्ठा दिलाई, वैसा ही कार्य मैं भी करके दिखाऊँगी, यह मेरा वादा है।

ताई के स्कूल की सहेलियाँ एक बार दिल्ली आई थीं। अपनी एक सहेली अपने कर्तृत्व के बल पर इतने बड़े पद पर पहुँची है, उन सबको इसका अभिमान था। स्वयं ताई ने भी अपनी सहेलियों का उतने ही प्रेम तथा अपनेपन से स्वागत किया। सबकी व्यक्तिगत जानकारी प्राप्त की। चिपलूण की बातें कीं और सारा संसद् भवन घूमकर दिखाया। सारी जानकारी दी। अध्यक्ष की कुरसी पर बैठी अपनी सहेली को देखकर सबका हृदय भर आया। अभिमान से सिर उन्नत हो गया। ताई ने अपनी सारी सहेलियों को माहेश्वरी साड़ी भेंट देकर सम्मानित किया।

ताई अकसर सफेद अथवा क्रीम कलर की साड़ियाँ पहनती थीं, मगर उनका चयन विशिष्ट होता था। उनके पास अनेक साड़ियाँ थीं। कोई भी समीप की महिला उनके यहाँ आती थी तो वे उन्हें अपना वार्डरोब खोलकर दिखाती थीं और कहतीं, 'तुम्हें जो भी साड़ी पसंद हो, ले लो।' ऐसी अनेक साड़ियाँ ताई ने स्नेहपूर्वक बाँट दी हैं।

संस्कार की गुढ़ी

ताई अपने गाँव का ऋण भूली नहीं हैं। वहाँ के लोकमान्य तिलक ग्रंथालय के लिए ताई तथा उनके भाइयों ने यथाशक्ति दान दिया था। उन्होंने सरकार से भी

भरपूर सहायता दिलवाई थी। वे कोंकण तथा मालवा के बीच की अटूट कड़ी हैं। उन्हें दोनों स्थानों के लिए लगाव है।

एक बार दिल्ली के महाराष्ट्र भवन में गुढ़ी पाड़वा के दिन गुढ़ी उभारने का कार्यक्रम था, तब गुढ़ी उभारते हुए उन्होंने कहा था, "आज हम यहाँ सामर्थ्य की, सशक्तता की और सफलता की गुढ़ी खड़ी कर रहे हैं।" तब उन्हें एक पत्रकार ने हँसते हुए प्रश्न किया था, "ताई, आप चिपलूण की हो या इंदौर की? महाराष्ट्र की हो या मध्य प्रदेश की?" उन्होंने कहा कि गुढ़ी उभारने की परंपरा का पालन तो हम इंदौर में भी करते हैं। सुबह जल्दी उठकर राजवाड़े पर इकट्ठा होते हैं, सार्वजनिक रूप से गुढ़ी उभारते हैं और गुड़ धनिए का प्रसाद बाँटते हैं। मैं चिपलूण की बेटी और इंदौर की बहू हूँ।" **और अपना चिरपरिचित हास्य बिखेरते हुए उन्होंने कहा, "आप जानते हैं न—कन्या दहलीज पर रखा वह दीया है, जो घर में भी प्रकाश देता है और आँगन में भी। वह ससुराल और मायका दोनों को रोशन करती है।"**

□

मा. सुमित्रा ताई महाजन परिचय	
https://speakerloksabha.nic.in/former/sumitra.asp	

4

अध्यक्ष की जिम्मेदारी

सारा सार विचार करणे।
न्याये अन्याये अखंड पाहणे।
बुद्धि ईश्वराचे देणे।
पालटेना।। 10-8-29 **—दासबोध**

सार क्या है और असार क्या है, इसका सतत विचार करें। इसी के साथ न्याय-अन्याय का भी ध्यान रखें। ऐसा करने पर ईश्वर द्वारा हमें प्रदत्त बुद्धि में विक्षेप उत्पन्न नहीं होता।

—समर्थ रामदास

'चलो, अब हम देश के' सोमवार को सवेरे ताई दिल्ली हवाई अड्डे पर उतरते हुए साथियों से कहतीं। जब संसद् का अधिवेशन चलता, ताई कभी भी दिल्ली नहीं छोड़ती थीं। शेष दिनों में वह हर शुक्रवार शाम को हवाई जहाज से इंदौर जातीं और सोमवार को सुबह दिल्ली वापस आतीं। एयरपोर्ट पर उतरकर गाड़ी में बैठते ही सहायक से जानकारी लेना शुरू हो जाता। पूरे सप्ताह की समय-सारिणी उन्हें दिखाई जाती, अर्थात् उसमें आवश्यकता के अनुसार बदलाव भी होता, मगर साधारणत: कार्यक्रम तय रहता। कुछ जरूरी कागज-पत्रों पर नजर डालतीं, उसपर आवश्यक टिप्पणियाँ लिखतीं, कुछ सूचनाएँ आदि देती, इंदौर से लाए कामों की सूची सहायकों को सौंपतीं। इस तरह चलता। ताई ने कभी एक मिनट अथवा एक कागज भी व्यर्थ नहीं गँवाया। एक दिन भी कभी छुट्टी नहीं ली। उन्होंने मिली हुई जिम्मेदारी को सक्षमता से पूरा किया।

लोकतंत्र का प्रतीक

भारत के पहले प्रधानमंत्री पं. जवाहरलाल नेहरू ने कहा था, "संसदीय लोकतंत्र में लोकसभा अध्यक्ष, यह सम्मान और सदन की स्वतंत्रता को दर्शाता है और सदन देश का प्रतिनिधित्व करता है, इसलिए लोकसभा अध्यक्ष एक प्रकार से देश की स्वायत्तता और स्वतंत्रता का प्रतीक बन जाता है।"

सोमनाथ दादा चटर्जी का अध्यक्ष के रूप में प्रभाव था। ताई के मन में उनके लिए आदर था। ताई के लिए वे बड़े भाई के समान थे, जब ताई अध्यक्ष बनीं, तब वे दादा से मिलने दिल्ली में उनके घर और उनका देहांत होनेपर कोलकाता भी गई थीं।

ताई कहती हैं, "सोमनाथ दादा बड़े भाई के समान थे। मैंने उनसे दो बातें सीखीं। पहली, हम जिस पद पर हैं, वह बहुत ऊँचा है। हमारे निर्णय के विरुद्ध न्यायालय में भी अपील नहीं हो सकती। इसलिए हमें उसकी मर्यादा का ध्यान रखना चाहिए। दूसरी, यानी हमें अपनी मर्यादा को भी नहीं भूलना चाहिए। यदि कभी मैं गलती से आवेश में आकर वेल में चली जाती तो वे मुझे टोकते थे। तुमसे ऐसी बातें अपेक्षित नहीं हैं।"

मैंने भी उन्हीं का अनुसरण किया। अनेक महिला सांसदों को मैं यही सलाह देती थी, "हल्ला-गुल्ला करके अपना मुद्दा सिद्ध करने की अपेक्षा सौम्यता से मगर मजबूती से अपनी बात रखो। मैं सबको अपनी बात रखने का अवसर दूँगी। आपके अध्ययन का महत्त्व है, आभास का नहीं।"

लोकसभा की अध्यक्ष बनने के उपरांत ताई ने सबसे पहले इस पद की जिम्मेदारियों का विस्तार से अध्ययन किया वैसे 1989 से सांसद होने के कारण उन्हें जानकारी तो थी ही, मगर वे उतने पर संतुष्ट नहीं थीं। संवैधानिक दृष्टि से यह पद बहुत प्रतिष्ठापूर्ण है। सदन में प्रधानमंत्री तथा सभी मंत्रिगण नीचे बैठते हैं तो लोकसभा अध्यक्ष आसंदी (व्यासपीठ) पर बैठते हैं। **व्यासोत्छिष्टम जगत सर्वम्! ऐसे व्यास के नाम से कार्यभार सँभालना, इसलिए कुछ ज्यादा ही सतर्क रहना पड़ता है। संवैधानिक शिष्टाचार (प्रोटोकॉल) के अनुसार लोकसभा अध्यक्ष का क्रमांक बहुत ऊपर का होता है।**

लोकसभा की काररवाई को सुचारु रूप से संचालित करना, यह अध्यक्ष की प्रमुख जिम्मेदारी है और इस काम के लिए उन्हें मदद करने के लिए उनके कार्यालय को पर्याप्त अधिकार होते हैं। लोकसभा सदन में, संपूर्ण सभागृह में कहाँ, क्या चल रहा है, यह सुस्पष्ट रूप से दिखाई दे, ऐसे स्थान पर विशिष्ट कोण पर

अध्यक्ष की कुरसी होती है। उनके सामने ही लोकसभा सचिवालय के महासचिव और सचिवालय के वरिष्ठ अधिकारी अर्ध-गोलाकार टेबल पर बैठकर संसदीय कामकाज, व्यवहार तथा कार्यपद्धति पर अध्यक्ष को मदद करते हैं। अध्यक्ष के अधीन लगभग 5200 कर्मचारी होते हैं।

भारतीय संविधान के अनुसार, अध्यक्ष के पास प्रशासकीय और सदस्य की कृति को योग्य अथवा अयोग्य ठहराने के administrative and discretionary powers अधिकार होते हैं। सांसद को बोलने देना अथवा निलंबित करना पूर्णतया उन्हीं के हाथ में होता है। ताई को इसका भान था। वे सांसदों के स्वभाव तथा आचरण के संबंध में भी जागरूक थीं।

आदर्श यजमान

हम भाजपा के सांसद पत्नियों का 'कमल सखी मंच' नाम से एक मंच है। प्रत्येक अधिवेशन में उसका एकत्रीकरण का एक कार्यक्रम होता था। 2009 से यह उपक्रम चल रहा था। सुमित्रा ताई, सुषमा स्वराज, स्व. कमला आडवाणी के मार्गदर्शन के अनुसार उसकी एक कार्यकारिणी समिति बनाई गई थी। वे सब मिलकर यह कार्यक्रम आयोजित करती थीं। उद्देश्य यह था कि सांसद क्या काम करते हैं, कैसे करते हैं, कौन-कौन से नए विषय हल करने पड़ते हैं, वर्तमान परिस्थिति का भान, यह अपने पतियों के कार्यक्षेत्र में काम करनेवाली पत्नियों को भी होना चाहिए। उन्होंने आपस में मिलकर, ज्ञान का आदान-प्रदान करते हुए, समय के साथ चलना चाहिए। इसके साथ ही यदि कोई सांसद पत्नी किसी विशिष्ट क्षेत्र में कार्य कर रही हो तो वह भी सबको पता चले। उससे मित्रता हो। प्रत्येक अधिवेशन में 'कमल सखी मंच' का यह कार्यक्रम अभी भी किसी एक के निवासस्थान पर आयोजित होता है। 2018 में ताई के निवासस्थान पर यह कार्यक्रम करना निश्चित हुआ। मूल कल्पना यह थी कि इस कार्यक्रम में केवल सांसद पत्नियाँ ही सम्मिलित हों, मगर कई बार आयोजक सांसद पति-पत्नी दोनों को भी आमंत्रित करते थे। बाद में यही परंपरा चल पड़ी, मगर जब ताई ने कार्यक्रम तय किया, तब उन्होंने स्पष्ट रूप से कहा कि यदि मैं सांसदों को भी आमंत्रित करूँगी तो मैं उनकी पत्नियों से खुलकर बात नहीं कर सकूँगी। मुझे उनसे परिचय करना है। सांसद आएँगे तो ऐसा नहीं हो सकेगा। उस दिन ताई के घर अपनी परंपरा के अनुसार रंगोली से लेकर पान के बीड़े तक पूर्ण रूप से मालवी ठाठ किया गया था। उसके लिए साग-भाजी

से लेकर हलवाई तक सारे इंदौर से बुलाए गए थे। नाविन्यपूर्ण कल्पना, गृहपाठ, प्राविण्य, काम का स्तर, अनौपचारिक संवाद, प्रबंध कौशल और निर्माण होनेवाली समस्याओं का अनुमान लगाते हुए परिपूर्ण क्रियान्वयन। यही कार्यप्रणाली उन्होंने अपने अध्यक्षीय कार्यकाल में भी अपनाई।

सुरेश प्रभु ताई के पुराने सहयोगी और हमारे पारिवारिक मित्र। उन्हें जब पता चला कि मैं ताई पर कुछ लिख रही हूँ तो वे उत्साह से बताने लगे। ताई के व्यक्तित्व के अनेक पहलू उन्होंने उजागर किए। उन्होंने कहा, “1996 में माननीय अटलजी प्रधानमंत्री बने, मैं पहली बार सांसद बना। 13 दिन के मंत्रिमंडल में मुझे शामिल किया गया और कुछ दिनों में ही अटलजी विपक्ष में चले गए। विपक्षी बेंचों पर बैठने लगे। ताई उत्साह से मगर स्नेहपूर्वक व्यवहार करती थीं। अपनी बात लोगों को समझाने का प्रयास करतीं, मगर उसमें कहीं भी आततायिता नहीं होती थी, या यों कहें, आक्रमकता होती थी, मगर आततायिपन नहीं होता था। उनका यह गुण उस समय पता चला। कुछ वर्ष बाद फिर हमारी सरकार आई। हम सत्ताधारी बन गए। वरिष्ठ सांसद ताई मंत्री बन गईं। वे मानव संसाधन विभाग में राज्यमंत्री थीं, तब अधिक परिचय हुआ।

दोनों भिन्न-भिन्न काम थे। विपक्ष का काम आलोचना करना होता हैं, मगर सत्ताधारी दल को विपक्ष की आलोचना सहनी पड़ती है। विरोधियों के आक्रमणों को रोकना पड़ता है। इसमें भी सरकार की मर्यादाओं को ध्यान में रखते हुए लगन से कार्य करने की उनकी पद्धति! इसमें उनके अलग गुणों का परिचय हुआ। अलग पहचान बनी। 2004 में फिर सरकार गिरी और हम वापस विपक्षी बेंचों पर बैठने लगे। हम साथ मिलकर काम करने लगे और मेरा फिर एक बार एक नई सुमित्रा ताई से परिचय हुआ। प्रारंभ में गृहिणी, फिर विपक्षी सांसद, फिर मंत्री और फिर विपक्ष की सांसद। इस होनेवाले परिवर्तन को उन्होंने अत्यंत सहजता से स्वीकार किया। शुरू के दिनों में हमारे विपक्ष के नेता मा. आडवाणी तथा मा. अटलजी जैसे बड़े-बड़े नेता लोग थे। उस समय सुमित्रा ताई पहले से कुछ बदल गईं। मंत्री पद का अनुभव मिलने के बाद उसके आधार पर वे अलग पद्धति से काम करने लगीं।

और फिर एक नई भूमिका में, 2014 में! मंत्री, विपक्ष हो या फिर सत्ताधारी सांसद, सबको नीचे बैठना पड़ता है और ऊपर सर्वोच्च स्थान पर ताई अध्यक्ष के रूप में स्थानापन्न होती हैं, जब वे वहाँ बैठीं, तब बगैर किसी अतिशयोक्ति के, मैं यह कह सकता हूँ कि वहाँ बैठकर उन्होंने उस पद की शान बढ़ाई। एक समय मैं रेलवे मंत्री था, तब मुझे दोनों सदनों में जाना पड़ता था।

लोकसभा सुचारु रूप से चलती थी, तो राज्यसभा चलती ही नहीं थी। अनंत कुमार कहते, "इसका एकमात्र कारण है ताई। सबको साथ लेकर, विरोधियों की आलोचना, उनका व्यवहार, उसको सँभालते हुए काम करने की उनकी पद्धति के कारण सब अच्छा चल रहा था। समस्याएँ होती हैं, मर्यादाएँ होती हैं। सरकार की आलोचना नहीं कर सकते। जनता की समस्याएँ होती हैं। उनका सामना करना पड़ता है। अध्यक्ष होते हुए भी जनप्रतिनिधि के रूप में काम करना ही पड़ता है। उसका संतुलन ताई ने बराबर बनाए रखा।"

एक लोकसभा अध्यक्ष को अनेक समितियों के प्रमुख की जिम्मेदारी निभानी पड़ती हैं—

Chairperson, (I) business advisory committee, (II) rules committee,(III) Joint parliamentary committee on maintenance of Heritage character and development of Parliament House complex, (IV) committee on installation of portraits/Statues of National leaders and parliamentarians in parliament House complex, (V) General purposes committee, ((VI) committee on security in parliament House Complex (VII) Standing committee of All India presiding officers' Conference, and (VIII) Executive Committee of CPA India Region.

President, (I) Indian Parliamentary Group, and (II) India branch of the Commonwealth Parliamentary Association (CPA).

कर्मचारियों की चिंता

सचमुच ताई ने एक ही समय में अनेक पद आसानी से सँभाले। उनकी विशेषता यानी स्मित हास्य और सबके साथ बनाया हुआ अपनेपन का रिश्ता, फिर वे सहकर्मी सांसद हों, सहायक हों अथवा चतुर्थ श्रेणी के कर्मचारी। इन सबके दैनंदिन व्यवहारों में उन्होंने समझ-बूझकर ध्यान दिया, क्योंकि यदि कर्मचारी और उनके परिवार संतुष्ट रहेंगे तो कर्मचारी अधिक मन लगाकर अपना कार्य करेंगे, यह वह जानती थीं।

एक कर्मचारी दिव्यांग था, कुशाग्र भी था, मगर वह प्रशिक्षण अथवा शासकीय कार्य से कभी भी विदेश नहीं जाता था, यह उनकी तीक्ष्ण नजर ने देख लिया। उनके कारण पूछने पर उन्हें बताया गया कि उसके दिव्यांग होने के कारण उसे भेजा नहीं जाता। उन्होंने अधिकारियों को डाँट तो लगाई ही, साथ ही उसे भविष्य में कार्य के लिए विदेश भेजने के लिए सिफारिश-पत्र भी दिया और उसे अवसर दिया जा रहा है, इसकी आगे चलकर पुष्टि भी की।

लोकसभा सचिवालय के अधिकारी तथा कर्मचारियों के लिए ताई ने विविध कल्याणकारी काम किए। इसमें लोकसभा के सभी कर्मचारियों की पदोन्नति, प्रशिक्षण, संपूर्ण समीक्षा, संयुक्त संसदीय वेतन समिति की स्थापना, वार्षिक स्वास्थ्य परीक्षण आदि से संबंधित महत्त्वपूर्ण निर्णय शामिल हैं। वर्षों से लंबित इन निर्णयों को अमल में लाकर उन्होंने सचिवालय के अधिकारी तथा कर्मचारियों को अभूतपूर्व लाभ दिलाए, जैसे कर्मचारी वर्ग की पदोन्नति के ठोस नियम बनाकर उन्हें लागू कराया। लोकसभा के तीनों विभागों के कर्मचारियों को समान अधिकार मिलें, इसका खाका तैयार किया। इसके अतिरिक्त सचिवालय की महिला कर्मचारियों के बच्चों के लिए 'संगोपन केंद्र' का स्थान निश्चित किया।

कर्मचारी वर्ग के सुख-दुःख से समरस होकर उन्हें उचित मार्गदर्शन और मदद करने में उन्हें संतुष्टि मिलती थी। खासकर चतुर्थ श्रेणी कर्मचारियों को तो वे अकसर नाम से ही संबोधित करती थीं। जब उनके ध्यान में आया कि कर्मचारियों के रहने के लिए अच्छे घर नहीं हैं और उन्हें बनाने के काम में विलंब हो रहा है, तो उन्होंने व्यक्तिगत रुचि लेकर आर.के. पुरम क्षेत्र में बन रहे निवासी संकुल के आधुनिक सुविधाओं से सुसज्ज 185 आवासगृहों को तत्काल पूर्ण करवाया और 2015 में उनका लोकार्पण किया। सचिवालय के कर्मचारीगण वहाँ रहने लगे। सभी कर्मचारियों को अधिवेशनकालीन विशेष भत्ता मिल रहा है या नहीं, इसका वे ध्यान रखती थीं। किसी की भी शिकायत आने पर वे उसे ध्यान से सुनतीं, संभव होता तो तत्काल संबंधित अधिकारी से बात कर जानकारी लेतीं और काम कितने दिनों में हो जाएगा, यह पता करतीं। इतना ही नहीं, निर्धारित दिन फिर उसे फोन कर काम हुआ या नहीं, इसकी जाँच भी करतीं। किसी को आर्थिक कष्ट होता तो, उसकी मदद करतीं और कहतीं कि जब संभव होगा, वापस करना। अपने अधीनस्थ कर्मचारियों के साथ परिवार

के प्रमुख की भाँति व्यवहार करने के कारण आज भी अनेक कर्मचारियों के खैरियत के पत्र उन्हें आते रहते हैं।

ताई का एक विशेष गुण, यानी वे केवल 'व्यक्ति को इकाई नहीं मानती' परिवार को इकाई मानती थीं।

स्व. अनंत कुमार तत्कालीन संसदीय कार्य मंत्री थे। उनके तथा ताई के संबंध माँ-बेटे की तरह थे। ताई के साथ साए की तरह रहनेवाली ज्योति ने एक प्रसंग बताया, "27 अक्तूबर, 2018 को ताई भोपाल से शाम आठ के लगभग दिल्ली लौटीं। वह भोजन करने बैठी ही थीं कि अनंत कुमारजी की पत्नी तेजस्विनीजी का फोन आया। अनंत कुमारजी को कर्क रोग हो गया है, मगर वे इलाज नहीं करा रहे हैं। उन्हें लगता है कि उनका अंतिम समय पास आ गया है। ताई, यदि आप उन्हें समझाएँगी तो शायद वे इलाज कराने के लिए तैयार हो जाएँगे।" ताई का दूसरे दिन 28 को दोपहर 3 बजे की फ्लाइट से G-20 के अंतरराष्ट्रीय सभापति सम्मेलन हेतु अर्जेंटीना जाने का कार्यक्रम निर्धारित था। अनंतकुमारजी अपने घर बंगलौर में थे। वहाँ जाकर समय पर वापस लौट पाना संभव नहीं था। ताई ने जाना तय किया। मा. अमित शाहजी तथा मा. राजनाथसिंहजी से सलाह-मशविरा किया। रातोरात कार्यक्रम बदला। तेजस्विनीजी को फोन कर बताया कि चिंता मत करो, मैं कल आकर अनंत कुमारजी को समझाती हूँ।
अपने सहयोगी श्री सुनील तातेड को कहकर कार्यक्रम बदला। 28 को सवेरे साढ़े आठ के विमान से वे बैंगलोर गईं और तेजस्विनीजी तथा अनंत कुमारजी को मिलकर उन्हें इलाज कराना कितना आवश्यक है, यह समझाकर रात साढ़े आठ बजे दिल्ली लौटीं और तुरंत 29 की सुबह की फ्लाइट से अर्जेंटीना में अपने कर्तव्य को पूरा करने के लिए रवाना हो गईं।
76 वर्ष की आयु! माँ की ममता से अनंत कुमारजी तथा तेजस्विनीजी को मिलना, उन्हें आवश्यक लगा। बाद में दुर्भाग्य से अनंत कुमारजी इस बीमारी में बच नहीं सके। अपने शेष कार्यकाल में ताई को उनकी कमी निरंतर सालती रही।

कार्य पद्धति

ताई के कार्यालय में Ctrl+C और Ctrl+V यह Ctrl+X मोड पर रहता था।

Copy-paste किया हुआ ताई तुरंत समझ जाती थीं और तत्काल उसे delete कर डालती थीं। श्री सुनिलजी तातेड, श्री रमा दत्त, श्री सचिन चतुर्वेदी, श्री राजेश मिश्रा ऐसे कुछ लोग उनके साथ पूर्व में भी काम कर चुके थे। वे ताई के इस स्वभाव से परिचित थे।

ताई के साथ काम करते समय निम्नलिखित तीन सूत्रों का पालन करना ही पड़ता था—

1. झूठ नहीं बोलना।
2. किसी भी बात को मानकर नहीं चलना।

(Taken for granted नहीं लेना)

3. अनावश्यक नहीं बोलना।

इसमें कोई भी लापरवाही होने पर ताई के गुस्से का सामना करना पड़ता। उनके सहायक कहते हैं—'नज़र हटी—दुर्घटना घटी'।

अर्थात् ताई का सबके साथ बरताव भी अकृत्रिम स्नेह से भरा ही होता था, आज भी है। कभी ताई उनके सहयोगी श्री रमा दत्त जी के घर फोन कर उनकी पत्नी से पूछती, "भाभीजी, आज क्या बनाया है? मैं आ रही हूँ।" फिर हँसते-खेलते दही-बड़े खाए जाते, मिठाई तो ताई को बहुत प्रिय थी। कोई भी मिठाई हो, उसे रुचि के साथ खाना। उसकी रेसिपी पर चर्चा करना। उनके यहाँ खाना बनानेवाले लड़के को उन्होंने दूध से दही बनाना, छाछ बनाना, उससे मक्खन निकालना, उसे उबालकर घी बनाना, यह सब सिखाया था। रमा दत्तजी के बहू-बेटा, पोतों से गपशप लगाना, पोते की वायलिन सुनना उन्हें पसंद था। वे खाना भी अच्छा बनाती हैं। कई बार जब किसी के घर मिलने जाना होता तो वे अपनी बनाई कोई पाककृति का डिब्बा भरकर साथ ले जातीं और वह व्यक्ति भी उसे रुचिपूर्वक खाता था। ताई को इससे संतुष्टि मिलती।

उनके परिवार का हिस्सा बन चुके ज्योति और प्रमोद मजूमदार से अनेक विषयों पर चर्चा होती। ताई की कोठी पर पारिवारिक व्यवहार ज्योति ताई सँभालती थीं। उन्होंने बताया, "ताई को खाना बनाने में बहुत रुचि थी। वे अनेक पदार्थ बनाकर खिलाती थीं। उन्हें नागपुर की 'पुडाची वडी' बहुत पसंद थी। एक बार मुझे कहा, 'कैसे बनाते हैं, मुझे सिखाओ।' उनके आग्रह पर मैंने उन्हें सिखाया। उन्होंने अपने हाथों से कृति को लिख लिया और बनाया।"

ताई व्यवहार में साफ थीं। लोकसभा अध्यक्ष होने के कारण उनके यहाँ

मेहमानों और मिलने आनेवालों की संख्या बहुत होती थी। मेहमान कोई भी और कितनी भी संख्या में आएँ, कभी भी घर के खर्चों के लिए लोकसभा से एक पैसा भी नहीं लेना, यह उनका सिद्धांत था। लोकसभा कैंटीन में अत्यंत सस्ते दरों पर पदार्थ मिलते हैं, मगर उन्होंने कभी भी स्वयं के लिए अथवा अपने रिश्तेदारों के लिए उसका उपयोग नहीं किया।

इंदौर में पति श्री जयंत राव जब जीवित थे, तब कई बार शाम के समय बाहर घूमने जाना, यह उन दोनों का प्रसन्नता और आत्मीयता का समय होता, लेकिन घर-परिवार और उनके द्वारा अंगीकृत कार्य दोनों ही वे विचारपूर्वक अलग रखती हैं। जब ताई मंत्री थीं, तब उनके पति इंदौर में विख्यात वकील थे, मगर वे कभी दिल्ली नहीं आए। वर्ष 2000 में एक बार अनायास उनका दिल्ली आना हुआ, तब पता नहीं उनके मन में क्या आया, उन्होंने स्वयं ही एक फोटोग्राफर को सूचनाएँ देकर बहुत सारे फोटो निकलवाए। उसके बाद वर्ष 2001 में उनका दिल का दौरा पड़ने से असामयिक निधन हो गया। ताई के कमरे में आज भी उन दोनों का एक सुंदर फोटो लगा है।

'Need to know' इस वचन पर आज भी उनका पूर्ण विश्वास है। जितना आवश्यक हो, उतना ही बताना। एक बार वे अध्यक्ष के रूप में इंडोनेशिया में अंतरराष्ट्रीय संसदीय संघ (International Parliamentary Union) की बैठक के लिए गई थीं। उसमें एक विषय था 'संसद् की सुरक्षा' (Parliamentary security)। उन्होंने कहा कि अपनी सुरक्षा की कमियाँ बहुत क्यों बताना? बाकी लोग क्या करते हैं, उसमें क्या अच्छा है, यह देखेंगे। मगर उन्हें संसद् की सुरक्षा की बहुत चिंता रहती थी। आंतरिक सुरक्षा समिति गठित की गई थी। उसकी बैठकें बंद कमरे में होतीं। उसका एक भी शब्द बाहर नहीं जाए, इसकी सतर्कता रखी जाती थी। ताई सुरक्षा के नए-नए उपाय, उपकरणों की जानकारी प्राप्त करतीं। ड्रोन, सी.सी.टी.वी. तथा और अनेक आधुनिक सुरक्षा साधन उन्होंने संसद् के लिए मँगवाए। अनेक बार Intelligence bureau की ओर से गोपनीय जानकारी के मोटे लिफाफे आते, उनको वे स्वयं खोलतीं। उनका अध्ययन करतीं, उनपर टिप्पणी लिखतीं और उसे पुन: अपने हाथों से सीलबंद कर वापस भिजवा देतीं।

उसका पूर्णविराम अथवा अनुस्वार भी किसी कर्मचारी को दिखाई नहीं देता था, अर्थात् यह भले ही शिष्टाचार का भाग हो, मगर ताई उसकी गंभीरता को समझती थीं और उसकी निर्धारित प्रक्रिया का कड़ाई से अनुपालन करती थीं।

संसद् भवन की व्यवस्था

अध्यक्ष के रूप में उन्होंने अपने कार्यकाल में संसद् भवन संकुल की सुरक्षा के लिए विविध आवश्यक कदम उठाए। संसद् भवन हैरिटेज भवन है। उसके संवर्धन/दुरुस्ती के लिए सभी आवश्यक कार्य इस कालावधि में किए गए। संसद् भवन संकुल में ऊर्जा संवर्धन के लिए 120 मेगावाट की क्षमता का सौर पैनल, कैंपस में एलईडी लाइटिंग, वाय-फाय की सुविधा तथा रेन वाटर हार्वेस्टिंग की पर्याप्त व्यवस्था की गई।

उनके ही निर्देशन में संसद् भवन संकुल से लगे एक अन्य भवन संसद् भवन एनेक्सी का काम पूरा हुआ। इस भवन में कार्यालयीन कमरों के अतिरिक्त अत्यानुधिक समिति कक्ष तथा सभागृहों का निर्माण किया गया है। यह भवन पूर्णतः पर्यावरणपूरक, परिपूर्ण तथा सुरक्षितता की दृष्टि से सक्षम बनाया गया है।

उसी प्रकार वेस्टर्न कोर्ट हॉस्टल के विस्तार का काम भी हुआ। इस भवन में 82 अतिरिक्त कमरे बनाए गए हैं। इस भवन में जिम, योग कक्ष, भोजन का क्षेत्र आदि की उत्तम व्यवस्था है। अतिरिक्त कमरों के निर्माण से वर्तमान तथा पूर्व सांसदों के निजी होटलों का खर्च कम होकर सरकारी धन की बचत हुई। प्रत्यक्ष देख-रेख के कारण इन कमरों का निर्माण कार्य उसके निर्धारित तिथि से छह माह पूर्व ही पूर्ण हो गया।

ताई के मत में संसद् भवन लोकतंत्र का मंदिर और जनता का घर था तथा ताई उसकी कार्यवाहक प्रमुख। उन्होंने उसके सर्वांगीण विकास को अपना कर्तव्य समझा। उसमें भी मूलभूत सुविधाओं तथा गुणात्मक विकास की ओर उनका ध्यान अधिक था।

सांसदों से अपनत्व

सोलहवीं लोकसभा में लगभग 300 सांसद पहली बार ही निर्वाचित होकर आए हैं, यह जब उनके ध्यान में आया तो उनके अंदर का शिक्षक जाग्रत् हुआ। उन्हें योग्य प्रशिक्षण देना, नियम तथा परंपराओं की जानकारी देना, उनकी शंकाओं का निरसन करना, इसके लिए विशेषज्ञों का मार्गदर्शन आदि उपक्रम चलाए। उन्होंने 'सांसदों से संवाद' कार्यक्रम के अंतर्गत युवा तथा नवनिर्वाचित सांसदों के साथ अनौपचारिक बैठकें आयोजित कर उनके विचार तथा आकांक्षाओं को समझा और अपने अनुभव उनके साथ साझा किए।

अर्थात् सभागृह में नियमों का पालन न करनेवाले सांसदों को उन्होंने आवश्यक समझाइश भी दी। उन्हें परंपरा तोड़ने, सामने वेल में आने, असंसदीय भाषा का प्रयोग

करना, असंसदीय आचरण करने, कागज फाड़ने, कागज के टुकड़े फेंकना आदि अनुचित बातों का सामना करना पड़ा। उस समय उन्हें क्रोध आता था। कभी-कभार ताई ने ऐसे सांसदों को निलंबित भी किया। मगर मजेदार बात यह है कि हर बार डाँटने के पूर्व वे I am sorry, I am sorry! कहती थीं, क्योंकि उन्हें इसका बुरा भी लगता था। सांसदों का व्यवहार सारी जनता देखती है। सांसद काबिल हैं, इसलिए जनता ने उनको चुनकर भेजा है, इसे ध्यान में रखकर, उनको जिम्मेदारीपूर्ण व्यवहार करना चाहिए, ऐसी वे अपेक्षा करती थीं। यहाँ चर्चा हो, वाद-विवाद हो, सैद्धांतिक टकराव हो, अच्छे कानून बनें, लोकोपयोगी कार्य हों, ऐसा वह चाहती थीं।

पाँच वर्ष के कार्यकाल में लोकसभा के लिए अशोभनीय ऐसी कुछ घटनाएँ भी घटित हुईं। ताई ने व्यथित मन से, मगर धैर्यपूर्वक उनका सामना किया। श्री अरविंद केजरीवाल की 'आप' पार्टी ने भूमि अधिग्रहण कानून 2013 में केंद्र सरकार द्वारा सुझाए गए संशोधनों का विरोध किया। उनके मत में वे संशोधन किसान विरोधी थे। इसके लिए उन्होंने जंतर-मंतर पर बड़ी किसान रैली भी की। कांग्रेस ने समर्थन किया। कुछ देर में भाषणों के चलते ही राजस्थान दौसा गाँव के एक किसान युवक गजेंद्रसिंह ने फाँसी लगाकर आत्महत्या कर ली। इस घटना का लाइव टेलीकास्ट भी हुआ। सभी को धक्का लगा। इसकी प्रतिध्वनि लोकतंत्र के चारों स्तंभों में होना स्वाभाविक था। एक प्रगल्भ लोकतंत्र में ऐसी विषम परिस्थिति में सभी से सावधानीपूर्वक अपनी जिम्मेदारी को समझते हुए व्यवहार करने की अपेक्षा की जाती है, मगर दुर्भाग्य से ऐसा नहीं हुआ। सबसे से बुरी बात, यानी सभी दलों द्वारा एक-दूसरे पर दोषारोपण की खींचातानी शुरू हो गई। विरोधियों ने सरकार से संशोधन वापस लेने की माँग करते हुए इसपर सदन में चर्चा की माँग की, जिसे ताई ने स्वीकृत कर लिया।

मगर अपने राजनीतिज्ञ और राजनीतिक दल इस घटना का उपयोग करने से जनता में से अधिकाधिक वोट कैसे प्राप्त किए जा सकते हैं; इसका गणित बिठा रहे थे। किसी ने उसे हुतात्मा घोषित किया, किसी ने उसका पुतला बनाने का प्रस्ताव रखा, किसी ने सरकार के किसान विरोधी होने की बात की। दोष किसका, दिल्ली सरकार का या केंद्र सरकार का; और किसानों का तारणहार कौन है ? यानी 'गरीबों का हितैषी', यह बिल्ला किसके सीने पर लगेगा, इसकी ही चर्चा चल रही थी।

लोकसभा में भी सभी दलों के सांसद इसी खेल में व्यस्त थे। ताई को इस कठिन परिस्थिति में अत्यंत सबूरी से रहना आवश्यक था, वे ऐसा तो कर ही रही थीं, मगर उसी तरह पूरे सदन में केवल वही थीं, जो विचारपूर्वक व्यवहार कर रही थीं। ऐसा

एक समाचार-पत्र ने लिखा था। वे अत्यंत दु:खी थीं, ऐसा उन्होंने बार बार सदन में बोलकर भी अभिव्यक्त किया था। भूमि अधिग्रहण का मुद्दा चर्चा से हल हो सकता है, स्वस्थ चर्चा हो, इसके लिए ताई आग्रही थीं। सबको बोलने का अवसर मिलेगा, सब अपने विचार व्यक्त करें, ऐसा वे बोल रही थीं। सदन में चल रहे हल्ले-गुल्ले के बीच ही उन्होंने सबको शांति से बोलने का अवसर दिया। कभी थोड़ा डाँटकर तो कभी पुचकारकर, कभी सांसदों को नियम याद दिलाकर तो कभी उनकी संवेदना जगाकर, क्योंकि ताई का सभी सांसदों से वैयक्तिक संपर्क अकृत्रिम था, व्यवहार आत्मीय था।

ताई ने उस समय काम सँभाल लिया। उसमें ताई निरंतर यह कह रही थीं कि "किसानों की समस्या गंभीर है, उसका तात्कालिक समाधान निकालना उपयोगी नहीं होगा, वैसे वह है भी नहीं। किसानों की आत्महत्याएँ रोकने के लिए सभी दलों को, विशेषज्ञों की मदद से एक दिल से समाधान खोजना पड़ेगा।" ऐसा ताई का स्पष्ट मत था।

राफेल फाइटर जेट विमान खरीदी में हुए तथाकथित भ्रष्टाचार का मुद्दा भी ताई के कार्यकाल में चुनौतीपूर्ण सिद्ध हुआ। 2019 के चुनाव के पूर्व कांग्रेस पार्टी ने फ्रांस से 36 राफेल विमानों की खरीदी के लिए किए गए अरबों डॉलर के भुगतान में भ्रष्टाचार का आरोप लगाकर आक्रामक मुहिम चलाई थी।

15 नवंबर, 2019 को सर्वोच्च न्यायालय द्वारा इस प्रकरण में क्लीनचिट देने के बाद यह भी कहा था कि अरबों डॉलर के इस व्यवहार में अनियमितता के आरोपों की केंद्रीय अन्वेषण ब्यूरो द्वारा एफ.आई.आर. अथवा जाँच करने का कोई औचित्य नहीं है।

इस प्रकरण में तथा ऐसे तनाव भरे अवसरों में लोकसभा अध्यक्ष के रूप में ताई द्वारा निभाई गई संयमपूर्ण भूमिका की प्रशंसा हुई।

नोटबंदी

नोटबंदी यह विषय भी उनके कार्यकाल में तूफानी सिद्ध हुआ। लोकसभा तथा राज्यसभा दोनों इसके कारण कई दिनों तक ठप्प रहे। लोकसभा अध्यक्ष के रूप में ताई को विपक्ष की आलोचना भी सहना पड़ी। कभी-कभार उन्हें उद्विग्नता का सामना भी करना पड़ा। नोटबंदी का नफा-नुकसान और उसके परिणाम यह अलग विषय है; मगर यहाँ ताई का प्रतिपादन देना आवश्यक लगता है। काला धन तथा भ्रष्टाचार विरोधी मुहिम के भाग के रूप में इसे देखा जाना चाहिए।

मा. प्रधानमंत्री श्री नरेंद्र मोदी ने नोटबंदी करने के कारण बताते हुए पाँच मुद्दे बताए थे—काले धन पर लगाम, फर्जी नोटों को चलन से बाहर करना, भ्रष्टाचार पर अंकुश, आतंकवाद तथा नक्सलवाद को खत्म करना तथा श्रमिकों को सीधे लाभ पहुँचाना।

ताई ने भी इन्हीं मुद्दों का दोहराते हुए कहा कि पुराने 500 तथा 1000 रुपए के नोटों को चलन से बाहर करना पूर्वनियोजित कदम था। विशेषतः नरेंद्र मोदी सरकार ने नवीन 'जन-धन' खाते खोलने की मुहिम तथा सीधे लाभ हस्तांतरण जैसे कदम उठाए हैं। चर्चा में कहा जा रहा है कि नोटबंदी करने का निर्णय अचानक लिया गया, मगर कार्यक्रमों की शृंखला को देखें तो यह दिखाई देता है कि सरकार ने इसकी योजना बहुत पहले ही बना ली थी।

उन्होंने कहा, "केंद्र सरकार पूर्व से ही 'जन-धन योजना' के अंतर्गत सभी देशवासियों के बैंक खाते खोलने पर जोर दे रही थी। महात्मा गांधी राष्ट्रीय ग्रामीण रोजगार गारंटी योजना में मजदूरी की राशि सीधे मजदूरों के बैंक खाते में जमा की जाएगी, ऐसा भी सरकार ने कहा था। इन सब गतिविधियों से ऐसा लगता है कि सरकार नोटों का प्रयोग कम कर डिजिटल अर्थव्यवस्था के प्रावधानों को प्रोत्साहन देने का विचार कर रही है।"

श्री नरेंद्र मोदी के साथ हुई उनकी व्यक्तिगत चर्चा के बारे में बताते हुए उन्होंने कहा कि प्रधानमंत्री ने मुझे कहा था कि 'वे ऐसी अर्थव्यवस्था चाहते हैं, जिसमें (इंदौर के) राजवाड़े की दुकान पर पान खरीदने के बाद उसका भुगतान भी आप डिजिटल माध्यम से कर सकेंगे।' प्रधानमंत्री ने बताया भी था कि 'इस दिशा में कुछ प्रयास किए जाएँ तो यह संभव है। डिजिटल माध्यम से व्यवहार किया जाए तो कालेधन को आसानी से पहचाना जा सकेगा। साथ ही सरकारी योजनाओं के लाभार्थियों को दी जानेवाली आर्थिक मदद में भी घोटाला नहीं हो सकेगा।'

प्रादेशिक दल और केंद्र सरकार

तेलुगु देशम पार्टी द्वारा प्रस्तुत अविश्वास प्रस्ताव की विस्तृत चर्चा अलग प्रकरण में की गई है, मगर उस दौरान प्रादेशिक पार्टी और केंद्रीय पार्टी, इनके आपसी संबंध तथा प्रांतीय सरकारों तथा केंद्र सरकार के बीच के आपसी, समीकरण यह महत्त्वपूर्ण मुद्दा चर्चा में आया। उसकी जड़ें भाषावार प्रांत रचना तक पहुँचती हैं, अर्थात् प्रादेशिक पार्टियों का उदय, संगठन, व्यक्तिनिष्ठ कार्यपद्धति, संख्यात्मक

निर्वाचन प्रणाली में उसका महत्त्व, राष्ट्रीय एकता पर उसका होनेवाला प्रभाव, ऐसे अनेक मुद्दों पर ताई के साथ चर्चा हुई।

"सब अपने प्रादेशिक प्रश्नों को प्राथमिकता दें, मगर 'देश सर्वोपरि' यह सूत्र छोड़ना नहीं चाहिए।" सबसे पहले देशहित को प्राथमिकता देनी चाहिए, ऐसा ताई का स्पष्ट मत है।

सामान्य जनों से संवाद

संसद् तथा सामान्य जनता को पास लाने के उद्देश्य से, सामान्य जनता, विशेषत: स्कूल, कॉलेज तथा शैक्षणिक संस्थाओं से संबंधित विद्यार्थियों तथा शिक्षकों को संसद् तथा लोकतांत्रिक प्रणाली समीप से समझने का अवसर उपलब्ध कराने हेतु संसद् भवन संकुल में लाया जाना चाहिए, ऐसा उनका मत है। उसमें भी बाहरगाँव से आनेवाले विद्यार्थी और शिक्षकों को वे अधिक पसंद करती थीं। उन विद्यार्थियों से मिलकर उनके साथ गपशप करना, उन्हें छोटी-मोटी वस्तुएँ भेंट करना, विशेष रूप से उनकी पसंद की पुस्तक—'एक होता कार्वर' अवश्य देती थीं। बच्चों पर होनेवाले संस्कार तथा उससे उनमें जाग्रत् होनेवाला राष्ट्रप्रेम, यह उनके लोकसभा के तनावपूर्ण वातावरण के बीच मिलनेवाले सुखद क्षण होते थे। 16वीं लोकसभा में लोकतंत्र के इस सर्वोच्च मंदिर, अर्थात् संसद् भवन को लगभग पाँच लाख लोगों ने भेंट दी।

श्रद्धेय अटलजी

मा. अटलजी—अटल बिहारी वाजपेयी ताईं का श्रद्धास्थान। उनका पूर्ण आकार का तैल चित्र संसद् भवन के सेंट्रल हॉल में लगाने का सौभाग्य ताई को मिला। वह कहती हैं, 'जब वे पहली बार सांसद निर्वाचित होकर आईं, तब अटलजी हमारे आदर्श थे। उनका व्यक्तित्व larger than life ऐसा था। उन्होंने हाथ पकड़कर चलाना सिखाया, ऐसा कहें तो गलत नहीं होगा।'

मा. अटलबिहारी वाजपेयीजी भारतीय राजनीति का एक तेजस्वी तारा और सबसे अधिक पहचाने जानेवाले गैर-कांग्रेसी पूर्व प्रधानमंत्री। उनका पूर्ण आकार का तैलचित्र संसद् भवन के सेंट्रल हॉल में राष्ट्रपति श्री रामनाथ कोविंद के हाथों लगाया गया है। मा. अटलजी एक व्यक्ति नहीं, एक विचार थे। जो भी संसद् भवन को भेंट देने आएगा तथा इस तैल चित्र के सामने खड़ा होगा, तब वह अटलजी के व्यक्तित्व और कार्यों से प्रभावित और प्रेरित जरूर होगा। ऐसा ताई ने इस अवसर पर कहा।

16वीं लोकसभा का समारोप भाषण

13 फरवरी, 2019 को बजट अधिवेशन के अंतिम दिन 16वीं लोकसभा समाप्त हो गई। 16वीं लोकसभा के सदन के कामकाज का वह अंतिम दिन था। अध्यक्ष के रूप में ताई ने 16वीं लोकसभा में हुई कारखाई पर संतोष व्यक्त किया। अधिवेशन के अंतिम सत्र में घटित घटनाओं तथा हुए कार्य का लेखा-जोखा प्रस्तुत किया। सारांश बताया। सदन ने संपूर्ण कालावधि में प्रस्तुत 219 विधेयकों में से 205 विधेयक पारित किए हैं, यह बताया। अपने अंतिम भाषण में उन्होंने कहा कि "जून 2014 से पिछले पाँच वर्षों में सदन में 1612 घंटों की कुल 331 बैठकें हुईं, उनमें 422 घंटे हंगामे के कारण व्यर्थ हुए। कालाधन (अघोषित विदेशी आय और संपत्ति) तथा कर विधेयक 2015 शामिल हैं। किशोर न्याय (बच्चों की चिंता तथा संरक्षण) विधेयक 2015, दिवालिया और दिवालिया संहिता 2016, बेनामी व्यवहार (प्रतिबंध) संशोधन विधेयक 2016, वस्तु तथा सेवाकर लागू करने हेतु 101वाँ संविधान संशोधन विधेयक 2016 जैसे अनेक महत्त्वपूर्ण विधेयक पारित किए गए। अन्य विधेयकों में एकात्मिक वस्तु और सेवाकर विधेयक 2017, शामिल है; आधार (आर्थिक और अन्य सब्सिडी, लाभ तथा सेवाओं का लक्षित वितरण) विधेयक 2016, मानसिक स्वास्थ्य विधेयक 2017, संविधान में जोड़े गए नए अनुच्छेद 338B के अंतर्गत राष्ट्रीय पिछड़ा आयोग के संविधान के संदर्भ में 102वाँ संविधान संशोधन विधेयक 2018, फरार आर्थिक अपराधी विधेयक 2018, अनुसूचित जाति तथा अनुसूचित जनजाति (अत्याचार प्रतिबंध) संशोधन विधेयक 2018 और संविधान का 103वाँ संशोधन विधेयक आदि विधेयक स्वीकृत हुए।"

क्र.	विषय	कुल संख्या	परिणाम
1.	अविश्वास प्रस्ताव	1	चर्चा के उपरांत ध्वनिमत से नामंजूर
2.	ध्यानाकर्षण प्रस्ताव	18	उसपर वक्तव्य-659 उत्तर
3.	सर्वसामान्य प्रश्न	6460	1168 मौखिक उत्तर
4.	तारांकित प्रश्न	6244	4718 उत्तर दिए
5.	अतारांकित प्रश्न	73405	सबके लिखित उत्तर दिए।
6.	विधेयक	219	205 स्वीकृत (सरकारी)

7.	संविधान संशोधन	3	101 माल व सेवाकर 102 आधार सेवा तथा रियायतें 103 उच्च शिक्षा में आर्थिक दुर्बल वर्ग को आरक्षण
8.	नियम 199 के	33	अंतर्गत
9.	स्थायी समिति से प्राप्त	730	सूचनाएँ
10.	संबोधन	190	ताई द्वारा लोकसभा के अतिरिक्त दिए भाषण
11.	अधिवेशन का कार्यकाल	331	1612 घंटों में से 1190 घंटे चली लोकसभा 422 घंटे व्यय हुए

सदन का कामकाज सुचारु रूप से चलाने के लिए उन्होंने सदस्यों का आभार मानते हुए कहा कि "मेरे शब्दों अथवा निर्णयों से यदि किसी को ठेस लगी हो तो मैं उसके लिए खेद व्यक्त करती हूँ।" उन्होंने वरिष्ठ के रूप में सांसदों को अत्यंत महत्त्वपूर्ण सलाह दी—"सभी सदस्यों द्वारा निष्पक्षतापूर्वक आत्मनिरीक्षण करना आवश्यक है। वे जिन लोगों का प्रतिनिधित्व करते हैं, उनकी अपेक्षाओं के अनुसार उन्होंने कार्य किया अथवा नहीं, आपने क्या साध्य किया है तथा अभी और क्या करने की आवश्यकता है, हमें क्या करना चाहिए, इसका विचार करें।"

उन्होंने आगामी आम चुनाव के लिए सभी सदस्यों को शुभकामनाएँ दीं तथा भाषण खत्म किया। सोलहवीं लोकसभा खत्म हो गई। राजनीतिक दल तथा शासकीय तंत्र तुरंत आनेवाले चुनावों के लिए तैयारी में जुट गए।

मेरी जानकारी के अनुसार, उसके बाद **इंदौर में दिए अपने एक भाषण में प्रधानमंत्री श्री नरेंद्र मोदीजी ने ताई के लिए आदर व्यक्त करते हुए कहा था कि मुझे डाँटनेवाली एक ही व्यक्ति है और वह हैं सुमित्रा ताई!**

□

सुमित्राताई अध्यक्षपद लेखाजोखा अंतिम भाषण	
https://www.youtube.com/watch?v=UjxWwz63J9U	

5

समय के साथ

ताल वेळ तान माने।
प्रबंध कविता जाड़ वचनें।
मज्या लसी नानाचिन्हें।
सुचती जया॥

—दासबोध

ताल, तान, आलाप, प्रबंध, कविता, उत्तम वचन इत्यादि किसी सभा को प्रभावित करने के उपाय उसके पास प्रचुर मात्रा में होते हैं।

—समर्थ रामदास

ताई सभी बातों में बहुत चयनशील हैं। वह मूलतः गृहकृत्य दक्ष, सब काम सलीके से करनेवाली हैं। मध्यमवर्गीय परिवार की गृहिणी होने से ये सारे गुण उनमें जन्म से ही थे। रूप-रंग तथा बुद्धि अभिजात होती हैं; किंतु संस्कार तथा गुण उन्हें विरासत में मिले हैं। इस कारण उनका आचरण तथा बात करने की शैली भी प्रभावी है।

लोकसभा अध्यक्ष के कार्यकाल में भी, पहली बार में ही उनके व्यक्तित्व की छाप सामनेवाले पर पड़ती थी। मृदुभाषी तथा सात्त्विक आचरण के कारण उनके बारे में आदर भाव निर्माण होता था। इन सारे गुणों का प्रतिबिंब उनके सार्वजनिक कार्य में भी दिखाई देता था। उसमें भी वे प्रामाणिक, पारदर्शी तथा सच्चरित्र होने के नाते, निरंतर 30 वर्ष समाज का नेतृत्व करने के कारण, उन्हें कीर्ति का वलय प्राप्त था। साथ ही उनके लिए समाज में आदरयुक्त प्रेम भी निर्माण हो गया था।

अपनी यह स्वच्छ छवि तथा प्रभावशाली प्रतिभा बनाए रखने के लिए वे

प्रयत्नशील रहती थीं। उनका पठन-पाठन बहुत व्यापक था। स्वभाव जिज्ञासु था। नई हवा कहाँ से और कैसे बह रही है, यह उन्हें पता रहता था जैसा व्यवहार वैसा ही पहराव। उनकी साड़ियाँ, उनकी बुनावट, उनकी डिजाइन, स्वेटर, सब एक-दूसरे से मेल खाते हुए तथा प्रसंगानुरूप होते थे। भले ही दिनभर वे एक ही साड़ी पहनी रही हों, मगर शाम तक वह वैसी ही साफ-सुथरी बनी रहती थी।

संसद् में महिला सांसदों अथवा कर्मचारियों ने यदि रसास्वाद से उनके साड़ी की प्रशंसा की तो वह हँसकर उनका अभिमत स्वीकारती थीं।

एक बार एक महिला पत्रकार ने एक भेंटवार्त्ता के दौरान हल्के-फुल्के क्षणों में उन्हें उनके सौंदर्य का रहस्य पूछा था। ताई ने हँसकर कहा, "मैं किसी भी रासायनिक सौंदर्य प्रसाधनों का प्रयोग नहीं करती, यही है रहस्य।" सच था वह। उनका चेहरा तो उनके निर्मल तथा स्वच्छ मन का प्रतीक था।

भले ही उनकी परंपरागत पोशाक साड़ी ही हों, मगर प्रयोग में आसान होने के कारण वे घर में तथा व्यायाम करते समय पंजाबी सूट भी पहनती थीं, अर्थात् वह भी सफेद अथवा हलके रंग का चुन्नी के साथ होता था। नई अच्छी बातें स्वीकारने के लिए वे हमेशा तत्पर रहती थीं। इ-मेल, ऑनलाइन मीटिंग, जूम पर आभासी भाषण वे सहजता से करती हैं।

नवीन तकनीक आत्मसात् करने के लिए वे प्रयत्नशील रहती थीं। संसद् सदन को नए प्रगतिशील तकनीक से युक्त बनाने का उन्होंने जैसे प्रण ही कर लिया था। यह लक्ष्य साकार करने के लिए वे कुछ अभिनव योजनाएँ अमल में लाईं। उसमें से कुछ महत्त्वपूर्ण हैं, जैसे—

पेपर लेस संसद्

संसद् तथा 31 राज्यों की विधानसभाओं की संपूर्ण प्रक्रिया को पूर्णत: पेपरलेस करने के लिए एक महत्त्वाकांक्षी प्रकल्प उन्होंने प्रारंभ किया। इस प्रकल्प की शुरुआत दिसंबर 2018 में ताई के कार्यकाल में ही हुई।

संपूर्ण प्रकल्प का उद्देश्य पर्यावरण से जुड़ा है। आधुनिक तकनीक का उपयोग पर्यावरण संरक्षण के लिए महत्त्वपूर्ण है। यह प्रकल्प संबंधित सदनों के नियमों तथा कार्यपद्धति के अनुसार तैयार तथा विकसित किया गया है। 'संसद् तथा राज्य विधान सभाओं में 5379 सदस्य होते हैं, जिनके द्वारा सामूहिक रूप से प्रतिवर्ष संबंधित सरकारों के कामकाज के संदर्भ में लगभग 2 लाख प्रश्न पूछे

जाते हैं। संसद् तथा राज्य विधानसभाओं में विभिन्न समितियों के कुल मिलाकर लगभग 500 से अधिक प्रतिवेदन प्रस्तुत होते हैं तथा प्रतिवर्ष 1700 से अधिक बिलों पर विचार करते हैं। इसके अतिरिक्त प्रतिवर्ष 10,000 से अधिक कागज-पत्र प्रस्तुत किए जाते हैं तथा 25,000 से अधिक नोटिस दिए जाते हैं। इसके लिए संबंधित सदनों की प्रवेश प्रक्रिया, कागज-पत्रों के प्रमाणीकरण सहित बड़े पैमाने पर कागज का उपयोग किया जाता था। वह सब ऑनलाइन पद्धति से हो, इसके लिए यह प्रकल्प प्रारंभ हुआ। इससे बड़ी मात्रा में कागज तथा समय की बचत होने में मदद मिली।'

यह संपूर्ण प्रक्रिया अब मोबाइल से भी संभव हो गई है। सदस्य अपने प्रश्न मोबाइल से भी भेजने लगे हैं। उनके उत्तर भी उन्हें फोन पर मिलने लगे हैं। सूचना के अधिकार के अंतर्गत भी यह सारा व्यवहार अन्य सदस्यों तथा सामान्य जनता को भी ऑनलाइन उपलब्ध हो गया है। उसी प्रकार संबंधित सदनों में भी प्रस्तुत होने लगा है।

इसके पहले कदम के रूप में संसद् के दोनों सदन और संसद् सचिवालय को पेपरलेस करने के लिए इ-पोर्टल शुरू किया गया। इ-पोर्टल की एक महत्त्वपूर्ण विशेषता, यानी संसद् की विशेष कार्यपद्धति और व्यवहार के विविध नियमों के अनुसार सदस्यों द्वारा प्रश्न पूछने के लिए नोटिस देना, उसकी स्वीकृति, संबंधित मंत्रालय से पत्र-व्यवहार और जानकारी की प्राप्ति आदि संपूर्ण प्रक्रिया अब पूर्णतः ऑनलाइन, अर्थात् पेपरलेस हो गई है।

इ-पोर्टल द्वारा विधेयक, समिति की बैठकों की समय-सारिणी, कार्यसूची तथा प्रतिवेदन भी, शब्दशः वाद-विवाद तथा अन्य संसदीय सूचनाओं से संबंधित जानकारी भी सांसदों को इस इ-पोर्टल द्वारा मिलने लगी है। साथ ही वे अब 'सदस्य संदर्भ सेवा' का भी उपयोग करने लगे हैं और इलेक्ट्रॉनिक स्वरूप में विविध विषयों से संबंधित संदर्भ साहित्य को प्राप्त करना आसान हो गया है।

लोकसभा अध्यक्ष के कार्यालय के 2019 के प्रतिवेदन में यह कहा गया है कि "इ-पोर्टल के कारण सदन के पटल पर रखी जानेवाली प्रतिवेदन की प्रतियों की संख्या में 60 प्रतिशत की कमी आई है। अंग्रेजी आवृत्ति के प्रतिवेदनों की प्रतियों की संख्या में 80 प्रतिशत तथा हिंदी आवृत्ति की प्रतियों की संख्या में 50 प्रतिशत तक कटौती की गई है। इस प्रकार कार्यालय द्वारा बड़ी मात्रा में कागज की बचत हुई है। इन उपायों के कारण लगभग 2,500 पेड़ों को बचाया गया।

इससे न केवल समय, ऊर्जा और धन की बचत हुई, वरन् पर्यावरण का संरक्षण भी सुनिश्चित हुआ।"

"सतत किए गए इन प्रयासों के कारण A-4 आकार के लगभग 300 लाख कागजों की, अर्थात् 80,000 पेपर रिम पैकेटों की बचत हुई है। इससे प्रतिवर्ष लगभग दो करोड़ रुपयों की सीधे बचत हो रही है।"

ताई को पेड़ लगाने का बहुत शौक था। उनके जन्मदिन पर प्रतिवर्ष 12 अप्रैल को वे दुर्लभ प्रजाति के भारतीय वृक्ष, जैसे कदंब, रुद्राक्ष, सोफी या मौलश्री, ढाक जैसा कोई पेड़ उनके बँगले के प्रांगण में लगातीं और बाद में उसकी देखभाल भी करती थीं। उन्हें रोज प्रांगण-परिसर में टहलना अच्छा लगता था। तब वे उस पेड़ के पास रुककर, उससे बात करतीं, सहलातीं और फिर आगे जातीं। ममता की छाँव पेड़ों को जल्दी विकसित करती है।

इ-पार्ल

इसके साथ ही संसद् के ग्रंथालय को भी डिजिटल किया गया और सदस्यों की सुविधा के लिए उसे **नवीन पोर्टल इ-पार्ल से जोड़ा गया। इसके कारण संसद् से संबंधित लगभग संपूर्ण जानकारी अब एक क्लिक पर उपलब्ध है।** संसद् की पारदर्शिता बढ़ी है और लोकतंत्र को मजबूत करने के लिए यह आवश्यक तथा उपयुक्त कदम रहा। इसी वजह से जनप्रतिनिधियों की जिम्मेदारी भी बढ़ गई। वे कितनी सक्रियता से काम करते हैं, यह अब तुरंत पता चल जाता है। जनप्रतिनिधि द्वारा अपने लोकसभा निर्वाचन क्षेत्र में किए गए विकास कार्यों का विवरण और संसद् में पूछे गए प्रश्न भी अब सबको सहज उपलब्ध हो गए। इससे पारदर्शिता तथा विश्वसनीयता बढ़ाने में स्वाभाविक रूप से मदद मिली।

इतने बड़े पैमाने पर काम करने के लिए बड़े प्रशासन तंत्र की भी आवश्यकता थी, फिर उसकी निगरानी भी जरूरी थी। यह कार्य स्वायत्त कंपनी को दिया गया था, फिर भी उनकी योजना तथा क्रियान्वयन में तालमेल है अथवा नहीं, इस पर ताई बराबर नजर रखती थी।

जिनके लिए यह प्रकल्प संचालित हो रहा था, उनके, यानी सांसदों, विधायकों तथा उनके निजी सचिवों, सरकारी अधिकारियों, तकनीकी का उपयोग करनेवाले कर्मचारी आदि का प्रशिक्षण बड़े पैमाने पर करवाया गया। इस प्रत्येक घटक का

प्रत्यक्ष परीक्षण किया गया। सूक्ष्मता से उसमें आनेवाले अवरोधों, शिकायतों पर ध्यान देना जरूरी रहा। निर्धारित समय और गुणवत्ता दोनों में कहीं भी कमी होने पर किया जानेवाला संपूर्ण श्रम व्यर्थ हो सकता था, इतना ही नहीं, विश्वसनीयता भी समाप्त हो जाती। प्रकल्प तो असफल होता ही, मगर सुधार तथा विकास भी पिछड़ जाता। बुमरेंग न हो, इसकी उन्हें चिंता बनी रहती। ताई इसके लिए खुद समय-समय पर मुआयना करती थीं।

संसदीय अध्ययन तथा प्रशिक्षण ब्यूरो, Bureau of Parliamentary Studies and Training, (BPST)

जनतंत्र का चौथा स्तंभ, अर्थात् प्रसार माध्यम मीडिया : पहले केवल श्रवण माध्यम, यानी रेडियो तथा कुछ मात्रा में समाचार-पत्र आदि मुद्रित माध्यम उपलब्ध थे। उसके बाद श्राव्य माध्यम, अर्थात् दूरदर्शन का महत्त्व बढ़ा। पिछले कुछ वर्षों में सरकारी प्रचार/प्रसार माध्यमों के साथ निजी चैनल्स सूचना के प्रमुख स्रोत बन गए हैं। ताई के लोकसभा अध्यक्ष बनने के बाद उनके द्वारा दी गई भेंटवार्त्ता में उन्होंने प्रसार माध्यमों को जिम्मेदारी के साथ अपने कर्तव्य को निभाने की सलाह दी थी, वैसे भी उन्हें किसी भी प्रकार का चंचल व्यवहार पसंद नहीं है।

पिछले कुछ वर्षों में प्रसार माध्यमों के बीच चल रही आपसी होड़ और विवाद बहुत बढ़ गए हैं। TRP (टारगेट रेटिंग प्वॉइंट) बढ़ाने के प्रयास के कारण, अपना लक्ष्य, उद्‌देश्य प्राप्त करने के लिए पत्रकार तथा उनके मालिक सामाजिक प्रतिबद्धता तथा राष्ट्रीय हितों की ओर से आँखें मूँद लेते हैं, इसका ताई को दुःख होता था, मगर ताई उक्ति के बजाय कृति पर ज्यादा भरोसा रखती हैं। इसलिए उन्होंने पत्रकारों के प्रबोधन की ओर विशेष ध्यान दिया, वैसे तो सांसद बनने के बाद से ही ताई पत्रकारों से संवाद के लिए उन्हें अपने घर भोजन के लिए आमंत्रित करती थीं तथा बाहर हरियाली पर 'इंदौर हाट' लगाती थीं। वहाँ वह दाल बाफले जैसे खास इंदौर के सारे पदार्थ स्वयं तैयार करवाकर पत्रकारों को आग्रह से खिलाती थीं, उन्हें कोई पुस्तक भी भेंट करती थीं।

लोकसभा अध्यक्ष के नाते, उनके अधिकार क्षेत्र में Parliamentary Research and Training Institute for Democracies (PRIDE)—संसदीय शोध तथा प्रशिक्षण संस्था (तत्कालीन बी.पी.एस.टी. Bureau of Parliamentary Studies and Training) थी।

संसदीय शोध तथा प्रशिक्षण संस्थान की स्थापना 1 जनवरी, 1976 को लोकसभा सचिवालय के एक अविभाज्य भाग के रूप में संसद् सदस्य, संसदीय कर्मचारी और अन्य लोगों को संसदीय संस्थाओं के विविध विषयों में योजनाबद्ध प्रशिक्षण हेतु संस्थात्मक अवसर उपलब्ध कराने के लिए स्थापित किया गया था।

PRIDE के विविध उपक्रमों में निम्नलिखित आयोजन करना सम्मिलित है—

- संसद् तथा राज्य विधान मंडलों के सदस्यों के लिए अभिमुखता कार्यक्रम, व्याख्यान और चर्चा सत्र।
- सांसदों के लिए व्याख्यानमाला।
- सामयिक संसदीय विषयों पर गोलमेज चर्चा।
- प्रो. हिरेन मुखर्जी स्मारक वार्षिक संसदीय व्याख्यान।
- प्रशिक्षण, अध्ययन, अध्ययन यात्रा, विदेशी सांसदों और अधिकारियों के दौरे।
- अंतरराष्ट्रीय प्रशिक्षण कार्यक्रम, विदेशी संसदीय अधिकारियों के लिए प्रतिवर्ष आयोजित होते हैं, उदाहरणार्थ, संसदीय इंटर्नशिप तथा अंतरराष्ट्रीय प्रशिक्षण कार्यक्रम।
- संसद् की प्रेस गैलरी में मान्यता प्राप्त मीडियाकर्मियों के लिए अभिमुखता कार्यक्रम और चर्चा सत्र।
- अखिल भारतीय और केंद्रीय सेवाओं के प्रोबेशनर्स तथा भारत सरकार के मध्यम स्तरीय अधिकारियों के लिए प्रशंसा कार्यक्रम।
- सरकारी अधिकारी, शिक्षाशास्त्री, विद्वान्, विद्यार्थी और अन्यों के लिए अध्ययन भेंटें।
- भारत के संसदीय अधिकारियों के लिए विदेशी संसद् और प्रशिक्षण संस्थाओं में प्रशिक्षण तथा अध्ययन दौरों के लिए अवसर।

ताई का अनुभव था कि जब वे इंदौर में पत्रकारों से चर्चा करतीं, तब स्थानीय पत्रकार राष्ट्रीय महत्त्व के सवाल कम पूछते थे, क्योंकि उन्हें दिल्ली का अनुभव नहीं होता था। इस वस्तुस्थिति को ध्यान में रखते हुए जिला स्तरीय पत्रकारों को दिल्ली के राजकीय वातावरण की जानकारी और अनुभव प्राप्त हो, इस दृष्टि से—संसदीय और प्रशिक्षण संस्थान द्वारा अनेक कार्यक्रमों का आयोजन किया। उसका उचित उपयोग किया। उन्होंने प्रत्येक राज्य के विधानसभा अध्यक्षों से चर्चा की तथा उनकी मदद से उन राज्यों के लगभग बीस से पच्चीस जिला स्तरीय अध्ययनशील पत्रकारों

को दिल्ली बुलाया तथा संसदीय शोध तथा प्रशिक्षण संस्थान द्वारा उनके लिए तीन दिवसीय नि:शुल्क कार्यशाला आयोजित करवाई। उन्हें संसद् भवन, लोकसभा, राज्यसभा आदि की कार्यपद्धति का अनुभव प्राप्त हो, उनके सांसद दिल्ली में कैसे कार्य करते हैं, इसका वास्तविक ज्ञान उन्हें प्राप्त हो, दिल्ली तथा स्थानीय माध्यमों में एकवाच्यता निर्माण हो, उनकी क्षमता का विकास हो, उन्हें अपने सांसद का मूल्यांकन करने में मदद मिले, प्रसार माध्यमों के समक्ष उपस्थित नवनवीन अवसरों तथा चुनौतियों की उन्हें जानकारी मिले तथा लोकतंत्र का यह स्तंभ अधिक बलवान बने, यह इसका उद्‌देश्य था।

लोकसभा सचिवालय द्वारा मुद्रित तथा दृश्यश्राव्य माध्यमों के पत्रकारों के लिए संसदीय शोध तथा प्रशिक्षण संस्थान के अंतर्गत लोकसभा के कामकाज से संबंधित जानकारी उपलब्ध कराने के उद्‌देश्य से अनेक जानकारी परक पत्रिकाएँ तथा साहित्य का प्रकाशन किया। अनेक प्रबोधन कार्यक्रमों का आयोजन भी किया। इसका लाभ 28 राज्यों के 435 पत्रकार तथा मीडियाकर्मियों को तथा अपरोक्ष रूप से प्रसार माध्यमों को भी हुआ। इस प्रबोधन कार्यक्रम के द्वारा, प्रसार माध्यमों के लोगों को, लोकसभा तथा विधानसभाओं के कामकाज की जानकारी सामान्य जनता तक पहुँचाना सुलभ हुआ। संसद् तथा विधानमंडलों से संपर्क कर सूचना संप्रेषण और सही मायने में माध्यम के रूप में कार्य करने का अवसर मिला। उसी प्रकार पत्रकार वर्ग उनके कार्य को जनता तक पहुँचाने में सफल हुआ।

इसके अतिरिक्त विविध देशों के संसद् तथा विधानमंडलों में कार्यरत अधिकारी/कर्मचारी तथा जनप्रतिनिधियों के लिए विशेष प्रशिक्षण कार्यक्रम आयोजित किए गए। सचिवालय के कर्मचारी तथा अधिकारियों को इसी प्रकार के प्रशिक्षण के लिए विदेश भेजा गया, जिससे वे अन्य देशों की संसदों की अच्छी परंपराओं को जान सके।

सुराज संहिता

लोकसभा दूरदर्शन भी लोकसभा अध्यक्ष के कार्यक्षेत्र में आनेवाला प्रमुख प्रसार माध्यम है। ताई के कार्यकाल में उसकी देखनेवालों की संख्या (viewership) बढ़ी। उन्होंने उसमें व्यक्तिगत रूप से ध्यान दिया। विविध कार्यक्रम कैसे चलते हैं, यह स्वयं देखा तथा उसमें सुधार हेतु निर्देश दिए। नए कार्यक्रम बनाए। उसमें प्रमुख रूप से 'सुराज संहिता' धारावाहिक की कल्पना ताई

ने की। भारत की पारंपरिक शासन पद्धतियाँ कैसी तथा कितनी प्रगल्भ थीं, इसकी जानकारी दर्शकों को इससे मिली।

लोकतंत्र तथा सुशासन भारत में भी था। बिल्कुल पौराणिक काल से कल तक—छत्रपति शिवाजी महाराज से लेकर देवी अहिल्या तक समय-समय पर हुए बदलाव, सुधार, लोकोपयोगी कार्य आदि का दर्शन मनोरंजक पद्धति से कराने की योजना थी। सुप्रसिद्ध दूरदर्शन दिग्दर्शक डॉ. चंद्रप्रकाश द्विवेदी (चाणक्यकार) द्वारा यह मालिका तैयार की गई। इसके 13 भाग प्रदर्शित हुए।

संक्षेप में, ताई ने अपने कार्यकाल में विविध विषयों के उपक्रमों का संचालन किया। उसमें कुछ की जानकारी अलग विशेष प्रकरणों में आएगी ही, ताई ने अपनी अच्छी सांस्कृतिक और सामाजिक परंपराओं का विशेष रूप से पालन किया—

- किसी के घर भी जाते समय खाली हाथ नहीं जाना।
- मिलने आए व्यक्ति को खाली हाथ नहीं लौटाना। अधिकतर लोगों को वे पुस्तक देती थीं। 'एक होता कार्वर', जैसी उनकी पसंद की पुस्तक वह देती थीं। मैं जब उनसे मिलने गई थी, तब उनकी 'मातोश्री' पुस्तक मुझे भी मिली थी।
- गुढ़ी पाड़वा वे संसद् भवन में भी उत्साह से मनाती थीं। उस दिन दोपहर में सबको श्रीखंड-पूरी का भोजन दिया जाता था। सब लोग सज-धजकर आते और अनौपचारिक गपशप करते थे। ताई ऐसे उत्सवी वातावरण में रम जाती थीं।
- ताई का साहित्य, कला, संगीत और नाट्य प्रेम तो सर्वश्रुत है। दिल्ली में मराठी संस्थाओं द्वारा विभिन्न कार्यक्रम आयोजित किए जाते हैं। उनके निमंत्रण उन्हें मिलते। समय हो तो वे उसमें अवश्य जातीं तथा आयोजकों तथा कलाकारों की प्रशंसा करतीं। उससे उनका उत्साह द्विगुणित होता। अपना यह प्रेम वे लोकसभा में भी ले गईं। उसकी उत्तम परख करनेवाली ताई अनेक नाटकों तथा सांस्कृतिक कार्यक्रमों का आयोजन अधिवेशन के दौरान करती थीं। श्री मनोज जोशी का चाणक्य, श्री नीतीश भारद्वाज का चक्रव्यूह, युगांडा की सत्य घटना पर आधारित श्री पुष्कर क्षोत्री की फिल्म 'उबंटू' जैसी अनेक कलाकृतियाँ उन्होंने दिखाईं। सभी सांसदों को देश की सर्वोत्तम कलाकृतियाँ देखने का अवसर मिले। विद्वज्जनों को राज मान्यता मिलने पर कला तथा संस्कृति विकसित होती है। वास्तविक

घटनाएँ पता चलती हैं। नवनवीन कल्पनाएँ तथा धारणाएँ पता चलती हैं, उन्हें लागू किया जा सकता है। समाज को अधिक सुसंस्कृत बनने में मदद मिलती है, ऐसा उनका विचार था।

- अनेक व्यक्तियों को वे चाय पर आमंत्रित करतीं। व्यक्तिगत संबंधों का निर्माण होता था। कभी-कभी उनके परिवारजनों को भी संवाद करने के लिए आमंत्रित करतीं। राजनीति से हटकर निर्हेतुक तथा मुक्त गपशप होती। कभी-कभी हेतुपूर्वक टिप्पणी भी करतीं, तो कभी परिवार की आत्मीयता देख खुश होतीं। ऐसा ही उनका एक अनुभव जब उन्होंने श्रीमती सोनिया गांधी तथा प्रियंका गांधी को चाय पर बुलाया, तब का— माँ-बेटी के बीच में आपसी झूठ-मूठ का रूठना-मनाना देख उन्हें मजा आया। बेटी द्वारा माँ के लिए केक बनाने का वह प्रसंग सुनाते हुए उनकी हँसी फूट रही थी।

बाद में प्रियंका गांधी स्वयं बनाए हुए स्वादिष्ट पदार्थ उनके लिए भिजवाती थीं। उनकी पोती मानसी के लिए भी उन्होंने एक बार स्वादिष्ट केक भिजवाया था।

विपक्ष के एक बड़े नेता ने एक बार ताई से कहा था कि "जो मैं ससुर होकर भी मेरी बहू को नहीं समझा सका, वह आपने कैसे दस मिनट में उसे समझा दिया ?"

हुआ यह था कि उनकी बहू भी सांसद थी। वह एक प्रसिद्ध व्यक्ति तथा खिलाड़ी भी थी। वह जीवन में भी वैसी ही बिंदास थी। ऐसे ही एक बार अनौपचारिक चर्चा के दौरान ताई ने घुमा-फिराकर धीरे से सलाह दी कि हम राजनीति में हैं। हमें हजारों लोग देखते हैं। लाखों स्त्रियाँ हमें आदर्श मानती हैं, इसलिए सार्वजनिक जीवन में अपने पेशे की आवश्यकताओं के अनुरूप व्यवहार करने से लाभ मिलता है। ताई की सलाह उसे उपयुक्त लगी और उसने अपने परिधान तथा व्यवहार में आवश्यक परिवर्तन कर लिया।

- 'सांसदों से संवाद' कार्यक्रम के अंतर्गत युवा तथा नवनिर्वाचित सांसदों के साथ अनौपचारिक बैठकें कीं। उनकी आशा तथा आकांक्षाओं को तो जाना ही, मगर साथ में शून्यकाल, प्रश्न काल, private member bill आदि प्रावधानों का अधिक-से-अधिक किसने उपयोग किया ? उसकी ऊँच-नीच भी समझाई।
- कुछ सांसदों के उन्हीं दिनों में विवाह हुए थे। ऐसे सांसदों को ताई ने सपत्नीक भोजन के लिए अपने घर-कोठी पर आमंत्रित किया था। डॉ.

श्रीकांत शिंदे, श्री दीपेंद्र सिंह हुड्डा, श्री दुष्यंत चौटाला, श्री कोनराड कोनगल संगमा (श्री पी.ए. संगमा के पुत्र) आदि। एक परिवार प्रमुख के रूप में उनका उचित आदर-आतिथ्य तो ताई ने किया ही, साथ ही नव-विवाहितों को सफल जीवन के मंत्र भी दिए। उन्हें संविधान की एक प्रति भी भेंट दी। उनमें दीपेंद्र सिंह हुड्डा थे। उन्होंने लौटते हुए सहज ही संविधान की उस प्रति को खोलकर देखा, उसपर उनके दादा श्री रणवीर सिंह हुड्डा के हस्ताक्षर थे, उनके दादा संविधान सभा के सदस्य थे। वे भाव-विभोर होकर दौड़ते-दौड़ते वापस आए और ताई के पैर छुए। भेंट बहुत अनमोल थी उनके लिए। उसके बाद दीपेंद्रजी के संबंध अधिक घनिष्ठ हो गए।

- **ताई का जन्मदिन 12 अप्रैल। प्रतिवर्ष वे वृक्षारोपण कर उसे मनाती हैं, बाकी कोई ताम-झाम नहीं होता। यह तो सब जानते ही थे, मगर एक बार अधिवेशन चल रहा था। ताई के लोकसभा सदन में प्रवेश करते ही सदन का रूपांतर जैसे स्कूल की कक्षा के रूप में हो गया। सभी सांसदों ने एक स्वर में जोर से 'Happy birthday to you' का घोष किया। ताई भी हँसने लगीं। इतने दिन ताई रोज सबको शांत करतीं, उसका जैसे सभी छोटे-बड़ों ने बदला निकाल लिया था।**
- दिव्यांगों के लिए ताई के मन में बहुत सहानुभूति है। युवक प्रतिष्ठान आतंकवादी हमलों में हाथ-पैर आदि अवयव गँवानेवाले तथा घायल होनेवाले व्यक्तियों के विस्थापन हेतु मदद करता है। प्रतिष्ठान द्वारा उनको दिल्ली लाकर संसद् भवन दिखाने की योजना बनाई गई थी। युवक प्रतिष्ठान के अध्यक्ष श्री किरीट सोमैया ने यह ताई को बताया। ताई ने तत्काल संसद् भवन में उनके साथ वार्त्तालाप का आयोजन किया। उसमें मा. प्रधानमंत्री श्री नरेंद्र मोदीजी भी शामिल हुए। ताई ने सबसे स्नेहपूर्वक बातचीत की। ताई ने उन्हें दोपहर के भोजन का भी निमंत्रण दिया था। वे अंत तक मेहमानों की आवभगत के लिए वहाँ खड़ी रहीं।
- ताई अत्यंत निर्मल मन की हैं। एक बार उन्हें स्वास्थ्य के कारण कार्यक्रम में पहुँचने में विलंब हो गया। उनका राष्ट्रपतिजी से पूर्व वहाँ पहुँचना अपेक्षित था, मगर ऐसा नहीं हो सका। उन्हें इसका बहुत खेद हुआ।

उन्होंने वहाँ तो उपस्थितों से क्षमा माँगी ही, मगर उसके अगले दिन राष्ट्रपतिजी से समय लेकर स्वयं जाकर प्रत्यक्ष रूप से उनसे भी क्षमा माँगी। सबका सम्मान करना तथा सबको सम्मान देना उनका पहला सिद्धांत था।

- ताई ने दक्षिण एशियाई स्पीकर शिखर परिषद् को सक्रिय समर्थन दिया। बांग्लादेश के ढाका में 2016 में आयोजित पहली दक्षिण एशियाई स्पीकर शिखर परिषद् के दौरान वार्षिक शिखर परिषद् के आयोजन का प्रस्ताव आया। ताई ने वार्षिक शिखर परिषद् के आयोजन के प्रस्ताव को समर्थन तथा आकार दिया। पहले ऐसी परिषदें केवल दिल्ली में ही होती थीं, मगर ताई ने उन्हें देश के अन्य प्रमुख शहरों में आयोजित करने को प्राधान्य दिया। दूसरी शिखर परिषद् 2017 में इंदौर में तथा तीसरी शिखर परिषद् 2018 में कोलंबो (श्रीलंका) में संपन्न हुई। उसके बाद अगली शिखर परिषद् पाकिस्तान में प्रस्तावित थी, मगर उसने बांग्लादेश को उसका निमंत्रण नहीं दिया। यह ताई को अच्छा नहीं लगा, उन्होंने पाकिस्तान को यह सूचित भी किया, मगर पाकिस्तान ने विलंब की नीति अपनाई। बाद में वह परिषद् ही रद्द हो गई।
- इस्लामाबाद में होनेवाले राष्ट्रमंडल संसदीय संघ की बैठक के लिए पाकिस्तान ने जम्मू-कश्मीर विधानसभा के अध्यक्ष श्री कविंदर गुप्ता को निमंत्रण नहीं दिया। (फाइल फोटो) तब भी भारत ने निषेध व्यक्त किया था।

कॉमनवेल्थ-राष्ट्रमंडल संसदीय संगठन के कार्यालय ने सूचित किया कि जम्मू-कश्मीर विधानसभा के अध्यक्ष को बैठक के लिए आमंत्रित न करने के इस्लामाबाद के निर्णय का भारत द्वारा विरोध किए जाने के बाद कॉमनवेल्थ पार्लियामेंट्री एसोसिएशन (सी.पी.ए.) ने सितंबर 2015 में पाकिस्तान में प्रस्तावित परिषद् को रद्द कर दिया।

पाकिस्तान ने स्पीकर को नहीं बुलाया अथवा एसोसिएशन ने स्थान परिवर्तन नहीं किया तो नई दिल्ली द्वारा परिषद् का बहिष्कार करने की घोषणा की गई थी।

टेली कॉन्फ्रेंसिंग द्वारा संपन्न CPA कार्यकारी समिति ने 'भारत के निर्णय' को

भरपूर समर्थन दिया। पात्र सदस्य को आमंत्रित न कर पाकिस्तान द्वारा CPA के संविधान का उल्लंघन किया गया है, ऐसा निर्णय कर परिषद् को रद्द कर दिया। सूत्रों ने बताया कि 28 में से 27 सदस्यों का मत था कि पाकिस्तान यदि अपना निर्णय वापस नहीं लेता, तो बैठक का स्थान बदलना चाहिए। पी.डी. राय सांसद, गोवा तथा पंजाब विधानसभाओं के अध्यक्ष क्रमशः राजेंद्र आर्लेकर तथा सी. एस. अटवाल ने भारत का प्रतिनिधित्व किया।

पाकिस्तान में प्रस्तावित कॉमनवेल्थ संसदीय संगठन की बैठक रद्द करने के निर्णय को बांग्लादेश की संसद् की अध्यक्ष श्रीमती शिरीन शर्मीन चौधरी ने घोषित किया। सम्मेलन की नवीन तारीख तथा स्थान अभी घोषित नहीं हुआ है।

लोकसभा अध्यक्ष श्रीमती सुमित्रा महाजन द्वारा आयोजित भारत के स्पीकर तथा विधानमंडलों के अध्यक्षों की आवश्यक बैठक में लंदन में CPA के मुख्यालय को यह सूचित करने का निर्णय लिया गया था कि पाकिस्तान की CPA शाखा द्वारा जम्मू-कश्मीर की विधानसभा के अध्यक्ष को आमंत्रित न कर परिषद् के आयोजन का अधिकार गँवा दिया है।

इसके पूर्व निमंत्रण रोकते हुए इस्लामाबाद ने जम्मू-कश्मीर विधानसभा के अध्यक्ष को आमंत्रित करना 30 मार्च, 1951 के संयुक्त राष्ट्र सुरक्षा परिषद् के प्रस्ताव 1991(1951) का तथा 24 जनवरी, 1957 के प्रस्ताव 122 (1957) का उल्लंघन होगा, यह कहकर मूलभूत बातों का विरोध किया। 2015 में वार्षिक परिषद् पाकिस्तान में होनेवाली थी, मगर बाद में वह लंदन, यूनाइटेड किंगडम में स्थानांतरित हुई। एसोसिएशन की आवश्यक गतिविधियों के संचालन हेतु 2015 में 61वीं महासभा में CPA कार्यकारी समिति की पुनर्रचना की गई।

राष्ट्रमंडल परिषद् में भारत के मत को स्वीकृति दी गई, इससे अंतरराष्ट्रीय स्तर पर भारत का मान बढ़ा। लोकसभा अध्यक्ष पद की जिम्मेदारियाँ निभाते समय ताई को ऐसे अनेक गौरवपूर्ण, हर्षवर्धक तथा खेदजनक परिस्थितियों का भी सामना करना पड़ा।

□

6

मन की खिन्नता

गति चालिता तरी व्याप।
नाहीतर अवघाची संताप।
क्षण क्षणा विक्षेप किती।
म्हणोनी सांगावे॥ 19.7.25 **—दासबोध**

साथ चलनेवाले हमारे कहे अनुसार न चलें तो क्षण-क्षण में कितने विक्षेप निर्माण होते हैं, यह कौन कह सकता है?

—समर्थ रामदास

लोकसभा के अध्यक्ष पद की जिम्मेदारियाँ निभाते समय अनेक कठिन प्रसंगों से मार्ग निकालना पड़ता है। ऊँच-नीच देखनी पड़ती है। यश-अपयश पचाना पड़ता है। 1980 से राजनीति में सक्रिय ताई इसमें निष्णात हैं। 2014 में लोकसभा अध्यक्ष का पद स्वीकारते समय यह पुण्यायी उनके खाते में थी ही। इसलिए स्विच ऑन-स्विच ऑफ होना यह स्वभाव का भाग होना अपरिहार्य था। फिर भी कुछ घटनाएँ मन में हमेशा के लिए टीसती रहती हैं। इ. अहमद के देहांत की घटना भी इसमें से एक है। लोकसभा अध्यक्ष के कार्यालय की नोंद के आधार पर—

30 जनवरी, 2017, समय : 11 बजे, स्थान : संसद् भवन

विषय : देश का बजट 1 फरवरी, 2017 को लोकसभा में प्रस्तुत किया जाना है, उस संबंध में पूर्व तैयारी संबंधी बैठक।

ताई की अध्यक्षता में बैठक प्रारंभ हुई।

केरल के सांसद तथा Indian Union Muslim League (IUML) के अध्यक्ष श्री इ. अहमद बैठक में थोड़े विलंब से ही पहुँचे थे। उस समय उनका स्वास्थ्य कुछ नरम लग रहा था। ताई ने अपने स्वभाव के अनुसार उनके स्वास्थ्य की जानकारी ली तथा कहा कि यदि आप आज आराम करते तो बेहतर होता। अधिक परिश्रम मत कीजिए। आप आज रोज की तरह प्रफुल्लित नहीं लग रहे हैं। किंचित् मुसकराते हुए उन्होंने विषय को बदल दिया।

31 जनवरी, 2017, सुबह 11 बजे

स्थान : संसद् का सेंट्रल हॉल।

विषय : बजट अधिवेशन पूर्व सत्र। दोनों सदनों के सदस्यों के समक्ष महामहिम राष्ट्रपति का संयुक्त अभिभाषण।

बैठक प्रारंभ हुई। अभिभाषण के चलते श्री इ. अहमद पहुँचे। सेंट्रल हॉल खचाखच भरा हुआ था। इसलिए अंत में जो कुछ अतिरिक्त कुरसियाँ लगाई गई थीं, उनपर बैठ गए।

ताई नियमानुसार सामने कुछ ऊँचाई पर महामहिम राष्ट्रपति के साथ मंच पर बैठी थीं। पूरा सेंट्रल हॉल उनकी नजर की कक्षा में था। हमेशा सावधान रहने के कारण उनको कुछ ही देर में पिछली पंक्तियों में कुछ गड़बड़ दिखाई दी। किसी सदस्य का स्वास्थ्य गड़बड़ाया होगा, उनके दिमाग ने इसे नोट किया। भाषण समाप्त हुआ। उस दिन का कामकाज/कार्यक्रम समाप्त हुआ।

ताई को बताया गया कि श्री इ. अहमद को चक्कर आए थे। उनके बेहोश होने के कारण उन्हें राम मनोहर लोहिया (RML) अस्पताल में ले जाया गया था और गहन चिकित्सा कक्ष में भरती किया गया था।

ताई ने लोकसभा अध्यक्ष कार्यालय में जाकर घटना की संपूर्ण जानकारी प्राप्त की। ताई को श्री इ. अहमद के स्वास्थ्य की चिंता हो रही थी। वह स्वाभाविक ही था।

श्री इडप्पाकाथ अहमद, उर्फ इ. अहमद, समवयस्क, समकालीन, समकक्ष ऐसे उनके लोकसभा के 1991 से सहयोगी। केरल के मल्लापुरम से वे निरंतर जीतकर आ रहे थे। इंडियन यूनियन मुस्लिम लीग के केरल के प्रमुख नेता। 2008 से अध्यक्ष, मँझा हुआ कार्यकर्ता।

भारत स्वतंत्र होने पर ऑल इंडिया मुस्लिम लीग समाप्त हो गई तथा उसके

स्थान पर इंडियन यूनियन मुस्लिम लीग 10 मार्च, 1948 से अस्तित्व में आई। 1 सितंबर, 1951 से उसकी वैधानिक रूप से स्थापना हुई, तब से समविचारी दलों के सहयोग से उसके 2 से 3 सांसद लोकसभा में निर्वाचित होकर आते हैं। केरल के समान पश्चिम बंगाल की राज्य सरकार में भी उनका प्रतिनिधित्व था। उसी प्रकार तामिलनाडु, पुदुचेरी, महाराष्ट्र, कर्नाटक, उत्तर प्रदेश तथा असम में भी उनका कार्य है। कुछ मात्रा में स्थानीय स्वराज्य संस्थाओं में भी उनका प्रतिनिधित्व होता है।

श्री इ. अहमद इंडियन यूनियन मुस्लिम लीग की स्थापना से ही उसके सक्रिय सदस्य रहे हैं। 1967 से 1987 तक की अवधि में 5 बार वे केरल विधानसभा में विधायक के रूप में निर्वाचित हुए थे और फिर 1991 से लोकसभा से पूर्व प्रधानमंत्री श्री मनमोहन सिंह के मंत्रिमंडल में उन्होंने राज्य मंत्री के रूप में भी कार्य किया था। 10 बार उन्होंने संयुक्त राष्ट्र संघ की बैठक में भारत का प्रतिनिधित्व किया था। मा. अटल बिहारी वाजपेयीजी जब प्रधानमंत्री थे, तब 2004 में भी उन्हें संयुक्त राष्ट्रसंघ की बैठक में जानेवाले भारतीय प्रतिनिधिमंडल में शामिल किया गया था।

पेशे से वकील रहे श्री इ. अहमद गंभीर स्वभाव के अध्ययनशील राजनीतिज्ञ थे। उनकी लिखी चार पुस्तकें भी प्रकाशित हुई हैं।

इसलिए एक सहयोगी के रूप में ताई को उनकी चिंता होना स्वाभाविक ही था। इसके अलावा लोकसभा अध्यक्ष के रूप में भी उन्हें यह भय सता रहा था कि उनके समक्ष कहीं कोई संवैधानिक संकट न खड़ा हो जाए! उन्होंने राम मनोहर लोहिया चिकित्सालय में जाकर श्री इ. अहमद के स्वास्थ्य की पूछताछ की। उनका स्वास्थ्य चिंताजनक ही था। उन्हें वेंटीलेटर लगाया गया था। उनके पुत्र तथा पुत्री केरल से दिल्ली के लिए निकल चुके थे। उनके अस्पताल में पहुँचने के बाद वेंटीलेटर के संबंध में विचार किया जानेवाला था।

ताई का भय सही सिद्ध हो जाएगा, ऐसा लगने लगा था। उन्होंने तत्काल संसदीय कार्यमंत्री श्री अनंत कुमार तथा विधि विशेषज्ञों से विचार-विमर्श किया। उन्होंने अपने सहायकों को बुलाकर परिस्थिति की गंभीरता की जानकारी उनको दी।

श्री इ. अहमद वर्तमान सांसद थे। जब संसद् का अधिवेशन चलते यदि किसी वर्तमान सांसद का निधन हो जाए तो लोकसभा को एक दिन का अवकाश देना होता है, ऐसी परंपरा है। इसका प्रमुख कारण उस सांसद के प्रति आदर व्यक्त करना तो है ही, मगर उसके साथ ही उनके अनेक सहयोगी सांसद उनके अंतिम दर्शन हेतु तथा

अंतिम यात्रा में शामिल होने हेतु जा सकें, यह भी है। अब यदि श्री इ. अहमद का निधन हो जाए तो क्या करें? लोकसभा को अवकाश दें तो बजट पत्रक पर राष्ट्रपति के हस्ताक्षर हो चुके हैं। उसकी प्रतियाँ छपने जा चुकी हैं। उस पर 01 फरवरी की तारीख भी डल चुकी है। संवैधानिक दृष्टि से बजट को उसी दिन संसद् में पेश करना अनिवार्य है। गोपनीयता भी रखनी पड़ती है। कर तथा राजस्व उसी दिन से लागू होते हैं। शेयर मार्केट में भी उलट-पलट होती रहती है और यदि अवकाश न रखा जाए तो इनसानियत छोड़ने जैसा हो जाएगा। क्या करें? ताई दुविधा की मन:स्थिति में थीं। ताई ने अधिकारियों को बुलाकर कहा कि इसके पूर्व कभी ऐसी परिस्थिति उत्पन्न हुई थी क्या, और यदि हुई हो तो उस समय की सरकार ने उस पर क्या निर्णय लिया था? यह पता करने को कहा।

अस्पताल के बाहर पत्रकार तथा समाचार वाहिनियों के प्रतिनिधि खड़े थे। जीवंत प्रसारण में उलट-सुलट चर्चा हो रही थी। ताई रात भर जाग रही थीं। तड़प रही थीं। रात को लगभग बारह साढ़े बारह के समय अधिकारियों को एक संदर्भ मिला, तब भी ऐसी ही परिस्थिति निर्मित हुई थी। कांग्रेस की सरकार थी, उस समय भी तत्कालीन सांसद का निधन हुआ था, मगर उसी दिन बजट पेश करने का दिन होने के कारण लोकसभा को अवकाश नहीं दिया गया था।

1 फरवरी, 2017, सवेरे 7.30 बजे, ताई का निवास-स्थान : 20 अकबर रोड स्थित कार्यालय।

सवेरे ही अधिकारियों ने ताई को प्राप्त हुए संदर्भ की जानकारी दी। ताई नाराज हुईं, बोली कि रात में ही क्यों नहीं बताया? मगर साथ ही मन शांत हो गया। अब निर्णय लेना आसान हो गया था।

1 फरवरी, 2017, सुबह 9 बजे, ताई का निवास-स्थान : 20 अकबर रोड स्थित कार्यालय

वर्तमान लोकसभा सदस्य 78 वर्षीय, श्री इ. अहमद का तड़के 2 बजकर 15 मिनट पर निधन होने की खबर मिली। उनके परिवारजनों ने उनका शव दफन करने के लिए उनके केरल स्थित मूल गाँव ले जाने की बात भी तत्काल स्पष्ट की।

बाहर समाचार वाहिनियों के प्रतिनिधि उनकी आवश्यकता के अनुसार उलट-सुलट समाचार दे ही रहे थे।

1 फरवरी 2017, सवेरे 10 बजे, ताई श्री इ. अहमद के निवास-स्थान पर अंतिम दर्शन के लिए गईं। वहीं से वे सीधे संसद् भवन पहुँचीं। इस बीच उन्होंने सभी

दलों के नेताओं से संपर्क साध लिया था। "उत्पन्न परिस्थिति का मिलकर सामना करेंगे। सदन में आज बजट पेश करना संवैधानिक दृष्टि से आवश्यक है। लोकसभा को स्थगित करना संभव नहीं है। आप साथ दीजिए। मैं सँभाल लूँगी।" केरल के कुछ सांसद नाराज थे, मगर सभी समय की मजबूरी को समझ रहे थे, इसलिए सबने सहमति दी। इसलिए काम हो जाएगा, ऐसा लगा।

पूर्व परंपरा

1 फरवरी, 2017, सवेरे 11 बजे, संसद् भवन लोकसभा।

श्रद्धांजलि देने के बाद वित्त मंत्री श्री अरुण जेटली ने बजट प्रस्तुत किया।

OBSERVATION : STTING OF THE HOUSE HON. SPEAKER : Hon. Members, as you are aware that in the event of death of a sitting member, the house is edjourned for a day as a mark of respect after the obituary Reference to the passing away of the Member is made in the house. I would have adjourned the House for the day, but today's sitting has been specifically fixed by the hon. President for presentation of union budget for the financial year 2017-18, which is constitutional obligation. In view of this exceptional situation, the house may go ahead with the presentation of the union budget for 2017-18. However the House will not sit tomorrow as a mark of respect to the departed soul.

मा. लोकसभा अध्यक्ष : मा. सभासदो, आप जानते ही हैं कि जब किसी वर्तमान सदस्य का निधन हो जाता है, तब उस सदस्य को श्रद्धांजलि देने के बाद सदन उस दिन के लिए स्थगित कर दिया जाता है। सामान्य परिस्थिति में मैंने भी इसी परंपरा का पालन किया होता, मगर आज की सभा महामहिम राष्ट्रपति महोदय द्वारा 2017–18 के आर्थिक वर्ष के बजट की प्रस्तुति हेतु आयोजित की गई है। इसलिए बजट प्रस्तुतीकरण के लिए अध्यक्ष के रूप में मैं संविधानिक रूप से बाध्य हूँ। इस अपवादात्मक परिस्थिति को देखते हुए 2017–18 के आर्थिक वर्ष का बजट प्रस्तुत करने के लिए यह सदन चलाया जा सकता है।

तथापि दिवंगत वर्तमान सदस्य के सम्मान में कल इस सदन में कामकाज नहीं होगा।

Parliament data also shows that on 31 July, 1974, Speaker Shri Gurudayal Singh Dhillon did not adjourned the House after the death of minister M.B. Rana. He allowed then Finance Minister Shri Y.B. Chavhan to present the budget. On 19 April, 1954, sitting MP J.P. Soren died on the day of railway budget but the House proceedings were held as scheduled. On both occasions, the House was adjourned as a mark of respect, and reconvened within hours for the budget.

संसद् के इतिहास में घटित पूर्व घटनाओं में भी यह देखने में आया है कि 31 जुलाई, 1974 को मंत्री श्री एम.बी. राणा के निधन के बाद अध्यक्ष श्री गुरुदयाल सिंह ढिल्लों ने सदन को स्थगित नहीं किया था। उन्होंने तत्कालीन वित्तमंत्री श्री वाई.बी. चव्हाण को बजट प्रस्तुत करने की अनुमति दी थी।

19 अप्रैल, 1954 को तत्कालीन सांसद श्री जे.पी. सोरेन का रेलवे बजट के दिन ही देहांत हुआ था, मगर सदन का कामकाज निर्धारित रूप से संपन्न हुआ था। दोनों ही अवसरों पर सदन सदस्य के सम्मान में स्थगित होने के कुछ समय पश्चात् ही बजट के लिए पुन: आहूत किया गया था।

2 फरवरी, 2017—पूर्व घोषणा के अनुसार सदन स्थगित था। उसमें कोई भी कामकाज नहीं हुआ।

घुमजाव

3 फरवरी, 2017, सवेरे 11 बजे, संसद् भवन।

प्रश्नोत्तर काल में कांग्रेस के नेता श्री मल्लिकार्जुन खड़गे ने, श्री इ. अहमद के निधन के बाद लोकसभा को स्थगित नहीं किए जाने का प्रश्न उठाया। उन्होंने आरोप लगाया कि जान-बूझकर वेंटीलेटर को देर से निकाला गया। निधन की घोषणा करने में विलंब किया गया आदि आरोप लगाए। इस पर भाजपा के सांसद भी उत्तेजित होकर बोलने लगे।

THE QUESTION Hour in Lok Sabha was almost washed off on Monday as Congress and Left MPs stormed in to the

Well to protest against the manner in which the death of IUML member E Ahamad was handled.

Even after normal proceedings resumed at noon, Congress president Sonia Gandhi led a walkout as Speaker Sumitra Mahajan took up a discussion on the Motion of thanks for the presidential Address, disregarding the plea of Congress floor leader Mallikarjun kharge to be heard.

The opposition MPs returned a couple of minutes after holding a symbolic protest.

सोमवार को लोकसभा का प्रश्नकाल लगभग व्यर्थ हो गया, क्योंकि कांग्रेस तथा वामपंथी सांसद आई.यू.एम.एल. सदस्य इ. अहमद की मृत्यु के प्रकरण को जिस तरीके से हल किया गया, उसका विरोध करने के लिए वेल में पहुँच गए थे।

दोपहर बाद सामान्य कामकाज पुनः शुरू होने के बाद सदन में राष्ट्रपति के अभिभाषण पर धन्यवाद प्रस्ताव पर चर्चा प्रारंभ हुई, इस दौरान लोकसभा अध्यक्ष श्रीमती सुमित्रा महाजन द्वारा कांग्रेस नेता श्री मल्लिकार्जुन खड़गे के तर्कों को खारिज कर दिए जाने के विरोध में कांग्रेस अध्यक्ष श्रीमती सोनिया गांधी ने सदन से बहिर्गमन कर दिया। थोड़ी देर प्रतीकात्मक विरोध दर्ज कराकर विपक्षी सांसद चंद मिनटों बाद पुनः सदन में लौट आए।

विरोधियों ने महात्मा गांधी की प्रतिमा के समक्ष प्रदर्शन किया। उसमें सभी नेतागण शामिल हुए। आरोप-प्रत्यारोप किए गए। केरल के सांसदों ने अपना विरोध दर्ज कराया। एक तो वे केरल के दिग्गज नेता थे और मुस्लिम लीग के अध्यक्ष भी थे। पत्रकार तथा समाचार वाहिनियों के प्रतिनिधि जोर-शोर से ताई की आलोचना कर रहे थे। इ. अहमद विरोधी पार्टी के थे और उसमें भी मुसलमान से, इसलिए सरकार ने ऐसा व्यवहार किया, ऐसा आरोप बार-बार किया जा रहा था।

ताई को इसका बहुत बुरा लगा। ताई को प्रतिदिन डायरी लिखने की आदत नहीं है, मगर विशिष्ट अवसरों पर वे लिखती हैं।

उस दिन खिन्न मन से ताई ने अपनी डायरी में लिखा—चुनावी राजनीति, सालोसाल शासन चलाने के अनुभव से आनेवाली अपेक्षित परिपक्वता पर हावी हो गई!

एक तारीख को सब हो जाने के बाद तीन तारीख को पुनः इस प्रकरण को उठाने का कोई कारण था क्या? सरकार पर दोषारोपण करना उचित था क्या?

मगर उचित-अनुचित का विचार कौन करेगा? हमें केवल राजनीतिक दाँवपेच,

आरोप-प्रत्यारोप, किसी को नीचा दिखाना, बस यही करना है क्या? लोकसभा का ऐसा उपयोग करना उचित है क्या? यही हम भूलकर रहे हैं, किसी के मौत का हम तीर-तरकश, जैसा उपयोग करें, नहीं, यह सब मन को विषण्ण करता है। बार-बार यही विचार···क्या मैं असफल हूँ इसे रोकने में? मेरी भूमिका क्या है? स्पीकर के रूप में सारी पार्टियों के सदस्यों को समझाकर उन्हें कर्तव्य की तरफ मोड़ना ही यदि मेरा काम मानें तो मैं निश्चित ही उसमें कम पड़ रही हूँ।

यह राजनीति इतनी बिगड़ चुकी है कि चुनाव में भी सामनेवाले उम्मीदवार की व्यक्तिगत आलोचना के शब्द मेरे मुँह से नहीं निकलना चाहिए, ऐसी खबरदारी लेनेवाली···काम के आधार पर वोट माँगो कहने वाली गलत तरीके नहीं अपनाएँगे, ऐसा प्रयास करते हुए, सबको समझाते हुए अभी तक राजनीति में कायम रहनेवाली मैं, अब निरर्थक···कालबाह्य होती का रही हूँ।

कुछ भी हो, आज मन भारी-भारी विषण्ण-उदास-दुखी।

···निचे विषण्ण-उदास-दु:खी।

□

मन उदास दुखी	
me-qr.com	

7

झप्पी और आँखमिचौनी

राखो जाणे निती न्याय।
न करी न करवी अन्याये।
कठीण प्रसंगी उपाये।
करू जाणे॥ 11.6.18

—दासबोध

नीति न्याय का जो रक्षण कर सकता है, वह न तो स्वयं अन्याय करता है, न ही होने देता है तथा कठिन प्रसंग आने पर उपाय करना भी जानता है।

—समर्थ रामदास

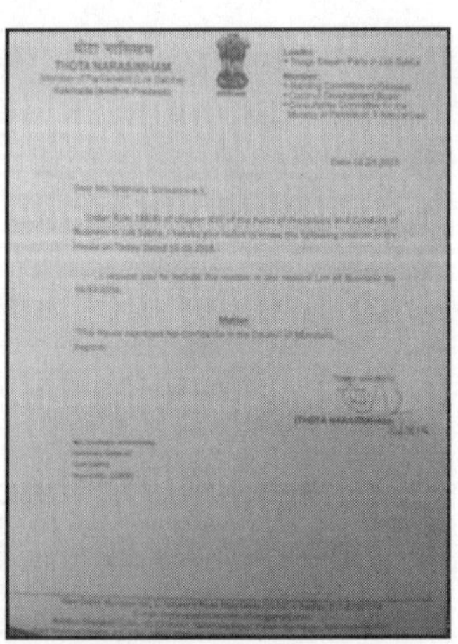

अविश्वास प्रस्ताव के नोटिस का चित्र

Date - 16 March, 2018

Dear Ms. Snehalata Shrivastavaji,

Under rule 198 (B) of chapter xxvii the rules of procedure and conduct of the business of Lok Sabha I hereby give the notice to move the following motion in the house today dated 16.03.2018.

Motion

The house expresses no confidence in the council of ministers.

s/d

(Thota Narasimham)

तेलुगु देशम पार्टी (TDP) के लोकसभा के नेता का यह पत्र लोकसभा की तत्कालीन सेक्रेटरी जनरल श्रीमती स्नेहलता श्रीवास्तव को गया। इसके द्वारा अविश्वास प्रस्ताव रखने की अनुमति माँगी गई थी। उसे सभी विपक्षी दलों ने समर्थन देने का निर्णय लिया था। सरकार के विरुद्ध अविश्वास का प्रस्ताव उसके तुरंत बाद आनेवाले वर्षा सत्र के प्रारंभ में ही चर्चा के लिए सदन में रखा जाएगा, ऐसा प्रतीत हो रहा था। लोकसभा अध्यक्ष सुमित्रा ताई महाजन ने उसे चर्चा हेतु रेकॉर्ड पर ले लिया था। संसदीय कार्य मंत्री श्री अनंत कुमार ने उन्हें सूचित कर दिया था कि सरकार अविश्वास प्रस्ताव का सामना करने को तैयार है। 18 जुलाई, 2018 को प्रश्नोत्तर काल में तेलुगु देशम पार्टी (TDP) के नेता श्री केसिनेरी श्रीनिवास इन्होंने आंध्र प्रदेश को विशेष मदद (special package) न दिए जाने के कारण राष्ट्रीय लोकतांत्रिक गठबंधन (रा.लो.ग.) के श्री नरेंद्र मोदी सरकार के विरुद्ध अविश्वास का प्रस्ताव रखने की घोषणा की। प्रस्ताव सभी सांसदों के समक्ष रखा। वह सदन के पटल पर चर्चा के लिए आया। सरकार के विरुद्ध अविश्वास का प्रस्ताव रखने का अधिकार विरोधियों को संविधान ने दिया है। भारतीय संसद् के इतिहास में यह 27वाँ अविश्वास प्रस्ताव था। इसके पूर्व 15 वर्ष पहले 2003 में राष्ट्रीय लोकतांत्रिक गठबंधन (NDA) की अटल बिहारी वाजपेयी सरकार के विरुद्ध अविश्वास प्रस्ताव आया था। उसमें रा.ज.ग. (NDA) ने सरकार बचाई थी। उसके पूर्व 1999 में भी रा.लो.ग. (NDA) की अटल बिहारी वाजपेयी सरकार के विरुद्ध अविश्वास प्रस्ताव आया था, जिसमें सरकार 270 के विरुद्ध 269 ऐसे एक मत से गिर गई थी। अब इस बार क्या होता है, यह देखना उत्कंठावर्धक बन गया था।

वैसे देखा जाए तो तेलगु देशम पार्टी के एन. चंद्रबाबू नायडू रा.लो.ग. (NDA) के खास समर्थक, मगर तेलंगाना तथा आंध्र प्रदेश के प्रादेशिक विवाद में वे रा.लो.ग. (NDA) से इतने दूर चले गए कि उन्होंने समर्थन तो वापस लिया ही, साथ ही अविश्वास प्रस्ताव भी रख दिया। सामान्यता ऐसे समय सरकार द्वारा किए गए अथवा न किए गए कामों को दोहराया जाता है। जनता के समक्ष सरकार का पूरा लेखा-जोखा आता है। सामान्य नागरिक इसे अत्यंत गंभीरता से देखते हैं। एक दृष्टि से यह सरकार की परीक्षा ही होती है। व्हिप, यानी सभी सदस्यों के लिए संसद् में उपस्थित रहने का आदेश होता है। इसके कारण सदन पूरा भरा होता है। नियम अचूक होते हैं। विरोधी दलों के नेता शाब्दिक तलवारबाजी कर सत्तापक्ष के लिए चुनौती निर्माण करते हैं। प्रत्येक पार्टी को बोलने के लिए समय निर्धारित रहता है। उसमें कौन-कौन बोलेगा, इसकी नोंद अध्यक्ष के पास पूर्व में ही करनी होती है। कौन-कौन तथा क्या क्या बोलेगा, इसकी रणनीति बनाई जाती है। प्रत्येक शब्द तोल-मापकर बाहर निकलता है।

20 जुलाई के दिन कांग्रेस की ओर से बोलने के लिए राहुल गांधी का नाम निर्धारित था। राहुल गांधी कोई घुटे हुए राजनीतिज्ञ नहीं हैं, अध्ययनशील सांसद नहीं हैं और कुशल वक्ता भी नहीं हैं। तब तक लोकसभा में पूछे गए लगभग सवा लाख प्रश्नों में से एक भी प्रश्न राहुल गांधी द्वारा पूछा हुआ नहीं था। उनकी लोकसभा में उपस्थिति भी केवल 52 प्रतिशत ही थी। इतना ही नहीं, संसद् के नियमानुसार यदि किसी सांसद को सदन में अनुपस्थित रहना हो तो उसे इसके लिए अध्यक्ष की स्वीकृति लेनी होती है। 16वीं लोकसभा के प्रारंभिक दिनों में ही राहुल गांधी लगभग एक-डेढ़ माह अचानक विदेश चले गए। नियमानुसार प्रकरण जाँच के लिए ethics committee के पास जा रहा था, मगर यह ताई के ध्यान में आते ही उन्होंने प्रकरण को सँभाल लिया। उन्होंने लोकसभा में कांग्रेस दल के नेता श्री मल्लिकार्जुन खड़गे को कहकर श्रीमती सोनिया गांधी को संदेश भिजवाकर राहुल गांधी की अनुपस्थिति के लिए सूचना भिजवाने की सलाह दी, मगर जब उसके बाद भी कोई हलचल नहीं हुई तो राहुल गांधी के तत्कालीन मित्र ज्योतिरादित्य सिंधिया के द्वारा उन्हें फिर संदेश भिजवाया। उसके बाद श्रीमती सोनियाजी से आवश्यक पत्र प्राप्त हुआ और मामला निपट गया।

राहुल गांधी अविश्वास प्रस्ताव पर बोलने के लिए खड़े हुए। कांग्रेस पार्टी को बोलने के लिए दिए गए 38 मिनटों के समय में से 32 मिनट तक वही बोले। सदन के

सभी सांसदों की अस्वस्थता बढ़ रही थी। एक-दूसरे पर दबे आवाज में छींटाकशी हो रही थी। प्रधानमंत्री नरेंद्र मोदी चुपचाप भाषण सुन रहे थे। उनकी यह विशेषता है कि वे पूरा दिन सदन में बिना कुछ बोले, कागज-पत्र देखे बगैर अविचल रूप से ध्यानपूर्वक अन्य वक्ताओं के भाषण सुनते रहते हैं। वे उसी प्रकार अपने स्थान पर चुपचाप बैठे हुए थे। राहुल गांधी का भाषण समाप्त हुआ। **ताई अगले वक्ता का नाम पुकार रही थीं, तभी राहुल गांधी अचानक ताव में प्रधानमंत्री के आसन के पास गए और मोदीजी को अपने आगोश में ले लिया।** ताई ने उनकी इस अचानक हुई कृति को भाँपते हुए कहा, "यह जरूरी नहीं है।" सदन में किसी को तो क्या, स्वयं प्रधानमंत्री को भी एक क्षण के लिए यह क्या हो रहा है, यह समझ में नहीं आया। मगर प्रधानमंत्री सतर्क होने से उन्होंने केवल हाथ से प्रश्नार्थक भाव अभिव्यक्त किए। राहुल गांधी अलग हुए। स्वयं सँभालते हुए प्रधानमंत्री ने अपने स्थान से ही उनको अपने पास पुनः बुलाया तथा उनकी पीठ पर हाथ फेरा। राहुल गांधी पुनः अपने स्थान पर जाकर बैठे तथा उन्होंने अपने मित्र की ओर देखकर आँख मारी। सारा सदन अवाक् था। यह सब लोकसभा टी.वी. पर चल रहे सीधे प्रसारण में देश-विदेश के दर्शकों ने भी देखा। मीडिया को चर्चा के लिए एक नया विषय मिल गया।

ताई कहती हैं—**"जो हुआ, वह इतना अचानक हुआ कि उसपर क्या बोलते? यह कौन से नियम में आता है? कुछ भी समझ में नहीं आ रहा था। मैं केवल मोदीजी की ओर देख रही थी। वे उठकर खड़े न हो जाएँ, तो ऐसा विचार मेरे मन में आया, जब वे अपनी जगह से नहीं हिले तो मैंने राहत की साँस ली।"**

विषय को आगे न बढ़ाने का निश्चय कर मैंने काम-काज को आगे बढ़ाया। भोजन अवकाश की घोषणा की।

मगर विषय इतनी आसानी से खत्म नहीं होनेवाला था। सभी समाचार वाहिनियों द्वारा लगातार दिखाए जाने के कारण, झप्पी और आँखमिचौली का ही समाचार बन गया।

भोजन के अवकाश के बाद फिर सदन का कामकाज शुरू हुआ। शाम को छह बजे प्रस्ताव पर मतदान था। सबकुछ ठीक-ठाक निपट जाए, मैं इसी विवेचना में व्यग्र थी। तत्कालीन गृहमंत्री श्री राजनाथ सिंह बोलने खड़े हुए। उन्होंने झप्पी के संदर्भ में टिप्पणी की, "सदन में चिपको आंदोलन प्रारंभ हुआ है।"

और पूरा विपक्ष खौल पड़ा। कांग्रेस के नेता मल्लिकार्जुन खड़गे ताव में बोलने

लगे। वास्तव में ऐसी बातों की तरफ दुर्लक्ष कर आगे बढ़ना ही ठीक होता है, मगर पहले चुटकी राजनाथजी ने ली। ताई को वह भी ठीक नहीं लगा था। उन्होंने तत्काल हस्तक्षेप किया। हंगामा शुरू हो गया। इस पर सभी बोलना चाहते थे। 'चिपको' के बजाय 'चमको' के अवसर को सभी भुनाना चाहते थे। सदस्य अतिरिक्त समय माँगने लगे। अन्याय हो रहा है, पक्षपात किया जा रहा है, ऐसा कहने लगे। शोरगुल होने लगा।

परिस्थिति ताई के बस के बाहर जाने लगी थी। ताई का चेहरा गुस्से से लाल हो रहा था। शांता ने दुर्गा का रूप धारण किया। तेज आवाज में उन्होंने कहा, "यह ठीक नहीं है, सदन में ऐसा नहीं चलेगा। यहाँ सभ्यता का व्यवहार ही करना पड़ेगा। औचित्य भंग न करें। सदन की गरिमा होती है, उसका समाप्त होना कोई भी पसंद नहीं करेगा।"

ताई द्वारा डाँटे जाने के बाद भी खड़गेजी बार-बार बोल रहे थे। ताई ने और कठोरता से खड़गेजी का नाम लेकर उन्हें टोका, "आप उस समय सदन में नहीं थे। आपने वह घटना प्रत्यक्ष देखी नहीं है। (आप होते तो) आपको भी वह अच्छा नहीं लगता। वे प्रधानमंत्री हैं। उस पद का, उस कुरसी का एक सम्मान है। वह पद सम्माननीय ही रहना चाहिए। जब ये घटना घटी, तब वे उस आसन पर बैठे थे। उनके पद की प्रतिष्ठा का पालन हमें करना ही चाहिए। उनकी प्रतिष्ठा की रक्षा हम नहीं करेंगे तो फिर कौन करेगा? केवल उन्हीं की नहीं तो आपकी भी एक प्रतिमा है, मान-सम्मान है। लोगों के मन में, जनमानस में हम प्रतिष्ठित हैं। उन्होंने हमें अपना प्रतिनिधि निर्वाचित किया है। उनका भी हमें विचार करना पड़ेगा। उनके मत का भी आदर करना चाहिए और यह काम हम सबका है, मेरा अकेली का नहीं। आपका भी है। सदन के प्रत्येक सदस्य का है।" सभी दलों के सदस्यों को निर्देश कर वे बोल रही थीं।

फिर भी शोरगुल जारी ही था।

ताई गुस्से से बोलीं, "देखिए, मैं कोई राहुलजी की दुश्मन नहीं हूँ, मुझे भी लगता है कि उन्हें अपने राजनीतिक जीवन में अभी बहुत कुछ साध्य करना है। बहुत आगे जाना है। उनके नेतृत्व को अभी विकसित होना है और इसीलिए उनके व्यक्तित्व के अनावश्यक कंगूरों को घिसने का काम एक माँ के नाते, (परिवार प्रमुख—सदन प्रमुख) के नाते मुझे ही करना पड़ेगा। हमें ही उन्हें योग्य-अयोग्य क्या है, यह सिखाना पड़ेगा।"

फिर भी सांसद शोर कर रहे थे।

ताई अब मुख्याध्यापिका के आवेश में कड़क स्वर में बोलीं—

"मैं यह नहीं कहती कि आप किसी से गले मत मिलो। जरूर मिलो। एक-दूसरे से आत्मीय संबंध होना अच्छी बात है। उससे कामकाज सुगम होता है, मगर यह कृति कहाँ हो, कैसे हो, इसके कुछ शिष्ट सम्मत संकेत हैं। उसका उल्लंघन नहीं होना चाहिए। आपको उनके (मोदीजी) लिए प्रेम भावना है। ठीक है, मैं मान्य करती हूँ, मैं भी समझती हूँ, मगर जब वे प्रधानमंत्री के आसान पर बैठे हों, तब वे देश के सर्वोच्च नेता होते हैं। केवल व्यक्ति—नरेंद्र मोदी नहीं होते। आप उनके घर जाइए। उन्हें मिलिए। चर्चा, गपशप कीजिए। वहाँ आप अपनी भावना व्यक्त कर सकते हैं, मगर यहाँ सदन में नहीं।

"और जिस प्रकार यह हुआ, वह तो कल्पना के भी बाहर था। जिस प्रकार गले लगे। वापस स्थान पर जाकर बैठने के बाद आँख मारी और फिर से बोलना शुरू कर दिया, यह सब यहाँ नहीं चलेगा। मैं चलने नहीं दूँगी। मैं बार-बार निवेदन कर रही हूँ, यह सदन नियमों के अनुसार ही चलेगा, सभी शांत रहें।"

अब ताई ने सदन पर, सदन की अस्वस्थ परिस्थिति पर नियंत्रण कर लिया था और आगे के कामकाज की शुरुआत कर दी थी।

आज सदन को ताई का एक अलग और कड़ा स्वरूप देखने को मिला था।

□

8

प्रयत्न और सावधानी

मुख्य हरिकथा निरूपण।
दूसरे ते राजकारण।
तिसरे अत्यंत सावध पण।
सर्वा विषयी॥ 11.5.4

चौथा अत्यंत साक्षेप।
फेड़ावे नाना आक्षेप।
अन्याये थोर अथवा।
अल्प क्षमा करीत जावे॥ 11.5.5 **—दासबोध**

मुख्य बात है, हरि कथा का निरूपण, दूसरी है, राजनीति, तीसरी है, सदैव सावधान रहना और चौथी बात है। सतत प्रयत्नशील रहना। इन चार के बगैर लोक कल्याण का और कोई मार्ग नहीं है। लोक कल्याण करते समय अन्यों के छोटे-बड़े अपराध क्षमा करते आना चाहिए।

—समर्थ रामदास

राज्यकर्ताओं को राज करते समय जरा भी ढिलाई नहीं करना चाहिए, क्योंकि इससे सामान्य जनों को अनेक कठिनाइयों का सामना करना पड़ता है। समय पर समस्याएँ न सुलझाने पर वे उलझती जाती हैं, जिन्हे बाद में सुलझा पाना बहुत ही मुश्किल हो जाता है।

लोकसभा के अध्यक्ष पद पर रहते सुमित्रा ताई महाजन को भी एक ऐसी ही अंतरराष्ट्रीय नीतिगत समस्या का सामना करना पड़ा था। प्रधानमंत्री पद पर विराजमान होते ही श्री नरेंद्र मोदी ने तेजी से काम शुरू किया था। देश के भीतर की समस्याएँ तो वे हल कर ही रहे थे। अंतरराष्ट्रीय स्तर पर पड़ोसी देशों के साथ भी सौहार्दपूर्ण संबंध बनें, इस बात का भी प्रयास हो रहा था।

भारत का अपने निकट के पड़ोसी बांग्लादेश के साथ कोई विवाद भी होगा, ऐसा सामान्य रूप से कोई सोच भी नहीं सकता था, मगर विवाद था—दो देशों के बीच अंतरराष्ट्रीय सीमा निश्चित करने का—भौगोलिक तथा भावनात्मक; पेचीदा और उलझा हुआ, ऐसा 40 वर्ष पुराना विवाद था।

इस पुराने विवाद को हल करने के लिए संविधान में संशोधन करना आवश्यक था, क्योंकि मुद्दा अंतरराष्ट्रीय सीमा निश्चित करने का था। विषय गंभीर था। इसलिए वह ताई के समक्ष आया। ताई के काम करने की पद्धति के अनुसार वे जैसे-जैसे प्रकरण का गहराई से अध्ययन करने लगीं, वैसे-वैसे उनको उसका एक-एक पहलू स्पष्ट होने लगा।

2014 में परिस्थिति यह थी—

- भारत के पड़ोसी—श्रीलंका, पाकिस्तान, अफगानिस्तान, नेपाल, चीन, म्याँमार और बांग्लादेश, इनके साथ हमारी साँझी सीमाएँ हैं, अर्थात् ये देश हमारे सगे पड़ोसी हैं। इनमें से हमारे साथ कुछ केवल समुद्र से, तो कुछ केवल जमीन से जुड़े हुए हैं। कुछ जमीन तथा समुद्र दोनों से जुड़े हुए हैं। उसमें बांग्लादेश के साथ हमारी सीमा रेखा सबसे लंबी, अर्थात् 4096.70 किमी. (2545 मील) है। वह भले पानी तथा जमीनी सीमा हो, मगर उसमें जंगल है, गंगा का त्रिभुज प्रदेश—सुंदरवन है। वहाँ की जमीन तथा पानी के किनारे निरंतर बदलते रहते हैं। इस भाग में अनेक द्वीप बने हुए हैं। संपूर्ण बांग्लादेश ही भारत के पश्चिम बंगाल, असम, मेघालय, त्रिपुरा और मिजोरम इन प्रांतों से घिरा हुआ है। उसका केवल थोड़ा सा भाग ही म्याँमार से लगा हुआ है। इस सीमा रेखा को अंतरराष्ट्रीय कहा जा सके, ऐसा कोई भी स्वरूप नहीं है, क्योंकि मूलतः यह अनैसर्गिक विभाजन ही है।

- इसमें अनेक गाँव ऐसे हैं, जो किस देश में हैं, यही निश्चित नहीं है। इतना ही क्या, कुछ तो गाँव भी विभाजित हैं, जैसे कुछ लोगों के घर भारत में, तो जमीन-दुकान बांग्लादेश में हैं, तो कुछ अन्य लोगों की स्थिति इसके ठीक विपरीत है।
- कहीं गाँव एक देश में तो पुलिस चौकी दूसरे देश में है।
- कुल मिलाकर छोटे-छोटे कस्बे, गाँव, जिन्हें स्थानीय भाषा में 'चित्त महाल' (Chittamahal) कहते हैं, ऐसे 162 क्षेत्र। इनकी रहवासी बस्तियाँ, उसके 51,549 रहवासी 1974 से नागरिकों के रूप में मिलनेवाले मूलभूत अधिकारों की प्रतीक्षा में हैं।

सभी लोग इस वस्तुस्थिति को देखकर अवाक् थे। दोनों देशों की कितनी लापरवाही! राज करनेवाला कोई भी हो, मगर जनता के जीवन से ऐसा खेल क्यों करते हैं? नीतिमत्ता और दूरदर्शिता है कि नहीं? यह सवाल मन में उठता है; इसका कारण वे समाज से दूर रहते हैं। समाज से एकरूप नहीं होते। जिन्हें राजनीति अथवा समाज-कार्य करना है, उन्हें सबसे पहले आम लोगों का बनना पड़ता है—भगवान् श्रीरामचंद्र जैसा, उन्हें राजनीति का सूत्र याद आया—यहाँ ताई प्रसिद्ध तत्त्वचिंतक तथा छत्रपति शिवाजी महाराज के राजकीय मार्गदर्शक 'समर्थ रामदास' को उद्धृत करती हैं।

'उदंड स्थळी उदंड प्रसंग।
जाणुनी करणे येथासांग।
प्राणी मात्रांचा अंतरंग होवोनी जावे॥'

सीमा वाद का पेंच

यह विषय केवल इतना ही मर्यादित नहीं था। भारत तथा बांग्लादेश के बीच समुद्री सीमा को लेकर भी विवाद था। वह भी उन्हीं दिनों समाप्त हुआ था।

भारत तथा बांग्लादेश के बीच समुद्री सीमा के सीमांकन को लेकर 1974 से बातचीत चल रही थी, मगर कोई सहमति नहीं हो पा रही थी। 1974 से 2009 के बीच द्विपक्षीय बातचीत के आठ दौर हुए। अंत में अक्तूबर 2009 में बांग्लादेश ने समुद्री सीमा के सीमांकन हेतु संयुक्त राष्ट्र के अधिवेशन में अंतरराष्ट्रीय कानून के अनुसार न्यायाधिकरण को सौंपने के लिए भारत को नोटिस दिया। संयुक्त

राष्ट्रसंघ द्वारा भारत-बांग्लादेश के बीच समुद्री सीमा के विवाद के निराकरण हेतु हेग स्थित अंतरराष्ट्रीय न्यायालय में Permanent Court of Arbitration (PCA) न्यायाधिकरण की स्थापना की। 7 जुलाई, 2014 को PCA न्यायाधिकरण द्वारा एक महत्त्वपूर्ण निर्णय देकर बंगाल की खाड़ी में 25,602 वर्ग किमी. क्षेत्रफल के विवादित क्षेत्र का चार पंचमांश, अर्थात् 9467 चौरस वर्ग किमी. के क्षेत्र के बराबर समुद्री प्रदेश बांग्लादेश को दे दिया। इस निर्णय से महाद्वीपीय विभाग के समुद्र के संसाधनों पर बांग्लादेश के सार्वभौम अधिकारों को एक प्रकार से मान्यता मिल गई।

भारत की दृष्टि से संतोष की केवल एक ही बात थी, वह थी—न्यू मूरी द्वीप।

यह द्वीप हरियाभंगा नदी के मुख में, जहाँ नदी बंगाल की खाड़ी में मिलती है, वहाँ उथली किनार पट्टी के समीप, अंतरराष्ट्रीय सीमा प्रदेश में, बांग्लादेश के सात खीरा जिले तथा भारत के पश्चिम बंगाल के दक्षिण 24 परगना जिलों के समीप है। लगभग दो किलोमीटर की परिधिवाला यह द्वीप, जिसे 'दक्षिण तलपट्टी' और पुर्बाशा द्वीप भी कहा जाता है, यह गंगा-ब्रह्मपुत्र त्रिभुज प्रदेश के मुख में, बंगाल की खाड़ी के किनारे पर छोटा निर्जन ऑफ शोर सैंडबार प्रकार का द्वीप था। वह अचानक उत्पन्न हुआ था। नवंबर 1970 में भोला चक्रवात के बाद यह बंगाल की खाड़ी में उदित हुआ था और मार्च 2010 के लगभग पुनः विलुप्त हो गया। वह अब बंगाल की खाड़ी में पानी के भीतर है, मगर इस द्वीप के संबंध में दो बातें महत्त्वपूर्ण थीं—

1. सर्वप्रथम भारत ने उस द्वीप पर ध्वज फहराया था और सीमा सुरक्षा बल (बी.एस.एफ.) का अस्थायी कैंप भी वहाँ स्थापित किया गया था। भारतीय नौदल गनशिप के साथ वहाँ नियमित रूप से गश्त करता था। रेड क्लिफ सीमा रेखा के अनुसार (1947 में भारत तथा पूर्व पाकिस्तान के बीच की सीमा निर्धारित करनेवाली रेखा) अंतरराष्ट्रीय सीमा के अंतर्गत यह भारत के समुद्री भाग के रूप में जाना जाता है। सुरक्षा की दृष्टि से उसका अपना महत्त्व है।
2. जहाँ यह द्वीप पूर्व में अस्तित्व में था, ऐसा लगभग 6,000 किमी. का क्षेत्र न्यायाधिकरण के निर्णय से भारत को मिला है। 2006 में प्राकृतिक गैस की खोज, जिस खाड़ी में की है, वह हरियाभंगा नदी के मुहाने से दक्षिण में 50 किमी. दूरी पर इसी न्यू मूरी द्वीप के समीप है।

इसके पूर्व यह द्वीप विवादित होने के कारण अनेक तेल कंपनियाँ इस क्षेत्र में तेल तथा गैस की खोज के लिए तैयार नहीं होती थीं। कुछ कंपनियाँ तो प्रारंभिक

निवेश करने के बाद भी पीछे हट गई थीं। 2013 में ऑस्ट्रेलियन फर्म सैंटोस बांग्लादेश के साथ सुरक्षा तथा समुद्री विवाद का कारण बताते हुए दो सी ब्लॉक से पीछे हट गई थीं, मगर अब भारत का इस संपूर्ण क्षेत्र पर अधिकार हो जाने से भारत सरकार को बंगाल की खाड़ी में इस क्षेत्र के विकास के लिए दीर्घकालीन योजनाएँ बनाना संभव हो गया है। इस पार्श्वभूमि पर बांग्लादेश से चर्चा द्वारा जमीनी सीमांकन की समस्या को सामंजस्य से हल करना आवश्यक हो गया था। इसके लिए पूर्व में प्रयत्न नहीं हुए, ऐसा नहीं, मगर इसके लिए भारत सरकार ने कभी भी मजबूत इच्छाशक्ति के साथ कदम नहीं उठाए थे। केवल अस्थायी तथा कामचलाऊ नीति ही अपनाई गई थी। इस कारण वहाँ की जनता त्रस्त थी।

- भारत-पाकिस्तान युद्ध से बांग्लादेश का निर्माण 1971 में हुआ।
- दोनों देशों के बीच की सीमा रेखा निश्चित करने के लिए 16 मई, 1974 को दोनों देशों के बीच समझौता हुआ।
- दोनों देशों के अधिकारियों के बीच अनेक बार चर्चा हुई।
- दोनों देशों के बीच कुछ तात्कालिक सुधार किए गए उदाहरणार्थ, सुबह 9 से 5 की अवधि में नागरिकों को दोनों देशों में आना-जाना संभव होगा। साइकिल, रिक्शा, बैलगाड़ी आदि वाहनों को लाने-ले जाने की अनुमति होगी, वगैरह-वगैरह। 6 सितंबर, 2011 को इस बाबत पत्र-व्यवहार दोनों देशों के बीच हस्तांतरित हुआ।
- 18 दिसंबर, 2013 को तत्कालीन विदेश मंत्री श्री सलमान खुर्शीद ने राज्यसभा में इस विषय पर विधेयक प्रस्तुत किया, जिसे 31 दिसंबर, 2013 को संसद् की स्थायी समिति को विचार के लिए भेजा गया, मगर आगे कुछ भी नहीं हुआ। निर्वाचन हुए तथा उसमें सत्ता का परिवर्तन हो गया।

कुल मिलाकर इस विषय में बांग्लादेश और भारत सरकार टाल-मटोल की नीति अपना रही थीं।

पार्श्वभूमि

यद्यपि 1971 में शेख मुजीबुर रहमान के नेतृत्व में बांग्लादेश का निर्माण भारत-पाक युद्ध से हुआ था, जिसके कारण पाकिस्तान के दो टुकड़े हुए थे। बांग्लादेशी नागरिक उसके लिए भारत के ऋणी थे; मगर उसके बाद पुल के नीचे से बहुत पानी बह गया था।

- असम में बांग्लादेशी नागरिकों की घुसपैठ के कारण 1979 से 2005 तक असम अशांत था।
- संपूर्ण ईशान्य (उत्तर-पूर्व) भारत को आतंकवाद ने घेर रखा था। इस आतंकवाद को बांग्लादेश से पोषण मिल रहा था।
- भारत का संपूर्ण ईशान्य (उत्तर-पूर्व) भाग, जो 'सेवन सिस्टर्स' के नाम से पहचाना जाता है, को भारत से तोड़ने के प्रयास चल रहे थे।

1947 में असम को पूर्व पाकिस्तान में शामिल करने के प्रयासों को मिली असफलता के कारण पाकिस्तान में हमेशा से ही असंतोष घुमड़ता रहा है और बाद में बांग्लादेश में भी। वह अनेक बार अभिव्यक्त भी होता रहा है। जुल्फिकार अली भुट्टो ने अपनी पुस्तक 'मिथ्स ऑफ इंडिपेंडेंस' में लिखा है, "कश्मीर, यह एकमेव विवाद है, जो भारत और पाकिस्तान को विभाजित करता है, यह निस्संदेह सबसे अधिक महत्त्वपूर्ण है, मगर एक और विवाद कश्मीर विवाद जितना ही महत्त्वपूर्ण है। असम तथा पूर्व पाकिस्तान से संलग्न भारत के कुछ जिले। पाकिस्तान के इस भाग पर मजबूत मालकी हक के दावे हैं।"

बिल्कुल शेख मुजीबुर रहमान जैसे भारत समर्थक नेता ने भी अपनी पुस्तक 'इस्टर्न पाकिस्तान : इट्स पॉपुलेशन एंड इकोनॉमिक्स' में लिखा है, "पूर्व पाकिस्तान को उसके विस्तार के लिए पर्याप्त भूमि होना आवश्यक है, वह असम को उससे जोड़े जाने पर मिल सकती है, क्योंकि असम में भरपूर जंगल तथा खनिज संपदा, कोयला, पेट्रोलियम आदि हैं। आर्थिक दृष्टि से मजबूत होने के लिए भी पूर्व पाकिस्तान में असम का समावेश करना आवश्यक है।"

- पूर्वी पाकिस्तान तथा बाद में बांग्लादेश की उत्तर-पूर्व भारत पर बुरी नजर यह एक खुला सत्य है, जिसके कारण आतंकवादी कारवाइयों को शह मिली। नक्सलवादी कारवाइयाँ वृद्धिंगत हुईं। अनेक निरपराध नागरिक बलि चढ़े। वीर जवानों को शहीद होना पड़ा। राजनीतिक अस्थिरता निर्माण हुई। विकास की गति मंद हुई। स्थानीय नागरिकों का देश की केंद्र सरकार की तरफ देखने का दृष्टिकोण कलुषित हुआ। अलगाववाद, प्रांतवाद, यही अस्मिता के विषय हो गए। राष्ट्रवाद दोयम बन गया।

- इसके कारण ही इस विषय में हाथ डालना सरकार के लिए कठिन हो गया था। उसकी 'साँप-छुछूँदर' जैसी अवस्था हो गई थी।
- यह सब केवल इसलिए हुआ, क्योंकि सरकारों ने समय पर निर्णय लेने का साहस नहीं किया।

पूर्ण प्रयास

इसके पूर्व 2011 में भारत के मनमोहन सिंह तथा बांग्लादेश की शेख हसीना के द्वारा हस्ताक्षरित '2011 के प्रोटोकॉल' में जमीन की प्रतिकूल संपत्ति की समस्या के निराकरण के लिए यथास्थिति (status co) बनाए रखने के लिए सहमति दी थी। उसका भी संदर्भ आया। जिसके अनुसार, भारत को बांग्लादेश से 2777.038 एकड़ भूमि प्राप्त होनेवाली थी और बदले में 2267.682 एकड़ जमीन बांग्लादेश को हस्तांतरित की जानेवाली थी। 2011 का प्रोटोकॉल असम, मेघालय, त्रिपुरा और पश्चिम बंगाल राज्य सरकारों से समझौता कर तैयार किया गया था, मगर प्रतिकूल राजनीतिक परिस्थितियों के कारण उसका क्रियान्वयन संभव नहीं हो सका।

पूर्व में लिखे अनुसार भाजपा सरकार द्वारा इस मुद्दे को हाथ में लिया गया। स्व. सुषमा स्वराज विदेश मंत्री थीं, उन्होंने पूर्ण तैयारी की। **अब यदि अंतरराष्ट्रीय सीमा निर्धारित करना हो तो इसके लिए संसद् की लोकसभा और राज्यसभा की स्वीकृति मिलना आवश्यकता थी।** 6-7 मई, 2015 को उसका विधेयक राज्यसभा में 180 में से 180, अर्थात् सर्वानुमति से स्वीकृत हुआ। उसके बाद सुषमा स्वराज ने उसे लोकसभा के पटल पर रखा। इस प्रकार वह ताई के समक्ष प्रस्तुत हुआ। (भूतकाल में भारतीय जनता पार्टी ने land Boundry Agreement का विरोध किया था, मगर अब सत्ता में आने पर उसने अवैध घुसपैठ पर नियंत्रण करने की आवश्यकता के कारण वर्तमान परिस्थिति में अपना मत बदल दिया।)

1971 में बांग्लादेश के निर्माण के बाद और 1974 के समझौते के 41 वर्षों के बाद भारत तथा बांग्लादेश के प्रदेशों की अदला-बदल-द्विपक्षीयता के दुर्लभ साक्षी से लोकसभा ने एकमत से संविधान का 119वाँ संशोधन विधेयक स्वीकृत किया, जमीन सीमा समझौता तथा भारत-बांग्लादेश की भूमियों की अदला-बदली की। उपस्थित 331 सदस्यों ने 100वें संविधान संशोधन विधेयक के पक्ष में मतदान किया,

मगर इसमें विसंगत एक प्रसंग का उल्लेख करना आवश्यक है। विधेयक का विरोध करनेवाले एकमात्र सासंद श्री सिराजुद्दीन अजमल (AIUDF) ने सरकार से वह विधेयक वापस लेने की माँग करते हुए बांग्लादेश के गिर्द मजबूत दीवार खड़ी करने की माँग की। उनके दावे के अनुसार, असम के मुसलमानों को वर्षों से प्रताड़ित किया गया है, उन्हें बांग्लादेशी घुसपैठिए कहकर बदनाम किया गया है, इसलिए उन्होंने इस विधेयक का विरोध किया, मगर विरोध में मतदान करने के बजाय, वे मतदान का बहिष्कार कर सदन से बाहर चले गए। उसके बाद प्रस्ताव पर मतदान हुआ और वह सर्वानुमति से स्वीकृत हो गया। उन्हें छोड़कर सभी ने प्रस्ताव के पक्ष में भाषण दिए और मतदान भी किया। प्रधानमंत्री नरेंद्र मोदी ने स्वयं अपने स्थान से उठकर सभी विरोधियों का आभार माना।

सर्वदलीय एकता

प्रसिद्ध अखबार 'हिंदू' ने भी इस बात की मुक्त कंठ से प्रशंसा की थी। 7 मई को उसमें श्रीमती स्मिता गुप्ता ने लिखा है—

All the 331 members present in the house voted for the bill which became the 100 th constitutional amendment passed by Parliament. In the rare show of bipartisanship parliament unanimously approved the constitution (199th Amendment) bill, operationalising the Land Boundary Agreement-swapping territories between India and Bangladesh-41 years after the 1974 Indira Gandhi - Sheikh Mujibur Rehman pact.

The unity of purpose witnessed in the Rajya Sabha on Wednesday was repeated in the Lok Sabha on Thursday, when all 331 present voted for the bill that became the 100th constitutional amendment.

If external Affairs Minister Sushama swaraj who poiloted the bill came in the praise from all sides of the House. Prime Minister Narendra Modi walked across the floor to

thank Sonia Gandhi and Mallikarjun Kharge (Congress), Bhartuhari Mahatab (BJD), Sudip Bandopadhyay(Trinamool

Congress) and P. Venugopal (AIADMK) for their support. He followed this up later, by phoning Bangaladesh Prime Minister Sheikh Hasina and chief ministers of the five states affected by the bill to thank them for their co-operation.

सदन में उपस्थित सभी 331 सदस्यों ने विधेयक के पक्ष में मतदान किया, जो संसद् द्वारा स्वीकृत किया गया 100वाँ संविधान संशोधन बना। सभी दलों के दुर्लभ सामंजस्य का प्रदर्शन संसद् में हुआ। 1974 के इंदिरा गांधी-शेख मुजीबुर रहमान समझौते के 41 वर्षों के बाद भू-सीमा समझौता—भारत तथा बांग्लादेश के सीमावर्ती भाग की अदलाबदल—कार्यान्वित करनेवाला संविधान (119वाँ संशोधन) विधेयक एकमत से स्वीकृत हुआ।

बुधवार को राज्यसभा में दृष्टिगोचर हुई सर्वदलीय एकता की गुरुवार को लोकसभा में भी पुनरावृत्ति हुई।

यह विधेयक प्रस्तुत करनेवाली विदेश मंत्री श्रीमती सुषमा स्वराज की प्रशंसा संपूर्ण सदन ने की। प्रधानमंत्री श्री नरेंद्र मोदी ने श्रीमती सोनिया गांधी और श्री मल्लिकार्जुन खड़गे (कांग्रेस), श्री भर्तृहरि महताब (बी.जे.डी.), श्री सुदीप बंदोपाध्याय (तृणमूल कांग्रेस) और श्री पी. वेणुगोपाल (ए.आई.ए.डी.एम.के.) का उनके द्वारा दिए गए सहयोग तथा समर्थन के लिए आभार माना। उसके बाद उन्होंने बांग्लादेश की प्रधानमंत्री श्रीमती शेख हसीना तथा पाँच प्रभावित राज्यों के मुख्य मंत्रियों को फोन कर उन्हें भी दिए गए सहयोग के लिए धन्यवाद दिया।

2015 के भूमि हस्तांतरण समझौते पर 6 जून, 2015 को ढाका में भारत के प्रधानमंत्री श्री नरेंद्र मोदी तथा बांग्लादेश की प्रधानमंत्री श्रीमती शेख हसीना द्वारा हस्ताक्षर किए गए। भारत से बांग्लादेश को 111 गाँव और 17,160.63 एकड़ क्षेत्र मिला, तो भारत को बांग्लादेश से 51 गाँवों का हस्तांतरण और 7110.02 एकड़ क्षेत्र मिला। इस ऐतिहासिक समझौते के कारण जनसामान्य का जीवन सुलभ हुआ।

एक विषय पूर्ण हुआ। इससे ताई को संतुष्टि मिली। मगर ताई कहती हैं, "वे दिन बहुत बेचैनी के थे। यह ध्यान में रखना होगा कि जमीन अदला-बदली में बांग्लादेश को भारत से ज्यादा जमीन मिली है, मगर पूर्व की सरकारों ने, जो अक्षम्य लापरवाही की, जिसके कारण भारत तथा बांग्लादेश की जनता को, जो कष्ट झेलने पड़े, उससे उन्हें मुक्ति मिली है। विशेष रूप से असम की जनता को असंतोष तथा

पुण्यश्लोका अहिल्यादेवी होळकर के जीवन पर लिखे नाटक 'मातोश्री' का अनावरण करते प्रधानमंत्री श्री नरेंद्र मोदी।

स्व. अटल बिहारी वाजपेयीजी के साथ विचार-मंथन।

पुण्यश्लोका अहिल्यादेवी होळकर की संसद् स्थित प्रतिमा पर पुष्पांजलि करते हुए।

श्री जयंत महाजन तथा सुमित्रा ताई
के कुछ अंतरंग प्रफुल्ल क्षण।

प्रफुल्लित महाजन परिवार।

मा. लालकृष्ण आडवाणीजी के साथ गंभीर विमर्श।

'दो से दो सौ बयासी तक' मेहनत का मीठा फल! प्रसन्नचित्त सर्वश्री अमित शाहजी, जे.पी. नड्डाजी, योगी आदित्यनाथजी तथा रामलालजी।

ज्ञान दे, शक्ति दे, सामर्थ्य दे—सरदार पटेल तथा स्वातंत्र्यवीर सावरकर से प्रार्थना।

सदैव सेविका : राष्ट्र सेविका समिति के चिरंजीव संस्कारों का दृश्य रूप।

मणिपुर की राज्यपाल सुश्री नजमा हेपतुल्लाजी ने किया पारंपरिक स्वागत।

मन के मीत—स्व. सुषमा स्वराजजी के साथ सच्चा स्नेह।

राजनीतिक यात्रा के कर्तव्यनिष्ठ सहयात्री—स्व. अरुण जेटलीजी,
स्व. अनंत कुमारजी तथा नितिन गडकरीजी।

मा. राजनाथजी के साथ तनाव-मुक्त वार्त्तालाप।

तत्कालीन राष्ट्रपतिजी स्व. प्रणव मुखर्जीजी के साथ प्रसन्न मुद्रा में।

डूमा में संबोधन का गर्व भरा अवसर।

मंगोलिया के मठ में बौद्ध भिक्षु के साथ।

उपराष्ट्रपति मान. वेंकैया नायडूजी के साथ।

दक्षिण कोरिया में सुरीरत्ना स्मारक-स्थल पर।

संयुक्त राष्ट्र महासंघ द्वारा 'मदर ऑफ स्पीकर्स' से सम्मानित करने का गौरवशाली क्षण।

अध्यक्षीय शोध कदम : महत्त्वाकांक्षी प्रकल्प 'अशोक या SRI' का प्रारंभ।

भारतरत्न डॉ. बाबासाहब आंबेडकरजी को श्रद्धांजलि।

मान. राष्ट्रपति श्री राम नाथ कोविंदजी के करकमलों से 'पद्मभूषण' सम्मान प्राप्त करते हुए।

तनावग्रस्त परिस्थिति के कारण, जिन दुःखों और जुल्मों का सामना करना पड़ा, उससे भी उनको मुक्ति मिल गई है। इससे असम की जनता का जीवन सुसह्य होने में मदद मिली है।" यह सब ताई के कार्यकाल में हुआ, सभी दलों का सहयोग मिला। सर्वानुमति से यह प्रश्न हल हो गया, यह सुखदायक था। इसके लिए दोनों देशों की जनता ने ताई के आभार माने, जब ताई बांग्लादेश गई, तब उन्हें लोगों की भावनाओं की प्रचिति मिली।

विवाद की जड़

इस सारे बखेड़े की जड़ स्वातंत्र्य पूर्व काल तक पहुँचती है।

बंगाल के विभाजन का निर्णय 19 जुलाई, 1905 को भारत के तत्कालीन वायसराय कर्जन ने घोषित किया था। मुस्लिम बहुल प्रांत निर्माण करने के उद्देश्य से बंगाल को दो भागों में विभाजित करने का निर्णय लिया गया था। 16 अक्तूबर, 1905 को बंगाल का विभाजन हुआ। इतिहास में इसे 'बंग-भंग' के नाम से जाना जाता है। यह अंग्रेजों की 'फूट डालो और राज्य करो' की नीति का भाग था। इसलिए वर्ष 1908 में देश भर में 'बंग भंग' के विरोध में आंदोलन प्रारंभ हुआ। इस विभाजन के कारण निर्माण हुई राजनीतिक अशांति के कारण, 1911 में अंग्रेज सरकार को मजबूर होकर बंगाल के पूर्व तथा पश्चिम दोनों भागों को पुनः एक करना पड़ा था। 1911 में खत्म किया गया विभाजन बमुश्किल आधा दशक टिक सका। अंग्रेज अपनी 'फूट डालो और राज्य करो' की नीति का अनुपालन करते ही रहे। उन्होंने 1919 में बंगाल में हिंदू तथा मुसलमानों के लिए अलग-अलग चुनाव प्रणाली लागू की। पहले दोनों समुदायों के अनेक लोग बंगाल में राष्ट्रीय एकता के पक्षधर थे, मगर बाद में अंग्रेजों की कूटनीति के कारण अलग-अलग समुदायों ने अपने-अपने राजनीतिक मुद्दे विकसित किए। दो से ढाई करोड़ मुसलमानों ने अपनी संख्यात्मक शक्ति के बल पर विधानसभा में वर्चस्व बनाया। देश में हिंदू तथा मुसलमानों की संख्या के आधार पर दो पृथक् राज्यों की माँग जोर पकड़ रही थी, उसी में मुसलमान बंगाल के भी विभाजन के लिए अनुकूल हो गए। अब उन्हें संपूर्ण बंगाल को मुस्लिम राज्य में शामिल करना था। 1947 में बंगाल का दुबारा विभाजन हुआ। इस बार धर्म के आधार पर विभाजन हुआ। अंग्रेजों की चाल सफल हुई, पूर्वी बंगाल पूर्वी पाकिस्तान बन गया, मगर वह पश्चिम पाकिस्तान के साथ सामंजस्य नहीं बिठा पाया। पश्चिम पाकिस्तान का पंजाबी राजनीतिक नेतृत्व बंगाली अस्मिता कैसे सहन करता? वहाँ सैनिक शासन लागू किया गया। शेख मुजीबुर रहमान के

नेतृत्व में पूर्वी पाकिस्तान में विद्रोह हुआ। पाकिस्तान ने भारत पर आक्रमण करने की मूर्खता की। भारत ने पाकिस्तान पर विजय प्राप्त करते हुए मुक्ति सेना की मदद से केवल 13 दिन में पाकिस्तान के दो टुकड़े कर दिए। 1971 में पूर्व पाकिस्तान का 'बांग्लादेश' नाम का स्वतंत्र राष्ट्र बन गया, लेकिन बंगाल के दोनों विभाजनों में भीषण रक्तपात हुआ।

दो देशों की सीमा निश्चित कर शांति प्रस्थापित करने का काम इसके पूर्व भी किए जाना संभव था। पहली बार जब 1947 में भारत-पाकिस्तान के बीच युद्ध के बाद, भारत के गवर्नर जनरल लॉर्ड माउंटबेटन 1 नवंबर, 1947 को मोहम्मद अली जिन्ना से चर्चा हेतु लाहौर गए, उन्होंने वहाँ यह प्रस्तवित किया कि जिस राज्य के शासक भारत अथवा पाकिस्तान में से किसी एक में मिलने की स्वीकृति नहीं देते, वहाँ नागरिकों की बहुलता के आधार पर (इसमें जूनागढ़, हैदराबाद तथा कश्मीर शामिल होंगे) विलय किया जा सकता है। जिन्ना ने यह प्रस्ताव नामंजूर कर दिया। जवाहलाल नेहरू तथा लियाकत अली खान इनकी दिसंबर में फिर भेंट हुई, इसमें नेहरू ने संयुक्त राष्ट्र संघ चार्टर के अनुच्छेद-35 के आधार पर विवाद संयुक्त राष्ट्र संघ में भेजने की भारत की मंशा बताई और UNMOGIP की स्थापना हुई।

भारत-पाक युद्ध

3 दिसंबर, 1971 को पाकिस्तान ने संयुक्त राष्ट्र संघ के UNMOGIP के प्रावधानों को ताक पर रखकर भारत के 11 सैनिकी ठिकानों पर हमला किया। भारत ने पश्चिमी पाकिस्तान की सैनिक हलचल पर तत्काल काररवाई की और लगभग 15,010 किलोमीटर के पाकिस्तानी क्षेत्र पर कब्जा कर लिया। केवल 13 दिन में युद्ध खत्म हो गया।

पाकिस्तानी सेना के प्रमुख जनरल अमीर अब्दुल्ला खान नियाजी ने 93,000 पाकिस्तानी सेना के साथ भारतीय सेना तथा बांग्लादेश की मुक्तिवाहिनी की संयुक्त सेना के समक्ष ढाका में आत्मसमर्पण-पत्र पर हस्ताक्षर के बाद युद्ध समाप्त हो गया। नए राष्ट्र के रूप में बांग्लादेश का निर्माण हुआ। बांग्लादेश के निर्माण के साथ पाकिस्तान ने अपना आधा राज्य गँवा दिया।

16 दिसंबर, 1971 को भारत ने केवल 13 दिन में पाकिस्तान से समर्पण करवा लिया। उसके 93,000 युद्धबंदी भारत के कब्जे में थे। यह महत्त्वपूर्ण तुरुप का इक्का भारत के पास था। इसके बाद भारत-पाकिस्तान के बीच 'शिमला

समझौता' हुआ। पाकिस्तान के राष्ट्रपति जुल्फिकार अली भुट्टो और भारतीय प्रधानमंत्री श्रीमती इंदिरा गांधी के बीच चर्चा हुई।

इस समझौते से पाकिस्तान द्वारा बांग्लादेश को मान्यता देने का मार्ग प्रशस्त हो गया, मगर कश्मीर का प्रश्न ऐसे ही उलझा रहा। इस समझौते द्वारा 17 दिसंबर, 1971 की युद्धविराम रेखा को नियंत्रण रेखा (LOC) में परिवर्तित किया गया तथा यह भी मान्य किया गया कि कोई भी पक्ष परस्पर मतभेद और वैधानिक स्पष्टीकरण की ओर दुर्लक्ष कर एकपक्षीय कारवाई नहीं करेगा, मगर तभी भारत ने LOC को अंतरराष्ट्रीय सीमा रेखा में परिवर्तित करने का अवसर गँवा दिया, ऐसा जानकारों का मत है।

1971 के युद्ध में जीतकर, इतने बड़े पैमाने पर युद्ध कैदी भारत के पास होते हुए भी, योग्य अवसर के होते हुए भी समझौता करते समय कूटनीतिक चतुरता भारतीय नेतृत्व नहीं दिखा पाया और कश्मीर प्रकरण को हल करने का अवसर भी गँवा दिया। युद्ध में जीता और समझौते में हारा। उसके बाद पाकिस्तान ने प्रत्यक्ष युद्ध न कर आतंकवाद के मार्ग को अपनाया। पंजाब, कश्मीर, ईशान्य भारत ऐसे सभी सीमा भागों में अश्वत्थामा के निरंतर बहते जख्म की भाँति कभी भी ठीक न होनेवाला जख्म निर्माण कर गया। कश्मीर का इतिहास सैनिकों तथा नागरिकों के रक्तरंजित कलम से लिखा जाना जारी रहा।

अनुचित निर्णय लिये अथवा समय पर नहीं लिये गए तो समस्याएँ फैलती हैं, अधिक नुकसान होता है, जो आज भी भुगतना पड़ रहा है। इसलिए राज्यकर्ताओं को सदैव सावधान तथा साक्षेप बने रहना आवश्यक होता है।

□

9

मनो देवता-अहिल्याबाई

मुख्य सूत्र हाती घ्यावे।
करणे ते लोकांकरवी ठरवावे।
कित्येक कलंक उगवावे।
राजकारणा मध्ये॥ 19.9.18 **—दासबोध**

कार्य करते समय मुख्य सूत्र अपने पास रखकर अन्यों से उचित कार्य करवा लेना चाहिए। राजनीति में अनेक धूर्त लोगों को भी अपने साथ जोड़ लेना चाहिए।
—समर्थ रामदास

ताई विवाहित होकर इंदौर आईं तथा धीरे-धीरे उन्हें शहर, उसके मानचिह्न, सामाजिक तथा सांस्कृतिक संस्थाओं का परिचय हुआ। मूलतः सामाजिक कार्यों में रुचि होने के कारण अनेक संस्थाओं से संलग्न हुईं।

श्री अहिल्योत्सव समिति

उनके साथ श्री अहिल्योत्सव समिति में सहयोगी रहीं श्रीमती शरयु ताई वाघमारे द्वारा दी गई जानकारी उन्हीं के शब्दों में—

"मैं आदरणीय ताई से 1984 से परिचित हूँ। मेरे पति तब नगर पालिका निगम के पार्षद थे। ताई उसी दौरान नगर की उपमहापौर निर्वाचित हुई थीं। आ. ताई से मेरा परिचय मेरे पति ने कराया था। ताई को मालवा के इतिहास की जानकारी थी।

इंदौर में आने के पश्चात् वे देवी अहिल्याबाई होलकर के कार्यों की महती से और भी अधिक परिचित हुईं। उनके व्यक्तित्व से प्रभावित हुईं और धीर-धीरे देवी अहिल्या उनकी आराध्य देवी बन गईं। ताई 1981 से महिला सम्मेलन संयोजक के रूप में श्री अहिल्योत्सव समिति में कार्य करने लगीं। 1984 में समिति की सदस्य बनी। 1986 में सह सचिव बनीं। महिला प्रतिनिधि बनीं। 1994 में लोकाग्रह के कारण उन्होंने समिति का अध्यक्ष पद स्वीकार किया।

देवी अहिल्याबाई को अपना आदर्श मानकर सामाजिक और राजनीतिक क्षेत्र में कार्य करनेवाली आ. ताई के लिए मेरे मन में प्रारंभ से ही बहुत आदर रहा है। उनसे जुड़कर, उनके साथ काम करने की उत्कंठा 1984 से ही मेरे मन में थी।

श्री अहिल्योत्सव समिति के वरिष्ठ तथा समर्पित कार्यकर्ता श्री अ.भ. बारगल ने मुझे समिति का सदस्य बनाया, जिससे मेरी इच्छा पूर्ण हुई तथा मुझे ताई के साथ काम करने का अवसर मिला।

देवी अहिल्याबाई होलकर धनगर समाज से होने के कारण उनकी ननद उदाबाई का विवाह हमारे वाघमारे घराने में ही हुआ था। उदाबाई के नाम पर इंदौर में जवाहर मार्ग पर उदापुरा मोहल्ला भी बसाया गया था। मगर देवी अहिल्याबाई होलकर केवल धनगर समाज की नहीं थीं, वे तो संपूर्ण जनता की माता बन गई थीं। लोकमाता बन गई थीं, उन्हें देवी के रूप में पूजा जाने लगा। इंदौर तथा मालवा में उनके प्रति भक्तिभाव रखनेवाले अनेक लोग हैं।

प्रात: स्मरणीय देवी अहिल्याबाई की पावन स्मृति को अजर-अमर बनाने के लिए तथा उनके चारित्रिक गुणों को जनता में फैलाने के उद्देश्य से 1915 में 'श्री अहिल्योत्सव समिति' की स्थापना मालवा के प्रतिष्ठित लोगों द्वारा की गई थी। समिति द्वारा प्रतिवर्ष देवी की पुण्यतिथि के दिन श्रावण वद्य चतुर्दशी को (हिंदू पंचांग के अनुसार) अहिल्योत्सव का आयोजन किया जाता है। 1943 में यशवंत रोड पर समिति को स्थान मिला और 1951 में वहाँ 'अहिल्या स्मृति सदन' का निर्माण किया गया। इस भवन में समाजोपयोगी उपक्रमों का संचालन होता है। प्रारंभ में कार्यक्रम सादगीपूर्वक होते थे, मगर ताई के अध्यक्ष बनने के पश्चात् कार्यक्रमों में विविधता आई तथा समारोह भव्य स्वरूप में संपन्न होने लगा। सुबह राजवाड़े पर देवी की प्रतिमा का पूजन तथा आरती होती है। दोपहर को गांधी हॉल में मुख्य समारोह तथा शाम को देवी की पालकी की भव्य शोभायात्रा निकाली जाती है। उसमें बैंड, अखाड़े, झाँकियाँ, भजन मंडलियाँ, अश्वारूढ़ महिला सेना तथा होलकर राजाओं

के प्रतिरूप—ये सब आकर्षण का केंद्र होते हैं। सभी जाति, धर्म, संप्रदायों के लोग श्रद्धापूर्वक इस शोभायात्रा में सम्मिलित होते हैं। शोभा-यात्रा का समापन राजवाड़े पर स्थित गोपाल मंदिर में होता है।

देवी अहिल्या राष्ट्रीय पुरस्कार

समिति द्वारा 1996 में देवी की 200वीं पुण्यतिथि से देवी अहिल्याबाई की आदर्शों के अनुरूप कार्य करनेवाले राष्ट्रीय स्तर के किसी व्यक्ति को प्रतिवर्ष 'देवी अहिल्या राष्ट्रीय पुरस्कार' (एक लाख रुपए, शॉल, श्रीफल तथा सम्मान-पत्र) से समारोहपूर्वक सम्मानित किया जाता है। उसमें भी ताई ने एक विशेष परंपरा प्रारंभ की है, वह यानी इस पुरस्कार की राशि को समिति के कार्यकर्ताओं द्वारा घर-घर जाकर आमजनों से एकत्र किया जाता है, जिससे उन्हें भी देवी का स्मरण होता है तथा इस पुरस्कार में स्वयं की भागीदारी होने की भावना भी निर्माण होती है। अभी तक लगभग 21 व्यक्तियों को देश की प्रमुख हस्तियों के करकमलों द्वारा इस पुरस्कार से सम्मानित किया जा चुका है। समिति द्वारा कुछ वर्ष पूर्व एक अनोखा तीन दिवसीय वेद व्याखान महोत्सव आयोजित कर सामान्य जनों को अपनी इस प्राचीन सांस्कृतिक संपदा से परिचित कराने का महत् कार्य भी किया था। समिति का भवन उसकी गतिविधियों के लिए छोटा पड़ने लगा था। वह 60 वर्ष पुराना हो जाने से जीर्ण-शीर्ण भी हो गया था। इसलिए ताई के मार्गदर्शन में उसका नूतनीकरण करने का समिति ने निर्णय लिया है। 19 अक्तूबर, 2017 को केंद्रीय मंत्री श्री नितिन गडकरी के करकमलों से उसका भूमि पूजन किया गया। आज भवन का लगभग 75 प्रतिशत कार्य पूर्ण हो चुका है, शेष बचा कार्य भी जन-सहयोग से शीघ्र ही पूर्ण हो जाएगा।

आज इंदौर को भारत का सर्वाधिक स्वच्छ शहर होने का गौरव प्राप्त है। 2017 से 2021 तक, यानी आज तक निरंतर पाँच वर्षों से यह सम्मान इंदौर को मिल रहा है। उसका कारण सरकारी अधिकारियों और सामाजिक नेतृत्व को सामाजिक उपक्रमों में समाहित कर लेने के ताई के कौशल को है। जब से 'स्वच्छ भारत अभियान' मा. प्रधानमंत्री श्री नरेंद्र मोदीजी ने प्रारंभ किया, तब ताई ने एक विशेष उपक्रम 'श्री अहिल्योत्सव समिति' तथा महानगर विकास

परिषद् की ओर से प्रारंभ किया। दीवाली के पूर्व जैसे हम अपने घरों की सफाई कर उन्हें सजाते हैं, उसी प्रकार हमें धार्मिक स्थलों की भी सफाई कर उन्हें भी सजाना चाहिए। उन्होंने धन-तेरस के दिन सभी प्रार्थना स्थलों की सफाई करने का निश्चय किया और छोटे-छोटे मोहल्लों में छोटी-छोटी स्वच्छता समितियाँ बनाकर उनके माध्यम से शहर के सभी मंदिरों की सफाई का अभियान चलाया। 'श्री अहिल्योत्सव समिति' के माध्यम से वे ऐसे ही अभिनव उपक्रम चलाती रहती हैं।

ताई को भेंटस्वरूप मिले कर्पुर (कपूर) के अनेक पौधे उन्होंने इंदौर के आसपास के बगीचों में लगवाए हैं। शहर तथा आसपास के क्षेत्र के लोगों को शुद्ध प्राणवायु मिले तथा कार्बन के फुटप्रिंट्स कम हों, इसलिए उन्होंने शहर के विभिन्न क्षेत्रों में कर्पुर तथा तुलसी के पौधे लगवाए हैं। इन पौधों की देखभाल के लिए समितियाँ भी बनवाईं। वे पर्यावरण संरक्षण के लिए जागरूक तो हैं ही, उसके लिए प्रयत्नशील भी हैं। वे अपना प्रत्येक जन्मदिन वृक्षारोपण करके मनाती हैं। ताई केवल अनोखी योजनाएँ बनाकर ही नहीं रह जातीं, उसका क्रियान्वयन ठीक से हो रहा है या नहीं, इसकी ओर भी ध्यान देती हैं। यदि कोई कमी रह जाए तो उसके पीछे लगकर उसे ठीक करके कार्य पूर्ण करवाती हैं। उनके द्वारा लगवाए गए प्रत्येक पेड़ की देखभाल के लिए भी उन्होंने समितियाँ बना रखी हैं, जो प्रतिवर्ष उन्हें उनकी स्थिति की जानकारी देती हैं। शहर के गली-मोहल्लों में किए गए इन कामों का अनुभव ताई को लोकसभा अध्यक्ष के रूप में काम करते समय भी खूब काम आया।

अहिल्या सेना

जब महिलाओं संबंधी अत्याचारों की खबरों के कारण समाज में भय व्याप्त हो रहा था, तब ताई ने 'अहिल्या सेना' खड़ी की। उन्होंने अलग-अलग मोहल्लों की लड़कियों से बात कर अहिल्या सैनिक निर्माण किए, जिसमें बाद में लड़के भी सम्मिलित हुए। अब बताइए कि कौन सिरफिरा उस मोहल्ले की लड़की से छेड़छाड़ करने की हिम्मत करेगा? और **ये सारे सामाजिक कार्य करते समय ताई पार्टी को अलग रखती थीं। सर्वसमावेशक और दल निरपेक्ष भाव रखती थीं। जो काम करना है, उसका वर्गीकरण किया जाता। उसके लिए योग्य आदमी नियुक्त किए जाते। इसमें सातत्य बना रहे, इसलिए उसके साथ संस्था को जोड़ा जाता। ऐसे प्रबंधकीय कार्य करने में ताई को महारत हासिल है।**

221वाँ अहिल्योत्सव 19 सितंबर, 2016 को व्यापक स्तर पर आयोजित हुआ। उत्तर प्रदेश के तत्कालीन राज्यपाल श्री रामभाऊ नाईक प्रमुख अतिथि के रूप में उपस्थित थे। इस भाषण के दौरान उन्होंने कहा, "महिला सशक्तीकरण, दुर्बल घटकों की सामाजिक-आर्थिक उन्नति और जनता में शिक्षा का प्रसार, इस पर जोर दिया जाना चाहिए। यदि हमने यह किया तो यह देवी अहिल्याबाई होलकर को सच्ची श्रद्धांजलि सिद्ध होगी। उनकी शासन पद्धति, पारमार्थिक संस्थाओं का निर्माण हमेशा ही भविष्य के शासकों के लिए प्रेरणास्रोत रहेगा।"

उन्होंने आगे कहा, "उन्हें इस बात की प्रसन्नता है कि वे जिस राज्य के राज्यपाल हैं, वहाँ उत्तर प्रदेश के 26 विश्वविद्यालयों में स्वर्ण पदक जीतनेवाले विद्यार्थियों में 65 प्रतिशत से 70 प्रतिशत लड़कियाँ हैं।" साथ ही उन्होंने यह भी स्मरण कराया कि हमारे देश का राष्ट्रगीत 'जन-गण-मन' तथा राष्ट्रगान 'वंदे मातरम्' स्वतंत्रता के 42 वर्षों के बाद 1992 से देश की संसद् में गाया जाने लगा है।

अहिल्या सेना स्थापना की घोषणा : महिलाओं के विरुद्ध होनेवाले अत्याचारों के विरुद्ध अहिल्या सेना खड़ी हो। "प्रत्येक व्यक्ति, फिर वह चाहे स्त्री हो या पुरुष, यदि समर्पित भावना से अहिल्या माता के चरणों में लीन होगा तो वह महिलाओं पर अत्याचार का विचार भी नहीं कर सकेगा और अपने आप अहिल्या सेना का निर्माण हो जाएगा।" ताई ने इस अवसर पर ऐसी अपेक्षा व्यक्त की।

संसद् सौंध में प्रतिमा

ताई ने अहिल्याबाई का आदर्श सामने रखकर काम तो किया ही, मगर इसके साथ ही अहिल्याबाई की कीर्ति सब ओर फैले, इसके लिए अहिल्याबाई की प्रतिमा को संसद् भवन में लगाने के प्रयास भी किए।

अहिल्योत्सव समिति द्वारा 24 अगस्त, 2006 को तत्कालीन उपराष्ट्रपति श्री भैरोंसिंह शेखावत के करकमलों से प्रतिमा का अनावरण संसद् के पुस्तकालय भवन में किया गया।

श्रीमती शरयु ताई वाघमारे कहती हैं कि जब सबसे पहले संसद् भवन में अहिल्याबाई की मूर्ति लगाने की स्वीकृति मिली तो ताई के उत्साह की कोई सीमा नहीं थी। उन्होंने देशभर के सभी प्रसिद्ध मूर्तिकारों से संपर्क कर उनसे प्रतिमा के छोटे मॉडल्स बनवाए। जानकारों से उनका अभिमत प्राप्त किया और फिर निर्णय लिया। जब प्रतिमा की स्थापना हुई तो उनकी आँखों से बहती आनंदाश्रु की धाराएँ रुक नहीं रही थीं।

मगर एक रंज था, वह प्रतिमा थोड़ी पीछे की तरफ थी, मगर प्रतिमा लग रही है, इसका समाधान भी था, क्योंकि यदि किसी की प्रतिमा संसद् भवन में लगानी हो तो बहुत प्रयास करने पड़ते हैं।

ताई जब राज्यमंत्री थीं, तब उन्होंने अहिल्याबाई की प्रतिमा संसद् भवन में लगाने का प्रस्ताव तत्कालीन लोकसभा अध्यक्ष श्री मनोहर जोशी के सम्मुख प्रस्तुत किया। उसके बाद यह प्रस्ताव प्रतिमा तथा छायाचित्र लगाने हेतु बनी विशेष समिति के पास स्वीकृति के लिए भेजा गया। इस समिति के पास ऐसे अनेक प्रस्ताव आते रहते हैं। इस समिति ने प्रस्ताव का परीक्षण किया। समिति के पदेन अध्यक्ष श्री मनोहर जोशी ने उसे तत्काल स्वीकृत किया। उनके सहयोग के कारण ही जल्द स्वीकृति मिल सकी। उसके बाद भाजपा तथा उसके मित्र दलों की सरकार चली जाने से ताई मंत्री नहीं थीं, केवल सांसद थीं। कोई एक बात मन में हो तो ताई उसके पूर्ण होने तक उसके पीछे निरंतर लगी ही रहती हैं। आखिर इस प्रस्ताव का क्रियान्वयन श्री सोमनाथ दादा चटर्जी के कार्यकाल में हुआ।

ताई और सोमनाथ दादा के बीच आत्मीय स्नेह संबंध थे। ताई उन्हें बड़े भाई के समान मानती थीं। जाने–अनजाने में कई बातें उन्होंने सोमनाथ दादा से सीखीं। उनके आत्मीय संबंध अंत तक अबाधित रहे। उनके कार्यकाल में इस प्रस्ताव को मूर्त रूप दिया गया। प्रतिमा स्थापित की गई।

सूबेदार मल्हारराव होलकर मालवा के प्रथम मराठा शासक। एक भी युद्ध में पराजित न हुए, संपूर्ण भारत में हिंदवी स्वराज्य को विस्तारित करनेवाले, छत्रपति शिवाजी महाराज के सेवक, ऐसे प्रथम बाजीराव पेशवा के वह खास सरदार सूबेदार। (शिंदे, होलकर, गायकवाड़ ये उत्तर भारत में मराठा साम्राज्य के प्रमुख आधार स्तंभ।) उनकी पुत्रवधु अहिल्याबाई। सूबेदार मल्हारराव ने उनके गुणों को पहचानकर उन्हें राजनीति की शिक्षा दी। दक्ष शासक कैसा हो, इसका प्रशिक्षण दिया। मल्हारराव के निधन के बाद राज्य का प्रशासन अहिल्याबाई के पास आया। उन्होंने भगवान् शंकर के नाम पर राज्य का शासन किया। उनके दुर्लभ सामाजिक और राजनीतिक कौशल तथा आदर्श और लोक कल्याणकारी शासन के कारण उन्हें भारतवर्ष की जनता ने देवी की उपाधि दी थी।

देवी अहिल्याबाई का न्यायपूर्ण शासन और निष्पक्ष नीति-नियम, साथ ही दूरदृष्टि से किए गए राज्य के आर्थिक व्यवस्थापन के कारण उनके कालखंड को 'मालवा का स्वर्णयुग' कहा जाता है। ऐसी देवी की प्रतिमा लोकसभा में हो, यह कितना बड़ा सम्मान। उसके लिए ताई ने बहुत प्रयास किए। कई शिल्पकारों से प्रतिमा की प्रतिकृतियाँ तैयार करवाईं, जानकारों से उनका परीक्षण करवाया, उसमें से एक का चयन किया और फिर श्री शशिकांत वरके द्वारा बनाई गई प्रतिमा सबको पसंद आई।

सुप्रसिद्ध शिल्पकार श्री शशिकांत वरके द्वारा निर्मित देवी अहिल्याबाई की 75.5 इंच की कांस्य प्रतिमा इंदौर की श्री अहिल्योत्सव समिति की ओर से सांसद सुमित्रा महाजन ने प्रदान की। इस अवसर पर तत्कालीन प्रधानमंत्री श्री मनमोहन सिंह, लोकसभा अध्यक्ष श्री सोमनाथ चटर्जी, यूपीए अध्यक्ष श्रीमती सोनिया गांधी, विपक्ष के नेता श्री लालकृष्ण आडवाणी, कैबिनेट मंत्री और सांसद उपस्थित थे।

प्रतिमा ग्रंथालय भवन में

जब ताई लोकसभा अध्यक्ष बनीं, तब उन्हें उसी प्रतिमा को संसद् के ग्रंथालय भवन में पुनर्स्थापित करने का अवसर मिला।

समिति के कार्यकर्ता और सरकारी मशीनरी काम में लगी। उनके सहयोगी बताते हैं—उस समय की तैयारी तथा वह संपूर्ण समारोह आँखों के समक्ष आज भी तैर रहा है। ताई जब भी कोई कार्यक्रम आयोजित करती हैं तो पहले उसकी अच्छी तैयारी करने का आग्रह करती हैं। प्रारंभिक दिनों की बात है, हमने अहिल्योत्सव समिति की ओर से पुण्यतिथि का आयोजन किया था। हमारी पहली ही भेंट थी। ताई एक घंटा पूर्व कार्यक्रम स्थल पर पहुँच गईं। निरीक्षण करते-करते उनके चेहरे के भाव बदले। क्यों री ? हम सहयोगियों के ध्यान में आ गया और पूछा, "ताई, क्या गलती हुई ? अपनी संस्कृति में प्रत्येक कार्यक्रम में रंगोली चाहिए न ? वह कहाँ है ? तब से कान पकड़ा। तो कहने का मुद्दा यह है कि उन्हें काम की परफेक्ट तैयारी लगती है, फिर उसमें यह तो संसद् का कार्यक्रम। ताई ने हम समिति के कार्यकर्ताओं के साथ बैठकें लीं। काम का विभाजन किया। उसके लिए बहुत नियोजन किया और कार्यक्रम सफल हुआ, अद्वितीय हुआ।"

नई दिल्ली, 11 अप्रैल, 2017। लोकसभा अध्यक्ष के कार्यालय के प्रवक्ता द्वारा जारी अधिकृत 'प्रेस रिलीज' में कहा गया था—

प्रधानमंत्री श्री नरेंद्र मोदी ने लोकसभा अध्यक्ष श्रीमती सुमित्रा महाजन द्वारा लिखित 'मातोश्री' नाटक के पुस्तकीय रूपांतर संसद् ग्रंथालय भवन के जी.एम. सी. बालयोगी सभागृह में (PLB) प्रकाशित किया। हिंदी भाषा के इस नाटिका रूपी पुस्तक में देवी अहिल्याबाई होलकर का जीवन तथा काल समाविष्ट किया गया है।

मातोश्री

पुस्तक के प्रकाशन के उपरांत पुस्तक पर आधारित नाटक का मंचन किया गया। प्रधानमंत्री, अनेक केंद्रीय मंत्री तथा सांसदों ने उसे देखा। 'मातोश्री' नाटक 15 दृश्यों में विभाजित है, जिसमें लेखिका श्रीमती सुमित्रा महाजन द्वारा अत्यंत संवेदनशीलता तथा समंजसता से देवी अहिल्याबाई, उनके जीवन का संघर्ष एवं समस्याओं का चित्रण किया है। सूबेदार मल्हारराव होलकर ने अपनी पुत्रवधू अहिल्या के गुणों को देखकर उसको गढ़ा, उसका चित्रण नाटक में किया गया है। इस नाटक ने दर्शकों को केवल देखने का आनंद ही नहीं दिया, बल्कि उसके आंतरिक संदेश से प्रेरित भी किया। पिछले 40 वर्षों से हिंदी तथा मराठी भाषाओं में नाट्य मंचन में सक्रिय इंदौर की संस्था 'अविरत' द्वारा यह मंचन किया गया, जिसे श्री राजन देशमुख ने निर्देशित किया।

वैसे तो यह नाटिका ताई ने 30-35 वर्ष पूर्व लिखी थी। अस्सी के दशक में, लगभग 1974 में माता जीजाबाई की 300वीं पुण्यतिथि देशभर में मनाई जा रही थी, उस समय ताई ने भी इंदौर में विशाल शोभायात्रा के आयोजन में प्रमुख भूमिका निभाई थी। ताई 'राष्ट्र सेविका समिति' में कार्यरत थीं। उसके बाद 1984 के लगभग वरिष्ठ सेविका, मालती ताई वाघमारे ने तथा वत्सला ताई नामजोशी आदि सम विचारी महिलाओं के मन में विचार आया कि अपने तीन आदर्श, रानी लक्ष्मीबाई, जीजाबाई और पुण्यश्लोक अहिल्याबाई के चरित्र व्याख्यानों के स्वरूप में तो जनता के समक्ष आए हैं। उसी प्रकार उनका नाट्य रूपांतर कर उन्हें भी मंचित करना चाहिए। लक्ष्मीबाई तथा जीजाबाई पर नाटिकाएँ मंचित हो चुकी थीं। अहिल्याबाई पर ठीक से अध्ययन कर नाटक लिखने की जिम्मेदारी ताई को दी गई। ताई रूढ़ अर्थ में लेखिका नहीं थीं, उसके पूर्व उन्होंने किसी भी प्रकार का लेखन नहीं किया था, मगर शायद उनके पिता का नाट्य प्रेम उनमें भी आ गया था। (उनके पिता ने 1920 से 1950 के कालखंड में चिपलून में स्थानीय स्तर पर ही 22 नाटकों का मंचन किया था।) मालती ताई ने कहा कि तुम कर सकती हो।

दूसरे दिन से ही नाटक की तालीम तय हो गई, मगर अभी नाटक का पहला अंक भी नहीं लिखा गया था। अब आदेश मिला है तो जिम्मेदारी निभानी ही पड़ेगी। ताई 'मातोश्री' नाटक की प्रस्तावना में लिखती हैं, 'विचार करते हुए ही घर पहुँची। मेरी आदत है कि मुझे जब किसी समस्या से सामना करना होता है तो मैं अपने गुरुदेव प.पू. नाना महाराज तराणेकर का स्मरण करती हूँ, उस प्रकार तब भी किया और लिखने बैठी। पहला अंक पूर्ण हुआ और उसे लेकर मैं दूसरे दिन गई। सभी को वह पसंद आया, तालीम शुरू हुई। वही सिलसिला चलता रहा। रोज प्रसंग लिखकर ले जाती। ऐसा नाटक लिखा गया। नाटक के कुछ मंचन भी हुए, तब देवी अहिल्या से संपूर्ण परिचय हुआ। श्री अहिल्योत्सव समिति में कार्यरत होने के बाद उनका पूर्ण रूप से परिचय हुआ।

ताई उनकी दूरदृष्टि, निस्पृहता, कूटनीति और न्यायप्रियता को जीवन में उतारने का प्रयास करने लगीं। देवी अहिल्या माता ताई की मार्गदर्शक बन गईं। आदर्श बन गईं, उनकी देवता बन गईं। आज भी वे देश-विदेश में जहाँ भी जाती हैं, अपने भाषण में अहिल्याबाई का श्रद्धापूर्वक उल्लेख अवश्य करती हैं।

इसके कारण ही ताई का नाम 'कौन बनेगा करोड़पति' में लेखक के रूप में दर्ज हो गया। इस लोकप्रिय टी.वी. सीरियल के 12वें सीजन के पहले एपिसोड में एक प्रश्न था—

1. निम्नलिखित प्रश्न का उत्तर बताइए—पूर्व लोकसभा अध्यक्ष सुमित्रा महाजन द्वारा लिखित 'मातोश्री' पुस्तक भारत की किस रानी के जीवन पर आधारित है?

A. रानी लक्ष्मी बाई

B. रानी पद्मिनी

C. रानी दुर्गावती

D. रानी अहिल्याबाई होलकर।

उत्तर है : *'रानी अहिल्याबाई होलकर'।*

देवी अहिल्याबाई की प्रतिमा के नए स्थान पर पुनर्स्थापना के अवसर पर इंदौर के लोगों ने उनके नाटक की अनेक वर्ष पुरानी वह पांडुलिपि खोज निकाली और उसपर नूतन संस्कार कर उसका मंचन भी किया।

इसके लिए इंदौर से लगभग हजार बारा सौ लोग कार्यक्रम हेतु दिल्ली गए।

स्वयं के खर्च पर, रेल से, बस से, जैसा भी संभव हुआ, दिल्ली पहुँचे। ताई ने मन से उनका आतिथ्य किया। कार्यक्रम सुंदर हुआ।

इस कार्यक्रम में बोलते हुए ताई ने कहा, "लगभग तीस वर्ष पूर्व लिखी गई इस नाटक की पांडुलिपि वैसे ही पड़ी थी। हमारे अहिल्योत्सव समिति के श्री विट्ठल राव गावड़े की बहुत इच्छा थी कि इसकी पुस्तक प्रकाशित करें। मगर मेरी इच्छा नहीं थी, क्योंकि एक तो मैं लेखक नहीं हूँ, उसमें भी यह ऐतिहासिक नाटक होने से इसके प्रसंगों की सत्यता का परीक्षण भी महत्त्व का था। उसमें कुछ चूक हो जाए तो? मगर इसकी जिम्मेदारी हमारे लेखक तथा इतिहासकार, जिनका अहिल्याबाई पर विशेष अध्ययन है, श्री शरद पगारे ने ली और पुस्तक छप गई। यहाँ प्रधानमंत्री श्री मोदीजी से चर्चा करते समय देवी अहिल्याबाई की वह प्रतिमा थोड़ी ओट में है, वह लोगों को आसानी से दिखाई दे, ऐसे स्थान पर पुनर्स्थापित करने की बात सामने आई। फिर इस अवसर पर प्रभात प्रकाशन ने उस पुस्तक के प्रकाशन का बीड़ा उठाया। इंदौर के कलाकारों ने उस नाटक के मंचन की इच्छा व्यक्त की। कार्यक्रम तय हो गया, मगर फिर भी मैं पुस्तक प्रकाशन के लिए थोड़ी ना-नुकुर ही कर रही थी। इस कार्यक्रम का निमंत्रण देने तथा नाटक देखने का आग्रह करने मैं जब प्रधानमंत्री मोदीजी के पास गई तो अनायास मेरे मुँह से पुस्तक और उसके प्रकाशन की बात भी निकल गई और प्रधानमंत्री ने तत्काल कार्यक्रम में आने तथा पुस्तक का लोकार्पण करने की भी स्वीकृति दे दी।

मैं जानती हूँ कि यह स्वीकृति 'मैं लेखिका हूँ', इसके लिए नहीं, वरन् देवी अहिल्याबाई की पुण्यायी के कारण मिली है, क्योंकि यह पुस्तक जिसपर आधारित है, वह व्यक्ति अनुकरणीय है। इस पुस्तक में जो आकृति है, वह तेजस्वी है। इस नाटक की जो नायिका है, वह आज भी सर्वश्रेष्ठ, सर्वसमावेशक और सर्वजनीय (सर्वव्यापी) है। इसलिए इस पुस्तक का नाम भी 'मातोश्री' रखा गया है और यह उस अहिल्या माता को दी हुई श्रद्धांजलि है।

सारे भारत में सभी देवस्थानों तथा यात्रा-स्थलों पर स्थित नदियों के अस्वच्छ घाट और जीर्ण-शीर्ण मंदिरों का राजकोष से नहीं, वरन् स्वयं की व्यक्तिगत संपत्ति से जीर्णोद्धार, कायापालट करनेवाली लगभग ढाई सौ वर्ष पूर्व स्त्रियों को संपत्ति में बराबर का अधिकार देनेवाली, शिव शंकर के नाम से राज्य करनेवाली, संकटों का सामना धैर्यपूर्वक तथा कूटनीति से करनेवाली, आवश्यकता पड़ने पर युद्ध कर शत्रु को पराजित करनेवाली, न्यायप्रिय तथा स्वच्छ प्रतिभा की देवी अहिल्याबाई को जैसे वह दी गई मानवंदना ही थी।

इस कार्यक्रम के लिए, जिनके पूर्वज मराठा थे, ऐसे नागरिक और उनकी संस्थाओं के प्रतिनिधि भी हरियाणा तथा दिल्ली से आए थे। वे सभी अहिल्या माता के प्रति प्रेम तथा भक्ति के कारण नाटक देखने के लिए भी उपस्थित थे। इस नाटक की समीक्षा करते हुए समीक्षक ने लिखा है—"अहिल्याबाई अपने स्वयं के बच्चों की ही नहीं, समस्त जनता की माता बन गई और लोगों ने उन्हें पुण्यश्लोक देवी, लोकमाता, कहकर देवी का स्थान दे दिया। 'मातोश्री' नाटक उन्हीं पात्रों का नाट्ममय प्रस्तुतीकरण है। लेखक ने उसे अहिल्याबाई की प्रेरणा से लिखा है। वाचन की अपेक्षा प्रभावी अभिनय के कारण नाटक का गहरा तथा दीर्घकालीन प्रभाव होता है। सुमित्राजी लेखिका नहीं हैं, मगर देवी अहिल्याबाई के प्रति उनके भक्तिभाव ने नाटक लिखने के लिए उन्हें उत्तम नाटककार बना दिया है। 'मातोश्री' नाटक में माता अहिल्याबाई के मातृत्व के गुणों को दर्शाया गया है। नाटक केवल वाचनीय ही नहीं है, वह मंचित करने योग्य भी है, क्योंकि उसमें नाटक तथा मंचन के दृष्टिकोण से सभी घटक हैं। स्वर, भाषा, संवाद, पात्र अनुकूल हैं। मातोश्री अहिल्याबाई के दुःखद जीवन को लेखक ने नाटक के द्वारा एक अनोखी अभिव्यक्ति दी है। यह एक सतत प्रेरणदायी नाटक है।"

प्रधानमंत्री श्री नरेंद्र मोदी ने पुस्तक का लोकार्पण किया। उस समय घटित एक घटना सभी दर्शकों के मन पर हमेशा के लिए चित्रित हो गई। वह यानी, पुस्तक के लोकार्पण के समय जिस आवरण में पुस्तक को लपेटा गया था, उस आवरण को निकालने के पश्चात् स्टेज पर कचरा न हो, इसलिए प्रधानमंत्रीजी ने अपनी जेब में रख लिया था। इसे देख सभागार में सभी दर्शकों ने तालियों की गड़गड़ाहट की।

संसद् भवन में देवी अहिल्या की वह प्रतिमा आजकल एक फोटो पॉइंट बन गई है। संसद् भवन आनेवाले, देश-विदेश के अध्ययनकर्ता, निरीक्षक, मेहमान विशेष रूप से उस प्रतिमा के समक्ष खड़े होकर छायाचित्र लेने में धन्यता मानते हैं।

□

मा. सुमित्रा ताई महाजन द्वारा लिखा 'मातोश्री' पुस्तक का विमोचन

https://www.youtube.com/watch?v=-cvTySEqWrc

10

ढाई घर की चाल

दीर्घ सूचना आयी कळे।
सावध पणे तर्क प्रबळे।
जाण जाणोनी निवळे।
येथा योग्य॥ 11.6.6 **—दासबोध**

वह आनेवाला विचार पहले ही जान लेता है, सावधानी के साथ तर्कपूर्वक बार-बार विचारकर वह सारी बातें सुलझा लेता है।

—समर्थ रामदास

वित्तमंत्री श्री अरुण जेटली लोकसभा में बोलने के लिए खड़े हुए। आज उनकी दृष्टि से, सरकार की दृष्टि से और नागरिकों की दृष्टि से भी बहुत महत्त्वपूर्ण दिन था।

"मैडम, अध्यक्षा, मैं सुशासन, कार्यक्षम, पारदर्शी शासन व्यवस्था तथा रियायतें, लाभ तथा निर्धारित सेवाएँ देने का लक्ष्य साध्य करने के लिए जिसका खर्च भारत की संचित (consolidated) निधि से किया जाता है, के द्वारा भारत में रहनेवाले व्यक्तियों के खर्च के लिए, बिल प्रस्तुत करने की अनुमति देने का निवेदन कर रहा हूँ। ऐसे व्यक्तियों को 'अनन्य परिचय क्रमांक' देना तथा उससे संबंधित बातों को स्पष्ट करना (संभव होगा)…"

सदन में भारी शोरगुल।

लोकसभा अध्यक्ष : बिल प्रस्तुत करने की अनुमति है।

शोरगुल जारी।

श्री ज्योतिरादित्य एम. सिंधिया : जी हाँ, मैडम, मगर वस्तुस्थिति यह है कि यह बिल सरकार ने इसके पूर्व भी पेश किया था···(व्यवधान) तब उसे स्थायी समिति के पास भेजा गया था। विविध सिफारिशें आई थीं। उसे मनी बिल के रूप में पेश नहीं किया जाना चाहिए।

लोकसभा अध्यक्ष : यह बिल प्रस्तुत···(व्यवधान)

श्री ज्योतिरादित्य एम. सिंधिया : यह संसद् के दोनों सदनों में जाना चाहिए, मैडम यह 92 करोड़ लोगों का प्रश्न है···(व्यवधान)

लोकसभा अध्यक्ष : वे आज केवल प्रस्तुत कर रहे हैं। Introduce कर रहे हैं।

श्री एन.के. प्रचार चंद्रन (कोल्लम) : उसे स्थायी समिति में भेजा जाना चाहिए। वह बी.ए.सी. में भी सूचीबद्ध नहीं था···(व्यवधान)

लोकसभा अध्यक्ष : वे केवल परिचय दे रहे हैं।

श्री ज्योतिरादित्य एम. सिंधिया : मैडम, वस्तुस्थिति ऐसी है कि वह मनी बिल के रूप में पेश किया जा रहा है। उसे नियमित बिल के रूप में रखा जाना चाहिए···(व्यवधान)

लोकसभा अध्यक्ष : वे उसका अभी केवल परिचय दे रहे हैं।

श्री ज्योतिरादित्य एम. सिंधिया : मगर मैडम, हमारा उसे पेश करने के लिए ही विरोध है···(व्यवधान)

लोकसभा अध्यक्ष : मगर वे केवल उसका परिचय दे रहे हैं···(व्यवधान)

लोकसभा अध्यक्ष : मुझे समझ में नहीं आ रहा है कि आप बिल को प्रस्तुत करने में सहयोग क्यों नहीं कर रहे हो? (व्यवधान)

श्री मल्लिकार्जुन खड़गे : (गुलबर्गा) हम उस विधेयक को सहयोग देने के लिए तैयार हैं, मगर उन्हें इसे मनी बिल के रूम में प्रस्तुत नहीं करना चाहिए। वे··· (व्यवधान)

श्री मल्लिकार्जुन खड़गे : राज्यसभा को टालने के लिए इसे मनी बिल के रूप में लाया जा रहा है···(व्यवधान)

लोकसभा अध्यक्ष : मुद्दा यह है कि "सुशासन, कार्यक्षम, पारदर्शी,

शासन व्यवस्था और रियायतें तथा लाभ के साथ ही निश्चित की हुई सेवाएँ देने के लक्ष्य जिसका खर्च संचित (consolidated) निधि से किया जाता है, उससे भारत में रहनेवाले लोगों के खर्च के लिए यह बिल प्रस्तुत करने के लिए अनुमति दी जाती है। ऐसे व्यक्तियों को अनन्य पहचान क्रमांक देना तथा उसके द्वारा उनसे संबंधित बातें करना संभव होगा।" प्रस्तुतीकरण का प्रस्ताव स्वीकृत हुआ।

श्री अरुण जेटली : मैडम, बिल आधार (targeted delivery of financeial and other subsidies, benifits and services) bill, 2016 प्रस्तुत कर रहा हूँ।

लोकसभा अध्यक्ष : प्रस्ताव स्वीकृत किया गया।

श्री अरुण जेटली : मैडम, विधेयक को सदन मे प्रस्तुत कर दिया गया है, आधार से संबंधित बिल लोकसभा के पटल पर हँगामे के बीच ही प्रस्तुत हो गया। ताई ने अपना आपा बिल्कुल भी नहीं खोया। उसके बाद भी इस पर अनेक उलट-सुलट चर्चाएँ होती रहीं। पूरा समय ताई ने शांत रहकर सदस्यों को बोलने का अवसर देते हुए, एक-एक मुद्दा आगे बढ़ाते हुए इसे मनी बिल के रूप में ही प्रस्तुत कर लिया।

मगर इस बिल को लोकसभा में प्रस्तुत करने के पूर्व ताई ने सभी बातों का परिपूर्ण अध्ययन किया था।

तत्कालीन वित्त मंत्री श्री अरुण जेटली ने आमने-सामने बैठकर ताई की सभी शंकाओं का निराकरण किया। ध्यान में लीजिए, ताई कोई भी बात किसी को भी पूछने के लिए हमेशा तैयार रहती थीं। वहाँ उन्होंने कभी भी बड़प्पन दिखाने का प्रयास नहीं किया। छोटी-से-छोटी शंका भी उस क्षेत्र के विशेषज्ञ व्यक्ति से पूछने में वे संकोच नहीं करती थीं। ताई भले ही वर्षों से सांसद रही हों, मगर आर्थिक विषय की सर्वोच्च ज्ञानी नहीं थीं। इस बात को स्वीकार करने में ताई ने संकोच नहीं किया। सबसे पहले ताई ने आधार बिल की पार्श्वभूमि को समझा।

पूर्व पीठिका

कारगिल युद्ध के बाद एक समिति का गठन हुआ था। उसने वर्ष 2000 में सिफारिश की थी, सीमावर्ती क्षेत्र में रहनेवाले नागरिकों को तत्काल परिचय-पत्र दिए जाने चाहिए।

वर्ष 2001में 'रिजर्व बैंक ऑफ इंडिया' ने अपने विजन डॉक्यूमेंट में बैंकों की भुगतान प्रणाली के आधुनिकीकरण की आवश्यकता प्रतिपादित की थी।

वर्ष 2005 में रिजर्व बैंक ऑफ इंडिया ने अपने इस सुझाव को पुनः दोहराया। उसने अमेरिका, यूके, यूरोप, जापान, सिंगापुर और चीन की भुगतान प्रणाली का अध्ययन कर विजन डॉक्यूमेंट-2 जारी किया। उसमें देश के लिए सुरक्षित, योग्य तथा कार्यक्षम कोई भी रकम देने अथवा उसका पुनर्भुगतान करने के लिए प्रस्थापित व्यवस्था का पुनर्जीवन करने (payment and settlement systems), पारदर्शी व्यवस्था की स्थापना यह उद्देश्य निर्धारित किया था।

2008 में अनेक साधक-बाधक चर्चाओं के उपरांत विधि तथा मार्गदर्शक तत्त्वों के आधार पर उपरोक्त उद्देश्य की पूर्ति हेतु एक संस्था के निर्माण को स्वीकृति मिली। उसके बाद योजना आयोग ने जनवरी 2009 में UIDAI के लिए अधिसूचना जारी की।

2009 की 11 दिसंबर को आर्थिक सर्वेक्षण के प्रतिवेदन में इस संबंध में जानकारी देते हुए उसकी आवश्यकता के बारे में बताया गया।

उसी दौरान 13वें वित्त आयोग (Finance Commission) के प्रतिवेदन में प्रसिद्ध अर्थशास्त्री श्री विजय केलकर द्वारा गरीबी रेखा के नीचे रहनेवाले प्रत्येक व्यक्ति को 100 रुपए देने के लिए राज्य सरकारों को 2,989 करोड़ रुपए की राशि देने की सिफारिश की।

24 जुलाई, 2010 को संपन्न 55वीं नेशनल डेवलपमेंट कौंसिल में तत्कालीन प्रधानमंत्री श्री मनमोहन सिंह ने 'वित्तीय घाटा कम करने तथा गरीबों को मदद करने के उद्देश्य से' यूनिक आइडेंटीफिकेशन नंबर योजना का सूचना तथा तकनीकी के क्रियाकलापों के साथ उपयोग किए जाने से, जिन्हें मदद की वास्तविक आवश्यकता है और जो पात्र हैं, उन्हें प्रभावी रूप से सहूलियतें प्रदान करने का अवसर प्राप्त होगा, ऐसा ठोस प्रतिपादन किया। समाचार-पत्रों के संपादकों से बात करते हुए उन्होंने कहा, "हमें कुछ सरकारी प्रणालियों में सुधार करने की आवश्यकता है। यदि UIDAI यू.आई.डी.ए.आई. हमारे सभी नागरिकों को यूनिक आई.डी. क्रमांक (परिचय पत्र क्रमांक) दे सके तो हमें सहुलियतें बाँटने में होनेवाले भ्रष्टाचार तथा रिसन को रोकने का एक नया मार्ग मिल सकता है। (डिस्कवर शब्द का प्रयोग किया है, जिसका अर्थ 'खोज' है।)

उसी समय इसके लिए और मार्ग भी खोजे जा रहे थे। रिजर्व बैंक ऑफ इंडिया द्वारा नाबार्ड तथा अन्य संबंधित संस्थाओं से भी चर्चा एवं पूछताछ हो रही थी।

अवरोध तथा कमियाँ

दिसंबर 2010 में तत्कालीन वित्तमंत्री स्व. प्रणब मुखर्जी ने भी पहचान क्रमांक देने की योजना का जोरदार समर्थन किया था। यह पहचान-पत्र क्रमांक किसान कल्याण योजना (KKY) के लिए बैंक में खाता खोलने हेतु मौलिक प्रमाण माना जाएगा।

इस दौरान इस योजना का संपूर्ण अध्ययन करने के लिए श्री नंदन नीलकेणी और उनकी मुख्य टीम (लाइब्रेरी ऑफ सॉल्यूशंस) जुटी हुई थी। उसे 'आंतरिक स्लीपर सेल्स' कहा जाता है, यदि कभी समस्या उत्पन्न हुई तो उसके बढ़ने के पूर्व ही, उस पर काररवाई कर उसका हल निकाला जा सकता है। उसको हल करने का उपाय खोजने की पूर्व तैयारी की जा सकती है। इसका कारण यह है कि समाधान खोजते समय ऐसा लगे कि वास्तव में यह कोई भी समस्या नई नहीं है अथवा इसके पूर्व व्यवस्था में हमने इसकी चर्चा नहीं की है और उसका दस्तावेजीकरण भविष्य के कार्यकाल के लिए शतरंज के खेल की भाँति एक पट/अवसर तैयार करता है।

इस प्रक्रिया में सबसे बड़ी बाधा थी, वह यानी पहचान-पत्र क्रमांक, अर्थात् आधार और बैंक के खाते को जोड़ा कैसे जाए?

क्योंकि लगभग दो-तिहाई भारतीयों के बैंक में खाते ही नहीं थे। बैंकिंग की प्रक्रिया में प्रवेश तथा बैंकों में प्रवेश—ये दो प्रमुख समस्याएँ थीं। बैंक में खाता खोलने की प्रक्रिया कठिन और पेचीदा थी। उसके लिए लगनेवाली आवश्यक बातें, पहचान-पत्र आदि कागज-पत्र आम जनता के पास नहीं थे। इसके अलावा खाता खोलने के लिए जो न्यूनतम राशि लगती है, उसकी भी व्यवस्था करना उनके लिए कठिन था।

पर्याप्त बैंक शाखाएँ भी आसपास के क्षेत्र में उपलब्ध नहीं थीं। भारत में कुल मिलाकर, 83,997 बैंक शाखाएँ थीं। 6,00,000 खेड़ों सहित संपूर्ण ग्रामीण भारत में केवल 32,289 शाखाएँ सेवाएँ दे रही थीं, जबकि लगभग 6,000 शहरों मैं 51,708 शाखाएँ कार्यरत थीं। सरकारी सहूलियतों के अधिकांश अपेक्षित लाभार्थी ग्रामीण क्षेत्र में रहनेवाले थे। उन तक पहुँचना टेढ़ी खीर थी।

उसी में एक आशा की किरण भी दिखाई दी। वह था मोबाइल फोन का सबके द्वारा किया जानेवाला उपयोग। संपूर्ण भारत में मोबाइल फोन का बड़े पैमाने पर विस्तार हुआ था। 2010 में भारत की जनसंख्या 121 करोड़ थी। उसमें से एक-चौथाई से भी कम लोगों के पास बैंक खाते थे। अधिकृत संख्या भले ही 60 करोड़

रही हो, मगर वास्तविक संख्या केवल 25 करोड़ ही थी। मगर उसी समय भारत में 63.5 करोड़ मोबाइल धारक थे, अर्थात् बैंक खातों के ढाई गुना। अर्थात् मोबाइल सेवा बैंक सेवा से अधिक गहरी पैठ चुकी थी।

आधार क्रमांक मोबाइल से जोड़ा जा सकता है, यह पता चल गया और मोबाइल बैंक से। अप्रैल 2010 में सरकार ने 'मोबाइल बैंकिंग POS (Point of sale) का प्रयोग कर' मोबाइल आधारित पिन प्रणाली द्वारा तथा इसका प्रयोग 'आधार क्रमांक का उपयोग कर उँगलियों की छाप पर' आधारित प्रणाली की मदद से मोबाइल द्वारा आर्थिक सेवा प्रदान करने की प्रणाली को स्वीकृत किया।

सितंबर 2010 में सरकार ने प्रयोग के तौर पर आधार की योजना महाराष्ट्र के कुछ ग्रामीण भाग में शुरू की। तत्कालीन सरकार ने 3 दिसंबर, 2010 को नेशनल आइडेंटीफिकेशन अथॉरिटी ऑफ इंडिया बिल 2010 (NIAI बिल) यू.पी.ए. सरकार ने संसद् में राज्यसभा में प्रस्तुत किया। 10 दिसंबर, 2010 को राष्ट्रीय परिचय प्राधिकरण विधेयक को लोकसभा अध्यक्ष द्वारा परीक्षण हेतु स्थायी समिति को भेजकर उसपर प्रतिवेदन माँगा।

दिसंबर 2011 को श्री यशवंत सिन्हा के नेतृत्व में वित्त विधेयक की स्थायी समिति ने NIAI विधेयक पर अपना प्रतिवेदन जारी किया। उन्होंने उसमें अनेक त्रुटियाँ पाईं और विधेयक को उसी स्वरूप में नामंजूर किया। यह योजना शुरू करने के पूर्व गोपनीयता कानून तथा डेटा संरक्षण कानून आदि कुछ कानूनी की सिफारिश भी की और संवेदनशील जानकारी के संकलन हेतु निजी एजेंसियों से करार किए जाने के बाद चिंता भी जताई। इस प्रकल्प के अंतर्गत लोगों की गोपनीयता तथा संवेदनशील जानकारी की चिंता कैसे की जाएगी, यह प्रश्न भी समिति ने पूछा था।

सितंबर 2011 तक 10 करोड़ लोगों को आधार कार्ड मिल चुके थे। दिसंबर 2011 में स्थायी समिति ने अपना प्रतिवेदन संसद् में प्रस्तुत किया। इस प्रतिवेदन में समिति ने UIDIA विधेयक पर सवाल उठाए।

UIDIA ने 7 फरवरी, 2012 को आधार का ऑनलाइन परीक्षण प्रारंभ किया। उसके बाद 26 नवंबर को तत्कालीन प्रधानमंत्री श्री मनमोहन सिंह ने आधार से लिंक किए गए खातों के लिए सीधे लाभ हस्तांतरण की योजना प्रारंभ की। 30 नवंबर, 2012 को कर्नाटक उच्च न्यायालय के निवृत्त न्यायाधीश श्री पुट्टा स्वामी द्वारा न्यायालय में जनहित याचिका दायर की। कई अन्य लोग भी आधार के विरोध में न्यायालय पहुँचे। न्यायाधीश श्री पुट्टा स्वामी ने न्यायालय

में यह युक्तिवाद किया कि आधार हेतु लोगों का बायोमेट्रिक डाटा लेना उनकी गोपनीयता को भंग करना है।

1 जनवरी, 2013 को आधार प्रकल्प देश के 51 जिलों में प्रारंभ किया गया। 23 दिसंबर की सर्वोच्च न्यायालय ने कहा कि कुछ विभागों ने आधार को अनिवार्य करने का पत्रक जारी किया है। इसके बावजूद, जिन्होंने आधार नहीं बनवाए हैं, उनको किसी भी प्रकार का नुकसान न हो। नेशनल पेमेंट कॉरपोरेशन ऑफ इंडिया (NPCI) ने 9 दिसंबर को आधार आधारित पेमेंट सिस्टम शुरू किया।

आधार-निराधार

फिर भी आधार योजना को कानूनी मान्यता न होने से वह निराधार ही समझी जा रही थी। श्री अरुण जेटली अर्थशास्त्री थे और विधि शास्त्री भी! वर्ष 2014 में उनके वित्त मंत्री बनते ही उन्होंने इस विधेयक को नए सिरे से प्रस्तुत करने की कोशिश प्रारंभ कर दी। तैयारी पूर्ण होने पर Aadhar (targeted delivery of financial and other subsidies, benifits and services) bill, 2016 को लोकसभा में प्रस्तुत किया।

यह प्रश्न अनुत्तरित रहता है कि 'आधार-पहचान-पत्र जारी किए जाने की आवश्यकता, National democratic alliance (NDA), अर्थात् भाजपा और सहयोगी दल तथा National progressive alliance (UPA), अर्थात् कांग्रेस तथा सहयोगी दल, इन दोनों प्रमुख राजनीतिक मोरचों ने समझ ली थी, फिर भी इस संबंधी बिल की प्रस्तुति के समय दोनों ने समान भूमिका क्यों नहीं ली?' इसमें राजनीतिक लाभ के लिए एक-दूसरे को बाधाएँ उत्पन्न करने का प्रयास था क्या?

ताई कहती हैं, 2010 के बिल में अनेक सुधार सुझाए गए थे, उन्हें 2016 के बिल में शामिल कर लिया गया था, फिर भी विरोधी कांग्रेस पार्टी इस बिल को सहमति देगी अथवा नहीं, इस बाबत सरकारी पक्ष सशंकित ही था। परिस्थिति यह थी कि लोकसभा में सरकारी पक्ष बहुमत में था, मगर राज्यसभा में विरोधी दल का बहुमत था। इस कारण यदि यह विधेयक लंबित हो गया तो सर्वसामान्य जनों को सहूलियतें और सेवाएँ प्रदान नहीं की जा सकेंगी। भ्रष्टाचार भी कम नहीं हो सकेगा। यह बात मेरे सद्विवेक-बुद्धि को समझ में आई। इसलिए इसमें से कुछ मार्ग निकालना आवश्यक ही था।

भारतीय लोकतंत्र की निर्वाचन प्रणाली के अनुसार, लोकसभा के बरखास्त होने पर उसके सभी सदस्यों के कार्य करने के अधिकार समाप्त हो जाते हैं। पुनः लोकसभा के चुनाव होने के बाद निर्वाचित सदस्यों से नई लोकसभा का गठन होता है। इसीलिए हम 2014 से 2019 तक कार्यरत लोकसभा को 16वीं लोकसभा कहते हैं, मगर राज्यसभा कभी भी बरखास्त नहीं होती। हर दूसरे साल एक-तिहाई, अर्थात् लगभग 80 सदस्य निवृत्त होते हैं और उनके स्थान पर नए आते हैं। वह निरंतर चलती है और लोकसभा में बहुमत होने पर राज्यसभा में भी बहुमत हो, यह आवश्यक नहीं। भारतीय संविधान की यही विशेषता है। इसके कारण दोनों सदनों का एक-दूसरे पर नियंत्रण रहता है।

2010 में कांग्रेस की सरकार ने यह बिल प्रस्तुत किया था। उसमें स्थायी समिति ने कुछ सुझाव तथा संशोधन सुझाए थे। 2016 तथा 2010 के बिलों की धाराओं की तुलनात्मक जानकारी संक्षेप में निम्नानुसार है—

क्र.	2016	2010
1.	जो भारत में पंजीयन पूर्व 182 दिन रहा हो वह।	जो भी वर्तमान में भारत में रह रहा है, वह।
2.	सरकारी सहूलियतें और सेवाएँ लेने हेतु जरूरी।	ऐसा स्पष्ट नहीं।
3.	यह नागरिकता का सबूत नहीं।	यह नागरिकता का सबूत नहीं।
4.	जानकारी दो प्रकार की Biometric और Demographic फोटो आवश्यक।	Biometric और फोटो आवश्यक नहीं था।
5.	उद्देश्य सहूलियतें तथा सेवा देना।	उद्देश्य उल्लेखित नहीं।
6.	नोंद करवानेवाले को यह किसलिए है, यह बताना आवश्यक।	ऐसा उल्लेख नहीं।
7.	अपनी जानकारी नोंद-कर्ता बार-बार देख सकेगा।	ऐसा उल्लेख नहीं।

क्र.	2016	2010
8.	डेटा विश्लेषण की कोई पद्धति अस्तित्व में नहीं। पहचान पुनरावलोकन समिति की रचना नहीं।	पहचान पुनरावलोकन समिति मिले डेटा का देशभर में कहीं भी और कभी भी विश्लेषण कर सकती है।
9.	जानकारी का उपयोग कोई भी नहीं कर सकेगा।	यह प्रावधान नहीं था।
10.	राष्ट्रीय सुरक्षा समिति तथा आधार के बीच आपसी संबंध तथा उनके निर्देशक तत्त्व बताए गए हैं।	ऐसा कोई भी उद्देश्य उल्लेखित नहीं था।W
11.	न्यायालय के आदेश से केवल demographic जानकारी दी जाएगी।	न्यायालय के आदेशानुसार जानकारी दी जाएगी।
12.	उपरोक्त नियम का पालन न करने पर 3 वर्ष की सजा तथा एक लाख का अर्थदंड।	उपरोक्त नियम का पालन न करने पर 3 वर्ष की सजा और एक करोड़ का अर्थ दंड।
13.	कंपनी द्वारा गबन करने पर प्रत्येक को एक लाख का अर्थ दंड।	ऐसा प्रावधान नहीं।

ताई का अध्ययन पूर्ण होने पर यह बिल संसद् में प्रस्तुत हो सकता है, इसपर वह सहमत हो गईं, वैसे तो उनका काम लोकसभा की सुचारु रूप से चलाना, इतना ही था, मगर जब तक हम जो कुछ भी कर रहे हैं, वह उचित है, इसका विश्वास नहीं हो जाता, तब तक कदम आगे नहीं बढ़ाने का उन्होंने अपना नियम बना रखा था।

इसमें ध्यान देने की विशेष बात यह है कि कोई भी विधेयक संसद् में पेश करना हो तो उसे निम्नलिखित चार में से किसी भी प्रकार के अंतर्गत किया जा सकता है। संविधान के अनुच्छेद 107 से 117 के प्रावधानों के अनुसार वे इस प्रकार हैं—

1. सामान्य विधेयक (अनुच्छेद 107),
2. मनी बिल (अनुच्छेद 110),
3. विनियोग विधेयक (अनुच्छेद 114),
4. आर्थिक बिल (अनुच्छेद 117)।

इसमें आधार बिल को चौथे प्रकार, अर्थात् आर्थिक बिल (अनुच्छेद 117) में रखना था, यही कांग्रेस ने 2010 में भी किया था। वह स्थायी समिति और न्यायालय में भी लंबित रहा था। उसमें बहुत विलंब हो गया था, फिर से अगर यही होता तो महत्त्वपूर्ण उपक्रम पिछड़ जाता और सामान्य जन सेवा तथा सुविधाएँ प्राप्त करने से वंचित रह जाते। इसलिए सरकार ने इसे दूसरे प्रकार, अर्थात् मनी बिल (अनुच्छेद 110) के रूप में प्रस्तुत किया। इसमें राज्यसभा की सिफारिशों को मंजूर करना लोकसभा के लिए बंधनकारक नहीं होता।

एक बार मनी बिल निचले सदन में पारित कर उच्च सदन में भेज दिया जाए तो फिर विधेयक पर लगा उसका प्रमाण-पत्र स्वीकृत करने की जिम्मेदारी अध्यक्ष की होती है। दूसरे शब्दों में, उसे किसी भी विधेयक को वह धन से संबंधित है या नहीं, यह तय करने और उसे प्रस्तुत करवा लेने का अधिकार लोकसभा अध्यक्ष को होता है। संविधान द्वारा उसे ये अधिकार दिए गए हैं, उसका निर्णय अंतिम माना जाता है।

इस कारण यह विधेयक मनी बिल के रूप में 3 मार्च, 2017 को वित्त मंत्री श्री अरुण जेटली ने लोकसभा में प्रस्तुत करने की अनुमति माँगी थी और वह प्रस्तुत न हो पाए, इसलिए शोरगुल कर भाजपा की इस राजकीय चाल को सफल न होने देने के प्रयास विपक्ष द्वारा किए जा रहे थे।

ताई का नरम रवैया और विरोधियों से धैर्यपूर्वक निपटने का कौशल, इस कारण आधार बिल का काम अड़चनों के बिना पूरा हो गया।

लोकसभा के वृत्तों के अनुसार उस बिल को मनी बिल के रूप में प्रस्तुत किए जाने की विरोधी दलों ने आलोचना की थी। कांग्रेस के नेता श्री गुलाम नबी आजाद ने जेटली को लिखे पत्र में लिखा है कि सत्तारूढ़ दल भाजपा राज्यसभा को बाईपास करने का प्रयास कर रहा है, क्योंकि उसके पास उच्च सदन में बहुमत नहीं है। कांग्रेस के ज्योतिरादित्य सिंधिया ने पूछा कि नेशनल आइडेंटीफिकेशन बिल, 2010 राज्य सभा में अभी भी लंबित होते हुए इस नए विधेयक को क्यों लाया गया है?

11 मार्च, 2016 को संक्षिप्त चर्चा के उपरांत लोकसभा ने इस बिल को ध्वनि मत से पारित कर दिया।

वर्ष 2016 में सरकार के कथनानुसार आधार कार्ड के प्रयोग से सामाजिक योजनावार खर्च होनेवाले करोड़ों रुपयों के गैर-व्यवहार पर रोक लगेगी, सरकार का इसपर पूरा जोर रहेगा। आधार को अनिवार्य किए जाने से सरकार प्रतिवर्ष 50,000 से 70,000 करोड़ रुपयों की रिसन रोक सकेगी।

वर्तमान में देश की सामाजिक कल्याण योजनाओं पर सरकार लगभग 3.5 लाख करोड़ रुपए खर्च करती है। सरकार को विश्वास है कि आगामी आर्थिक वर्ष से गरीबों को इन योजनाओं का पूरा लाभ मिलने लगेगा। राष्ट्रपति द्वारा इस विधेयक को मंजूरी मिलते ही सरकार बैंकिंग, कर तथा सेवा क्षेत्रों में आधार कार्ड के प्रयोग की अनुमति देगी। इसके साथ ही आधार कार्ड के लिए मोबाइल कनेक्शन भी जोड़ा जा सकेगा।

बीजू जनता दल (बी.जे.डी.) के तथागत सत्पथी ने चिंता व्यक्त की थी, भविष्य में इस प्रकल्प का उपयोग बड़े पैमाने पर चौकसी करने के लिए अथवा जातीय सफाई के लिए किया जा सकता है। अनेक परिचय-पत्रों के होते हुए भी नवीन परिचय-पत्र का प्रकल्प क्यों तैयार किया गया? यह प्रश्न भी उन्होंने किया। इस बिल को मनी बिल के रूप में क्यों लाया गया, यह सवाल भी उन्होंने किया। उन्होंने यह भी कहा कि यह विधेयक राष्ट्रीय सुरक्षा की परिस्थिति में बायोमेट्रिक को साझा करने की अनुमति देता है, मगर उसमें राष्ट्रीय सुरक्षा की किसी भी ठोस व्याख्या को समाविष्ट नहीं किया गया है।

बीजू जनता दल (बी.जे.डी.) के श्री भर्तृहरि महताब ने विधेयक को जल्दबाजी में पारित न करते हुए उसे संसदीय समिति के पास भेजने का अनुरोध किया। कांग्रेस के श्री मल्लिकार्जुन खड़गे ने कहा कि उन्होंने बिल का समर्थन किया होता, मगर कुछ सूचनाओं पर चर्चा हो, ऐसी उनकी इच्छा है। कांग्रेस के श्री राजीव सातव ने याद दिलाया कि प्रारंभ में संयुक्त पुरोगामी मोर्चे (यू.पी.ए.) के कार्यकाल में भाजपा ने आधार का विरोध किया था।

चर्चा के दौरान वित्त मंत्री श्री अरुण जेटली ने सदन को आश्वस्त किया कि आधार प्रकल्प का अनुचित उपयोग नहीं होगा। श्री जेटली ने बताया कि 97 प्रतिशत प्रौढ़ और 67 प्रतिशत बच्चे पहले से ही इस प्रकल्प में पंजीकृत हो चुके हैं। उन्होंने यह भी कहा कि राष्ट्रीय सुरक्षा की व्याख्या न्यायालय पर निर्भर है। (बाद में न्यायालय ने उसे निर्धारित कर दिया।)

15 मार्च, 2016 को बिल चर्चा के लिए राज्यसभा के पटल पर आया। राज्यसभा के सचिव श्री समशेर के. शेरिफ ने लोकसभा में विधेयक के पारित हो जाने की औपचारिक सूचना सदन को दी, फिर भी दो दिन चली चर्चा के दौरान समाजवादी पार्टी (सपा) के श्री नरेश अग्रवाल ने कहा कि यह बिल मनी बिल की व्याख्या में नहीं बैठता। राज्यसभा के उपाध्यक्ष श्री पी.जे. कुरियन ने कहा कि विधेयक को अनुमति देने का निर्णय लोकसभा अध्यक्ष श्रीमती सुमित्रा महाजन का था, (जो उनके अधिकार क्षेत्र का विषय था), इसलिए उसपर प्रश्न नहीं उठाया जाना चाहिए। भारतीय कम्युनिस्ट पार्टी (मार्क्सवादी) CPIM के श्री सीताराम येचुरी ने कहा कि यह विधेयक असंवैधानिक है, क्योंकि संविधान ने जीवन तथा स्वतंत्रता का अधिकार दिया है और गोपनीयता उसके अंतर्गत आती है।

श्री जेटली ने येचुरी को उत्तर देते हुए कहा कि गोपनीयता पूर्ण अधिकार नहीं है, उस पर कानून द्वारा बंधन डाला जा सकता है।

कांग्रेस के श्री जयराम रमेश ने कहा कि आधार केवल सब्सिडी तक सीमित रहना चाहिए, अन्य किसी भी उद्देश्य के लिए नहीं।

16 मार्च, 2016 को राज्यसभा ने कुछ संशोधनों के साथ विधेयक लोकसभा को वापस भेजा। लोकसभा संशोधनों को स्वीकार अथवा अस्वीकार करने के लिए स्वतंत्र थी। लोकसभा ने संशोधनों को अस्वीकृत किया और विधेयक को उसके मूल स्वरूप में स्वीकृत किया। उसके बाद राष्ट्रपति की मंजूरी के बाद विधेयक कानून बन गया।

10 मई, 2016 को कांग्रेस नेता श्री जयराम रमेश ने विधेयक को वित्त विधेयक के रूप में पारित किए जाने को न्यायालय में चुनौती दी। 14 सितंबर को न्यायालय ने निर्णय दिया कि छात्रवृत्ति के लिए आधार अनिवार्य करना गलत है।

5 जनवरी, 2017 को न्यायालय ने कहा कि डाटा एकत्र करने की जिम्मेदारी एक निजी कंपनी को देना उचित नहीं है। आधार की अवधि 15 दिसंबर से 31 मार्च, 2018 तक बढ़ाई गई। मार्च 2017 में सरकार ने आयकर कानून में 139-AA, इस नई धारा को जोड़ा और पैनकार्ड के साथ आयकर विवरणी भरने के लिए आधार को भी अनिवार्य किया। उसके बाद JAM उपक्रम के द्वारा 'जनधन योजना' का बैंक खाता क्रमांक, आधार क्रमांक तथा मोबाइल क्रमांक एक-दूसरे को जोड़कर गरीब तथा जरूरतमंदों को सरकारी रकम का लाभ सीधा तथा व्यक्तिगत रूप से मिले, इसकी व्यवस्था की। यह एक प्रकार से आर्थिक और सामाजिक क्रांति ही है।

17 जनवरी, 2017 को 5 न्यायाधीशों की खंडपीठ ने आधार प्रकरण की सुनवाई प्रारंभ की। 7 मार्च को खंडपीठ ने कहा कि नीट और अन्य परीक्षाओं के लिए आधार अनिवार्य नहीं हो सकता। न्यायालय ने इस प्रकरण का निर्णय रोककर रखा था। 26 सितंबर को निर्णय पढ़कर सुनाया गया। इससे आधार की मर्यादाएँ निर्धारित हो गईं। न्यायालय ने अपने निर्णय में कहा कि शैक्षणिक प्रवेश के लिए आधार आवश्यक नहीं, मगर छात्रवृत्ति तथा अन्य शैक्षणिक योजनाओं के लाभ के लिए आधार आवश्यक होगा।

आज हम आधार के लाभ अनुभव कर रहे हैं। तो कुल मिलाकर राजनीति को शतरंज के खेल की तरह खेलना होता है। किस चाल के लिए कौन से मोहरे को इस्तेमाल करना है, इसका आत्मविश्वास पूर्ण ज्ञान होना चाहिए। राज्यकर्ता को यह ज्ञान होना आवश्यक होता है।

लोकोपयोगी कार्य के लिए संसद् के पटल पर सरकार को शतरंज के घोड़े की यह ढाई घर की चाल उपयोगी सिद्ध हुई।

□

11

एक नवकल्पना-अशोक

वेदशास्त्री सत्य स्वरूप
तेची ज्ञानियांचे रूप।
पुण्य जालें अमूप।
सुकृतें सीमा सांडिली॥ **—दासबोध**

वेदशास्त्रों में वर्णित सत्य स्वरूप ही ज्ञाता का स्वरूप होता है। इस कारण उसकी पुण्य संपत्ति प्रचुर होती है। उसके सुकृतों की मर्यादा नहीं होती।

—समर्थ रामदास

Speakers Research Initiative (SRI) : **'अध्यक्ष शोध कदम (अशोक)**

'यह केवल 16वीं लोकसभा का ही नहीं, भारतीय संसद् के इतिहास का सर्वाधिक महत्त्वपूर्ण और अद्‍भुत उपक्रम है। इसका शुभारंभ ताई ने अपने दीर्घ संसदीय तथा सार्वजनिक जीवन के अनुभव के आधार पर किया है। उन्होंने अध्यक्ष के अधिकार क्षेत्र में SRI की स्थापना का निर्णय लिया। इसका उद्‍घाटन 23 जुलाई, 2015 को संसद् भवन संकुल में माननीय प्रधानमंत्री के आशीर्वाद से हुआ।

संसद् का मुख्य कार्य कानून बनाना अथवा उसे स्वीकृत करना है। स्वच्छता, शिक्षण, स्वास्थ्य, कृषि, विज्ञान, अणु ऊर्जा, संरक्षण, विदेश नीति आदि के संबंध में संसद् से नीति तथा कानूनों का निर्माण अपेक्षित है। इन नीतियों तथा कानूनों का देश की जनता के भविष्य पर गहरा प्रभाव होता है। इनमें अनेक विषय जटिल होते हैं, उनके अनेक पहलू होते हैं। आज के ज्ञान पर आधारित समाज में जहाँ स्पेशलाइजेशन

पर जोर दिया जाता है, वहाँ संसद् के प्रत्येक सदस्य को प्रत्येक विषय का तथा उसके विभिन्न पहलुओं का गहन ज्ञान हो, यह संभव नहीं है। 'अध्यक्षीय शोध कदम' (SRI) के माध्यम से सांसदों के लिए ज्ञान के द्वार खुल गए हैं।

अशोक-पार्श्वभूमि

दुनिया भर की संसदों तथा विधिमंडलों कों निरंतर नई-नई चुनौतियों का सामना करना पड़ रहा है। आगामी समय में उत्पन्न होनेवाली इन चुनौतियों का सामना नीतिगत तथा कानूनी तरीके से करना पड़ेगा। आंतरिक तथा बाह्य चुनौतियों पर नजर रखनी पड़ेगी, जो दिन-प्रतिदिन कठिन होता जा रहा है। उनकी अत्यंत महत्त्वपूर्ण जिम्मेदारियों को न्याय देने के लिए, विधि-मंडलों के सदस्यों को ज्ञान की शक्ति उपलब्ध कराना अत्यंत आवश्यक हो गया है। उनके लिए उन समस्याओं की जानकारी होना तथा उसके परिणामों को समझना भी अत्यंत आवश्यक है। ऐसे विशेषज्ञ जनप्रतिनिधि, जहाँ ठोस तथा प्रभावी कानून बनाने में सक्षम होते हैं; वहीं प्रशासन पर प्रभावी नियंत्रण भी रख सकते हैं। इसीलिए नवीन सांसदों के लिए अध्यक्ष शोध कदम (SRI) जैसे मंचों का महत्त्व बढ़ जाता है। संसद् में उन्हें विशिष्ट विषयों के विशेषज्ञों से और समवयस्कों से संवाद करने का अवसर मिलता है। नए मुद्दों का गहन तथा व्यापक आकलन सांसदों और प्रशासन-तंत्र को हो, यह बहुत जरूरी है। इसीलिए ताई ने लिखित शोध के अतिरिक्त विविध विषयों के जाने-माने विशेषज्ञों को भी एकत्र किया। संसद् सदस्यों के लाभ के लिए उन्होंने कार्यशालाओं की योजना बनाई। इसमें विशेषज्ञ तथा सांसद आमने-सामने बैठकर महत्त्वपूर्ण मुद्दों पर ध्यान केंद्रित करते हुए आपसी चर्चा के द्वारा अपना दृष्टिकोण निर्माण करेंगे और इस प्रकार भविष्य की चुनौतियों का सामना अधिक सक्षमता के साथ किया जा सकेगा।

2015 में प्रारंभ हुए अध्यक्षीय शोध कदम (SRI) में नौ सदस्यों का समावेश था। अध्यक्षीय शोध कदम मंच के तीन उद्देश्य इस प्रकार हैं—

1. दीर्घकालीन प्रमुख विषय और नीतियाँ, नीतियों का महत्त्व तथा महत्त्वपूर्ण स्थानीय मुद्दों की पहचान।
2. उच्च स्तर के शोध प्रतिवेदन तैयार करना तथा सूचना प्रसार ज्ञान का लेन-देन तथा क्षमता-निर्माण करने के लिए संसद् के दोनों सदनों के सदस्यों को नवीनतम गंभीर ज्ञान और कौशल उपलब्ध कराना।

3. सदस्यों तथा विशेषज्ञों के बीच ज्ञान का प्रभावी लेन-देन करने के लिए आपसी सहभाग द्वारा स्थायी प्रणाली का निर्माण करना।

अध्यक्षीय शोध कदम (अशोक-SRI) द्वारा पाँच कार्य किए जाते हैं—

1. सांसदों के लिए राष्ट्रीय तथा अंतरराष्ट्रीय महत्त्व के मुद्दों पर कार्यशालाएँ।
2. विषय के अनुसार अशोक-SRI के कार्यदलों की बैठकें।
3. परिषद्, कार्यशाला, गोलमेज चर्चा जैसे उपक्रमों का आयोजन।
4. इंटर्नशिप योजना, और
5. फैलोशिप योजना।

अध्यक्षीय शोध कदम (अशोक-SRI) के अंतर्गत सात विषयों का विचार किया जाता है—

1. कृषि,
2. शिक्षा,
3. स्वास्थ्य,
4. पर्यावरण तथा मौसम परिवर्तन,
5. महिला तथा बाल विकास,
6. वित्त, एवं
7. आधारभूत सुविधाएँ और गृह-निर्माण।

उसमें राज्यसभा तथा लोकसभा के 80 सांसद सदस्य बने। जनप्रतिनिधियों को जनता की वास्तविक समस्याओं की जानकारी होती है तो विषय-विशेषज्ञों को किसी भी विषय का तकनीकी ज्ञान होता है। इसका लाभ दोनों पक्षों को मिलता है।

कार्यशाला

अध्यक्षीय शोध कदम (अशोक-SRI) द्वारा 32 कार्यशालाओं का आयोजन किया गया। इससे सांसद और अन्य जनप्रतिनिधियों में जागरूकता और रुचि निर्माण करने में सफल हुए। राष्ट्रीय तथा अंतरराष्ट्रीय स्तर के महत्त्वपूर्ण मुद्दों पर उनकी समझ में वृद्धि करवाई। मंत्रियों सहित बड़ी संख्या में दोनों सदनों के सांसदों ने इन उपक्रमों में भाग लेकर उनका लाभ उठाया। राज्यसभा और लोकसभा दोनों के सदस्यों के लिए यह सामयिक मंच बना। जिसपर कुछ प्रमुख विषयों पर कार्यशालाएँ आयोजित हुईं। उदाहरण—Sustainable development goal, goods and

Service Tax, unorganised sector, water management, drought and interlinking of rivers, constitution of India, simultaneous Elections, Neo protectionism in international Trade, Internal security and Indias start - up phenomenon etc., शाश्वत विकास के लक्ष्य, वस्तु और सेवा कर, असंगठित क्षेत्र, जल व्यवस्थापन, सूखा और नदियों को जोड़ना, भारत का संविधान, एक साथ निर्वाचन, अंतरराष्ट्रीय व्यापार, आंतरिक सुरक्षा तथा भारतीय स्टार्टअप की वस्तुस्थिति आदि।

मैं भी इन उपक्रमों की अप्रत्यक्ष गवाह हूँ। स्वयं शोधकर्ता होने से मुझे इन संशोधन कार्यों के संबंध में बहुत उत्सुकता रहती थी। कभी-कभी इन विषयों के बारे में डॉ. किरीट सोमैया से जानकारी भी मिलती रहती थी। मुझे याद है, इसके सौ स्थानों के लिए लगभग 1200 आवेदन आए थे। देश की युवा पीढ़ी का सकारात्मक मानस, लोकतंत्र तथा तत्सम विषयों में अध्ययन हेतु उत्सुक थे, यही इससे दिखाई देता है। ताई के इस प्रयास को उत्तम प्रतिसाद मिला।

प्रशिक्षण-Internship

16वीं लोकसभा में 300 से ज्यादा सदस्य पहली बार निर्वाचित होकर आए थे। उन्हें उपयुक्त जानकारी तथा उन्हें सहयोग देनेवाले सहायकों की आवश्यकता थी। इन बातों को ध्यान में रखकर ताई ने अध्यक्षीय शोध कदम (SRI) में इंटर्नशिप योजना प्रारंभ की। लोकसभा इंटर्नशिप कार्यक्रम का उद्देश्य देश की युवा प्रतिभाओं को संसदीय इंटर्नशिप के माध्यम से संसदीय लोकतंत्र के कार्य से परिचित होने के लिए उत्कृष्ट शैक्षणिक प्रमाण-पत्र के साथ अवसर प्रदान करना तथा संदर्भ/उपयोग हेतु शोध के द्वारा जानकारी तथा सूत्र आदि तैयार करने के लिए प्रशिक्षित करना था।

एक माह की इंटर्नशिप के लिए 50 पद तथा तीन माह की इंटर्नशिप के लिए 50 पद आरक्षित थे।

एक माह की इंटर्नशिप में उम्मीदवार को छात्रवृत्ति भी दी जाती थी। सबने अपने डिजिटल और टंक लिखित शोध निबंध प्रस्तुत किए। SRI के इस उपक्रम को बहुत अच्छा प्रतिसाद मिला। विभिन्न सांसदों ने अपने अभिप्रायों में ऐसा कहा है कि इसके कारण उन्हें संसद् की चर्चा में सक्रिय तथा सकारात्मक सहभागिता करने में मदद मिली और चर्चा के स्तर में भी गुणात्मक सुधार हुआ।

अशोक-SRI के सफल प्रयोग को इंटरपार्लियामेंट्री यूनियन (IPU) तथा अन्य द्वारा अंतरराष्ट्रीय स्तर पर नवाजा गया। कॉमनवेल्थ पार्लियामेंट्री एसोसिएशन (CPA) में भी इसकी बहुत प्रशंसा हुई। अपने पड़ोसी को छोड़कर अनेक विकसित देशों ने भी उसमें सम्मिलित होकर इस उपक्रम का लाभ लेने की इच्छा व्यक्त की।

शोध छात्रवृत्ति (Fellowship)

इसके साथ ही वर्ष 2018-19 में अध्यक्षीय शोध कदम (अशोक-SRI) के अंतर्गत लोकसभा सचिवालय संसदीय विषयों पर उच्च स्तर के संशोधन के लिए संशोधन छात्रवृत्ति दी गई। 25 शोधकर्ताओं के पदों के लिए दो वर्ष शोध करने के लिए आवेदन आमंत्रित किए गए। भारतीय संसद् से संबंधित विषयों पर मौलिक अध्ययन को प्रोत्साहन और समर्थन देने के लिए यह छात्रवृत्ति दी गई थी। चुने गए अध्ययनकर्ताओं को लोकसभा में मुक्त प्रवेश था। ताई उनसे चर्चा करतीं। उनकी शंकाओं का समाधान करतीं। अन्य विषय के विद्वानों के साथ उनके संवाद आयोजित करतीं। सुदृढ़ लोकतंत्र के लिए अगली पीढ़ी भी योग्य तरीके से प्रशिक्षित होनी चाहिए, ऐसा उनका मत था।

इस समिति का काम डॉ. किरीट सोमैया करते थे। वे बताते हैं, "अध्यक्ष सुमित्रा ताई का विशिष्ट योगदान, यानी अध्यक्षीय शोध कदम (अशोक-SRI)। संसदीय कार्य प्रणाली को मजबूत बनाने के लिए और उसके साथ समाज के प्रत्येक घटक—विद्यार्थियों से लेकर सांसद, मंत्री, अधिकारी, व्यावसायिक, अध्यापक आदि को एकत्र कर विभिन्न विषयों पर चर्चा करना, कार्यशालाएँ तथा परिषदों का आयोजन करना था। सुमित्रा ताई की विशेषता, यानी वे प्रत्येक कार्य में भाग लेतीं, उसका पृष्ठ-पोषण करतीं, संपर्क करती थीं। इन सभी वर्गों को वे देश के विकास में कैसे योगदान दे सकते हैं, यह बताती थीं। प्रोत्साहन देती थीं। मेरे स्वयं के अनुभव से मैं निश्चित रूप से यह कह सकता हूँ कि अध्यक्षीय शोध कदम (अशोक-SRI) में काम करने के लिए, सहयोग करने के लिए ताई ने मुझे अवसर दिया, इसके कारण मेरे अध्ययन में वृद्धि हुई, व्यक्तिगत विकास हुआ और देश के विकास में योगदान करने में मेरी सहभागिता बढ़ी।"

इस तथा ऐसे अनेक उपक्रमों के द्वारा, ताई समय के साथ, शायद समय से भी आगे चलती थीं।

□

12

संविधान दिवस

जो एकांतास तत्पर।
आधी करी पाठांतर।
अथवा शोधी अर्थांतर।
ग्रंथगर्भीचे॥ 11.6.9

—दासबोध

एकांत में रहने की इच्छा, उत्तम स्मरणशक्ति, गहन वचनों का अर्थ खोज निकालने की क्षमता, ये गुण महंत (मुखिया) के लिए आवश्यक हैं।

—समर्थ रामदास

ताई लोकसभा अध्यक्ष थीं, उस दौरान उन्होंने अनेक नाविन्यपूर्ण कल्पनाओं को साकार करने की पहल की। 2015 में पहली बार डॉ. बाबासाहेब आंबेडकर की 125वीं जयंती के अवसर पर दिनांक 26 नवंबर को 'संविधान दिवस' आयोजित करने का निर्णय लिया गया। इसमें ताई की भूमिका महत्त्वपूर्ण थी। तभी से इस दिन को 'संविधान दिवस' के रूप में मनाने की परंपरा प्रारंभ हुई। (उसके पूर्व इस दिन को 'राष्ट्रीय न्याय दिवस' कहा जाता था, पर उसे सार्वजनिक रूप से मनाने की परंपरा नहीं थी।) **भारत का संविधान विश्व का सबसे बड़ा लिखित संविधान है, जो 26 जनवरी, 1950 को लागू किया गया था। भारत का संविधान 26 नवंबर, 1949 को संयोग से डॉ. बाबासाहेब आंबेडकर के जन्मदिन पर ही अंगीकृत किया गया था। इसीलिए 26 नवंबर यह दिन 'संविधान दिवस' के रूप में मनाया जाता है। उस दिन डॉ.**

बाबासाहेब आंबेडकर को संविधान निर्माता के रूप में याद किया जाता है। उनकी अध्यक्षता में संविधान समिति ने दुनिया भर के संविधानों का परीक्षण करने के उपरांत भारतीय संविधान के स्वरूप में दुनिया के सबसे बड़े संविधान का निर्माण किया। 'संविधान समिति' को इसे तैयार करने में 2 वर्ष 11 माह तथा 18 दिन का समय लगा था। सर्वप्रथम 26 नवंबर, 2015 को दिल्ली के विज्ञान भवन में जोर-शोर से संविधान दिवस का कार्यक्रम आयोजित किया गया। ताई उसमें मुख्य अतिथि थीं। उसमें ताई द्वारा दिया गया भाषण वक्तृत्व कला का उत्कृष्ट नमूना है। ताई भाषण लिखते समय बहुत सतर्क रहती थीं। शब्दों के बारे में भी अत्यंत चयनशील थीं। भाव तथा शब्दों के दोनों पलड़े बराबर हों, ऐसा उनका आग्रह रहता था; तो ताई ने अपने सहायकों की मदद से यह भाषण तैयार किया। उसमें अध्ययन और विद्वत्ता तो प्रकट हो ही रही थी, मगर उसके अंतिम भाग में ताई स्वयं झाँकती दिखाई दे रही थीं। **उन्हें इस भाषण के दौरान यदि कोई शब्द अधिक पसंद था तो वह शब्द था—'हम'। एक वचन संबोधन 'मैं' के स्थान पर अनेक वचनी शब्द 'हम' में एक प्रकार की एकरूपता, समरसता ध्वनित होती है।** हम जो कुछ प्राप्त करना चाहते हैं, वह अकेले नहीं, वरन् सब लोगों द्वारा मिलकर एकत्र रूप से ही साध्य करना पड़ेगा। ताई के मतानुसार, उसके लिए प्रामाणिक, सततशील और निष्ठावान लोगों की आवश्यकता है। इसके बाद ताई कहती हैं कि इसके लिए त्याग भी करना पड़ता है, इसका भान भी सबको रखना चाहिए। हमारे द्वारा प्राप्त की गई बातों के साथ ही हम कहाँ कम पड़े, इसे भी ताई स्मरण कराती हैं। 'राजनीतिक क्षेत्र में महिलाओं का प्रतिनिधित्व कम है, इसलिए सक्षम महिलाओं को योजनापूर्वक इस क्षेत्र में लाया जाना चाहिए।' यह भी उन्होंने यहाँ उल्लेखित किया। उन्होंने इस दृष्टि से प्रयास भी किए।

ताई कोई भी मसौदा किस प्रकार तैयार करती हैं, उसका एक किस्सा इस प्रकरण के अंत में दे ही रही हूँ, मगर उसके पूर्व ताई का वह प्रसिद्ध भाषण भी दे रही हूँ। लोकसभा अध्यक्ष की वेबसाइट से यह भाषण उसी प्रकार अनुवादित स्वरूप में दे रही हूँ। यह भाषण जब हम वीडियो पर देखते हैं, तब एक अलग ही गंभीर तथा दार्शनिक ताई के दर्शन होते हैं।

- संविधान दिवस समारोह को आयोजित करने के लिए भारत के सर्वोच्च न्यायालय की ओर से आयोजित 'संवैधानिक अपेक्षाओं के संदर्भ में देश के कर्तृत्व का गंभीर विश्लेषण' (Critical analysis of the achievement of the contry in the light of constitutional expectations) विषय पर चर्चा में सहभागी होने की प्रसन्नता हो रही है।
- मित्रो! हमारे देश ने संविधान के सफल कार्यान्वयन के 70वें वर्ष में प्रवेश करने की महत्त्वपूर्ण उपलब्धि प्राप्त की है। यह प्रत्येक नागरिक के लिए प्रसन्नता का विषय है। हम सब जानते हैं कि स्वतंत्रता के पश्चात् संविधान निर्माण के लिए बनाई गई संविधान मसौदा समिति द्वारा जो संविधान तैयार किया गया था, उसे दिनांक 26 नवंबर, 1949 को स्वीकार किया गया था। उसके स्मरण में आज यह दिन संविधान दिवस के रूप में मनाया जा रहा है। **अपना संविधान बनाते समय संविधान की मसौदा समिति के अध्यक्ष श्री बाबासाहेब आंबेडकर और अन्य प्रमुख सदस्य तथा इस संविधान सभा के अध्यक्ष डॉ. राजेंद्र प्रसाद और पं. जवाहरलाल नेहरू, सरदार वल्लभभाई पटेल, डॉ. श्यामाप्रसाद मुकर्जी, श्रीमती सुचेता कृपलानी और अनेक अन्य लोगों ने भी महत्त्वपूर्ण योगदान दिया है। यह दिन राष्ट्र को उनकी विद्वत्ता, दूरदृष्टि और लोकतांत्रिक विचारधारा को दी जानेवाली श्रद्धांजलि है।**
- अपना संविधान, अपनी राष्ट्रीय चेतना और अपने विचारों में अंतर्भूत जीवन-मूल्य, आदर्श तथा दर्शन का प्रतिबिंब है। इस संविधान के माध्यम से नागरिकों तथा विभिन्न संस्थाओं को उनके अधिकार और संरक्षण मिलता है।
- संविधान की प्रस्तावना में अभिव्यक्त आदर्श और तत्त्व अपने संविधान के मूलभूत स्वरूप को निर्धारित करते हैं। प्रस्तावना में कहा गया है कि 'हम भारत को एक सार्वभौम, समाजवादी, धर्मनिरपेक्ष, लोकतांत्रिक गणतंत्र बनाने के लिए कटिबद्ध हैं।' प्रत्येक नागरिक द्वारा आपसी संबंधों में न्याय, स्वतंत्रता, समानता और बंधुत्व की भावना बनाए रखने का तत्त्व प्रस्तावित किया है।

- अपने संविधान के कारण देश में कानून का राज्य स्थापित हुआ है। सामाजिक, आर्थिक और राजनीतिक ध्येय साध्य करने की दिशा निर्धारित की। संविधान में अंतर्भूत धारणाओं ने सामाजिक लोकतंत्र की रचना को निश्चित किया, जिससे हमारा लोकतंत्र स्थिर और मजबूत हुआ है।
- अपने संविधान की प्रमुख विशेषताएँ हैं—Parliamentary form of governance, Fundamental rights, directive principals, secularism, Federalism, Independent judiciary, Judicial review, Equality before Law.

  संविधान सुदृढ़ नैतिक आधार पर खड़े सामाजिक न्याय के सिद्धांतों का पालन करता है। संविधान की मूलभूत संरचना के तत्त्व वर्षानुवर्ष विकसित होते आए हैं और धीरे-धीरे उसमें अनेक विशिष्टताएँ शामिल हो गई हैं। इस मूलभूत संरचना से सरकार भी कोई छेड़छाड नहीं कर सकती। अपने संविधान की विशेषता यह है कि वह बदलते समय के साथ अपने आप को ढाल सकता है, फिर भी उसका मूल स्वरूप बदला नहीं जा सकता।
- अपने संविधान को स्वीकार करते समय संविधान निर्माताओं ने नवीन गणतंत्र के लिए शासन व्यवस्था के रूप मे संसदीय लोकतंत्र का चयन किया था, क्योंकि संसदीय प्रणाली में सरकार तथा सरकार की जिम्मेदारियों का मूल्यांकन प्रतिदिन तथा नियतकालिक निश्चित अवधि के बाद, दोनों प्रकार से किया का सकता है। संसद् सदस्यों के द्वारा प्रश्न, प्रस्ताव, अविश्वास प्रस्ताव तथा स्थगन प्रस्ताव पर चर्चा के द्वारा दैनिक मूल्य मापन किया जाता है और निर्वाचन के दौरान मतदाताओं (जनता) द्वारा नियत कालीन मूल्य मापन किया जाता है।
- भारत को दुनिया भर में सबसे बड़े और जीवित/जाग्रत् लोकतांत्रिक देश के रूप में जाना जाता है, क्योंकि हमारी संसदीय व्यवस्था के केंद्र में जनता जनार्दन है, जिसने अपनी विवेक बुद्धि और अक्लमंदी से 16 बार आम निर्वाचनों में अपने मतदान के अधिकार का प्रयोग किया है। हस्तांतरण सुनिश्चित किया गया है और 8 बार सरकारों को बदला है। लोकतांत्रिक संविधान के सफल कार्यान्वयन का यह निसंशय ठोस सबूत है।

- जनता की बढ़ती राजनीतिक सक्रियता के कारण दुर्लक्षित वर्ग की पसंद तथा आकांक्षाओं को अब महत्त्व प्राप्त हुआ है। प्रादेशिक और प्रांतीय दलों की उपस्थिति ने हमारे राजनीति के संघीय वैशिष्ट्य को और बढ़ाया है तथा विविधता में एकता को बनाए रखने में मदद की है। संयुक्त सरकारों द्वारा अपना कार्यकाल सफलता से पूर्ण किए जाने से हमारी राजनीतिक परिपक्वता प्रदर्शित होती है।
- आज हमारे यहाँ एक स्वतंत्र और सक्रिय न्यायपालिका, राजनीतिक दलों की एक मजबूत व्यवस्था, एक सतर्क माध्यम व्यवस्था और एक सजग नागरी समाज-जनता है। हमारे लोकतंत्र में एक प्रभावी चुनाव आयोग, केंद्रीय लोकसेवा आयोग (UPSC) और नियंत्रक और महालेखा परीक्षक (CAG) जैसी अनेक स्वायत्त संस्थाएँ हैं। शासन व्यवस्था पर स्वायत्त संस्थाओं के संस्थात्मक प्रभाव के बारे में कोई शंका नहीं है।
- किसी भी देश के मूल्य उसके देश के संविधान के द्वारा पहचाने जाते हैं और यह गर्व की बात है कि हम जब विदेश में जाते हैं, तब भारत के चैतन्यशील लोकतंत्र, उत्कृष्ट संविधान और संविधानात्मक व्यवस्थाओं के कारण हमें सब दूर आदर मिलता है। प्रशंसनीय सम्मान प्राप्त होता है।
- स्वतंत्रता के बाद पिछले सात दशकों में अपनी संसद् द्वारा राष्ट्र की प्रगति और विकास में महत्त्वपूर्ण भूमिका निभाई गई है। समाज तथा देश का उज्ज्वल भविष्य घड़ने के लिए, कानून बनाकर संवैधानिक मूल्यों और आदर्शों को मूर्त रूप देने का काम देश की सर्वोच्च लोकतांत्रिक संस्था के रूप में संसद् द्वारा किया जाता है। अपनी संसद् द्वारा तैयार किए गए पुरोगमी कानूनों के द्वारा हमने सामाजिक भेदभाव, आर्थिक पिछड़ापन तथा राजनीतिक मतभेद जैसी पुरानी समस्याओं के निराकरण में उल्लेखनीय सफलता प्राप्त की है।
- अपने लोकतंत्र को मूलभूत आधार के रूप में संविधान द्वारा मजबूत स्तंभ (संस्थाएँ) प्रदान की गई हैं। राज्य के तीन सबसे महत्त्वपूर्ण अंग, यानी विधिमंडल, प्रशासकीय शासन तंत्र तथा न्यायपालिका। सुशासन सुनिश्चित करने के लिए संविधान ने राज्य के तीन अवयवों की सहकारी के रूप में काम करने की कल्पना की है, सरकार की प्रतिस्पर्धी के रूप में नहीं। अपने संविधान की विशेषता, यानी संसद् का

सर्वभौमिकत्व और न्यायालयीन पुनरावलोकन के तत्त्वों का सामंजस्य। संसद, न्यायपालिका तथा प्रशासनिक तंत्र, इन सबका यह कर्तव्य है कि उनको एक-दूसरे के अधिकार क्षेत्र का सम्मान करना चाहिए, स्वयं की मर्यादाएँ समझनी चाहिए और एक-दूसरे को अपनी संवैधानिक चौखट में अपना कर्तव्य पूर्ण करते समय योग्य आदर देना चाहिए। गतिपूर्वक देश की प्रगति का यह सर्वोत्तम मार्ग है।

- जिस समय हमने इस महान् संविधान को अंगीकृत किया, उस समय हमारी कुछ आशाएँ तथा आकांक्षाएँ थीं। हमारा संविधान आज भी नागरिकों तथा देश की उन आशा तथा आकांक्षाओं को पूर्ण कर रहा है। हो सकता है, उस समय की आशा तथा आकांक्षाएँ और प्रत्यक्ष जो मिला, उसमें कुछ अंतर हो, मगर मेरे मत में राजनीतिक दल, प्रशासकीय तंत्र, न्यायव्यवस्था का अभाव और समाजी-अनुशासन आज भी उतने ही प्रभावी तथा जिम्मेदार हैं।
- संविधान की मुख्य उपलब्धियों में सर्वाधिक उल्लेखनीय कार्य, यानी हमने 'कानून का राज्य' (Rule of law) स्थापित किया। सबके लिए 'समान कानून' (Equal before Law) तत्त्व को मूलभूत आधार बनाया।
- संविधान निर्माताओं ने किसी भी सामाजिक, आर्थिक, राजनीतिक, सांस्कृतिक अथवा धार्मिक भेदभाव के बगैर देश में सबके लिए (प्रौढ़) मताधिकार की व्यवस्था की और प्रत्येक के मत का मूल्य समान निर्धारित किया। इस प्रावधान के कारण वंचित घटकों के सामाजिक तथा राजनीतिक सशक्तीकरण का मार्ग खुला और संविधान से नागरिकों की जो अपेक्षाएँ तथा आकांक्षाएँ थीं, वे पूर्ण हुईं।
- संविधान के रचनाकारों ने सामाजिक न्याय पर बहुत जोर दिया था और इसके लिए सकारात्मक भेदभाव की/दुर्बल घटकों के लिए विशेष आरक्षण (Positive discrimination) की व्यवस्था की। इसके परिणामस्वरूप अब देश में छुआछूत लगभग खत्म हो गई है। संसद्, न्यायपालिका, समाज-सुधारक और धर्मगुरु, इन्होंने इसके लिए उल्लेखनीय सहयोग दिया है।
- अपने संविधान ने सभी नागरिकों को समान अधिकार तथा अवसरों की उपलब्धता सुनिश्चित की है और इन अधिकारों के क्रियान्वयन के लिए

सर्वसाधारण नागरिकों को सीधे देश के सर्वोच्च न्यायालय के पास जाने का अधिकार भी दिया है। हमारे संविधान में दिए गए राज्य के नीति निर्देशक तत्त्व का उद्देश्य 'न्यायपूर्ण सामाजिक व्यवस्था की स्थापना और संरक्षण करना' है। सामाजिक समरसता की अनोखी दृष्टि तथा सर्वधर्म समभाव का विशेष प्रावधान हमारे संविधान में है।

- हमारे संविधान ने हमारे जीवन पर सकारात्मक प्रभाव डाला है, ऐसे कुछ विशेष प्रावधान निम्नानुसार हैं—
  - अनुच्छेद 14 समानता का अधिकार।
  - अनुच्छेद 15 और 16 पिछड़े तथा आरक्षण प्राप्त जातियों की अन्य महिलाओं को भी आरक्षण का लाभ।
  - अनुच्छेद 19 (a)—भाषण तथा अभिव्यक्ति की स्वतंत्रता, नागरिकों की अपने विचार प्रकट करने का पूर्ण अधिकार।
  - अनुच्छेद 1(c) और संगठन अथवा संघ बनाने की स्वतंत्रता।
  - अनुच्छेद 1(d) और देशभर में आंदोलन की स्वतंत्रता।
  - अनुच्छेद 1(e) और कोई भी व्यवसाय अथवा व्यापार करने की स्वतंत्रता।
  - अनुच्छेद 21 (जीवन का अधिकार तथा व्यक्तिगत स्वतंत्रता)।
  - जीवन का संरक्षण और व्यक्तिगत स्वतंत्रता।
  - सबको सम्मान से जीने का तथा गोपनीयता का अधिकार।
  - कारागार अथवा पुलिस थानों में बंदी कैदियों को भी अन्य नागरिकों की तरह ही सभी अधिकार उपलब्ध हैं।
  - जीवन का संरक्षण।
  - अनुच्छेद 21(a)—शिक्षा के अधिकार को भी मौलिक अधिकारों में शामिल किया गया है, इससे आनेवाली पीढ़ियों का भविष्य सुरक्षित हो सकेगा।
  - अनुच्छेद 25 से 28 के अंतर्गत सभी को धार्मिक स्वतंत्रता का अधिकार दिया गया है।
  - अनुच्छेद 29 तथा 30 में संस्कृति और शिक्षा के क्षेत्र में धार्मिक अल्पसंख्यकों के अधिकारों के संरक्षण का प्रावधान है।
- उपरोक्त संवैधानिक प्रावधानों के कारण देश में न्याय, स्वतंत्रता,

समानता तथा बंधुत्व के जीवन का अपना मौलिक दर्शन स्थापित हुआ है और सामान्य जनों को अपना जीवन सम्मानपूर्वक जीने का अवसर उपलब्ध कराया है। इससे हमारी भारतीयत्व और अपनेपन की भावना दृढ़ हुई है।

- संविधान से मिली शक्तियों के आधार पर संसद् तथा सरकार ने महिला सशक्तीकरण के क्षेत्र में उल्लेखनीय प्रयास किए हैं। उसके परिणामस्वरूप आज देश में महिलाएँ सामाजिक, आर्थिक और प्रशासकीय मंच पर सक्षमतापूर्वक कार्य कर रही हैं।
- कृषि, स्वास्थ्य तथा शिक्षा के क्षेत्र में भी देश ने उल्लेखनीय प्रगति की है। आज आई.आई.टी., आई.आई.एम. जैसी प्रसिद्ध शैक्षणिक संस्थाएँ हैं, जो कुशल मानव संसाधन का निर्माण कर रही हैं। इसके साथ ही कृषिक्षेत्र में नवीन तकनीकी के प्रयोग से अब हम केवल आत्मनिर्भर ही नहीं हुए हैं, अपितु अनाज का निर्यात भी कर रहे हैं। चिकित्सा के क्षेत्र में भी हमारी उपलब्धियाँ स्तुत्य हैं, अब मेडिकल टूरिज्म भी एक व्यवसाय के रूप में विकसित हो रहा है।
- इन सब उपलब्धियों के बावजूद हम संतुष्ट होकर नहीं बैठ सकते। हमें विकास के मार्ग में आनेवाली अनेक चुनौतियों का मुकाबला करना है। आज अपने ध्येय को साध्य करने के लिए, हमें शिक्षा तथा साक्षरता, स्वास्थ्य, पोषण, आधारभूत संरचना का विकास, किसानों के कल्याण तथा महिलाओं की सुरक्षा जैसे महत्त्वपूर्ण क्षेत्रों में कठोर प्रयास करने होंगे। मेरा निरीक्षण यह है कि अपने विधिमंडलों में महिलाओं का अत्यंत कम प्रतिनिधित्व चिंता का विषय है तथा इस पर ध्यान दिए जाने की आवश्यकता है।

  आर्थिक विकास तेजी से हुआ है, मगर पूर्व की भाँति सामाजिक स्तर की जिम्मेदारी तथा अनुशासन की भावना में कोई बदलाव नहीं हुआ है। आज भी व्यक्तिगत हित सर्वोपरि बना हुआ है और सामूहिक हित पीछे रह गया है। यह चिंताजनक स्थिति है।
- **डॉ. राजेंद्र प्रसादजी ने शुद्ध चारित्र्य और निष्ठा के मार्ग पर चलकर राष्ट्रनिर्माण की कल्पना की थी। उन्होंने कहा था, "संविधान क्या देता है अथवा नहीं देता, इसके बजाय देश किस**

पद्धति से चलाया जाता है, इसपर देश का कल्याण होगा या नहीं, यह निर्भर है। यह देश को चलानेवाले लोगों पर निर्भर होगा। यदि निर्वाचित होकर आनेवाले लोग सक्षम, चरित्रवान तथा सच्चे होंगे तो वे सदोष संविधान में भी देश को सर्वोत्तम बना सकेंगे और यदि यही नहीं होगा तो अच्छे से अच्छा संविधान भी देश की मदद नहीं कर सकेगा।"

("Whatever the constitution may or may not provide, the welfare of the country will depend upon the way in which the country is administered. That will depend upon the man who administer it. If the people who are elected are capable and man of character and integrity, they would be able to make the best even of a defective constitution.")

- लोकतांत्रिक शासन व्यवस्था में सहमति/एकमत अत्यंत महत्त्वपूर्ण होता है। इसके लिए लोगों द्वारा निर्वाचित प्रतिनिधियों द्वारा एक-दूसरे के साथ संवाद बनाए रखने तथा लोगों की समस्याएँ सुलझाने तथा देश के निर्माण के लिए मिलकर काम करना आवश्यक है।

मैं यहाँ संसद् भवन में लिखे हुए एकमत पर आधारित अनेक स्रोतों में से एक को उद्धृत करना चाहूँगी—

'समानो मन्त्रः समीतिः समानी,
समानं मनः सह चित्तमेषाम।
समानं मन्त्रमभि मन्त्रये वः,
समानेन वो हविषा जुहोमि॥'

(अर्थात् अपना संकल्प एक हो, हम सर्वसम्मति से निर्णय लें, हमारी आशाएँ और आकांक्षाएँ समान हों, हमारी चेतना अच्छी भावना से परिपूर्ण हो, हमारी प्रार्थना सबके कल्याण के लिए हो और अपना त्याग भी सबके कल्याण के लिए ही होने दें)। धन्यवाद।

ताई के ऐसे ही कुछ अन्य चुनिंदा भाषण बहुत प्रसिद्ध और प्रशंसित हुए।

ताई बोलते समय तो बहुत ध्यानपूर्वक बोलती ही थीं, मगर लिखित भाषण तैयार करते समय भी वे बहुत सावधानी बरतती थीं। कैसे—यह उनके तत्कालीन निजी सचिव श्री पंकज क्षीरसागर के शब्दों में—"लोकसभा अधिवेशन चल रहा था।

उसके चलते वे कभी भी दिल्ली छोड़कर कहीं जाती नहीं थीं। शनिवार का दिन था, पूरा सप्ताह व्यस्तता भरा बीता था। शाम को घर लौटते समय ताई ने कहा, 'अब कल कोई विशेष काम नहीं है। थोड़ा आराम है,' अर्थात् ये बातें कितनी व्यर्थ होती हैं। इसका हम सबको ही अच्छा अनुभव था।

रविवार की सुबह 10 बजे के लगभग ताई का फोन आया, 'पंकज कहाँ हो? पोहे बनाए थे, इसलिए याद किया।' हम इंदौर वासियों को दिल्ली में पोहे मिलना यानी मेजबानी ही होती थी। मैंने कहा, 'ताई, मैं कोठी पर (यानी ताई के घर पर) ही हूँ।' उन्होंने कहा, 'आओ पोहे खाने भीतर।'

अर्थात् कोई भी वार अथवा छुट्टी का दिन हो, कम-से-कम हम दो लोग तो ऑफिस में रहते ही थे, कार्यालय का सेटअप तैयार रखने के लिए। कभी भी किसी की जरूरत पड़ सकती थी। बाकी सब भी ऑनकॉल तैयार ही रहते थे। पोहे खाने के बाद उन्होंने विषय निकाला। प्रधानमंत्रीजी को पत्र लिखना है, आशुलिपिक, कंप्यूटर ऑपरेटर है क्या? मैंने कहा कि सब तैयार हैं। उनके पूर्व के पत्र-व्यवहार की फाइल भी लगेगी। मैंने तुरंत वह फाइल मँगवाई। ताई मसौदा बनाने बैठीं, अब किस-किसकी जरूरत पड़ेगी, मुझे अनुमान था। इसलिए मैंने सबको अलर्ट कर दिया था। एक-एक कर कार्यालय के सारे कर्मचारी-अधिकारी एकत्र हो गए।

ताई पत्र लिखने बैठी थीं सुबह लगभग 11 बजे, मगर पूरा होते-होते शाम हो गई। कम-से-कम 8 से 9 बार मसौदा तैयार हुआ। कोई शब्द नहीं चाहिए होता, कोई शब्द अड़ जाता। धारणा, मुद्दा करते-करते 10 पंक्तियों के पत्र को बनाने में पूरा दिन लग गया। जो स्थिति पत्र की, वही किसी भी भाषण की। उसमें भी यदि भाषण अंतरराष्ट्रीय स्तर का होता तो बहुत अध्ययन करना पड़ता और यदि लोकसभा का हो तो ताई तैयार भाषण के कागजों पर निशान लगातीं। कहाँ, क्या, कैसे बोलना है, उस पर क्या प्रतिक्रिया आएगी, इसका गृह पाठ तैयार होता। इतना कि वह भाषण लगभग पूरा याद ही हो जाता और आखिर में भाषण देते समय उस समय की परिस्थिति के अनुसार भाषण के कुछ ही मुद्दे लिये जाते। हमारे दिए मुद्दों में से यदि एक-दो मुद्दे भी ताई के भाषण में ले लिये जाते तो हम धन्य हो जाते।"

उपरोक्त भाषण भी ताई ने ऐसे ही प्रयासपूर्वक लिखा था। लोकसभा के अतिरिक्त ताई ने अन्य महत्त्वपूर्ण प्रसंगों पर लगभग 190 भाषण दिए थे।

□

13

सक्षम स्त्री, सक्षम राष्ट्र

आपणा करिता शहाणे होती।
ते सहजचि सोये धरिती।
जाणते पणाची महंती।
ऐसी असे॥ 11.6.17। **—दासबोध**

हमारे द्वारा सिखाए लोग सहज ही हमारे होकर रहते हैं। समझदार व्यक्ति का नेतृत्व ऐसा ही होता है।

—समर्थ रामदास

Women is the builder and moulder of a nation's destiny. Though delicate and soft as lily, she has a heart, for stronger and bolder than of men. ...said Rabindranath Tagore.

"स्त्री राष्ट्र के भविष्य का निर्माण करती है और उसे गढ़ती है। भले ही वह लिली जैसी नाजुक और सुकुमार दिखाई देती हो, उसका हृदय पुरुषों की तुलना में बहुत ही मजबूत तथा साहसी होता है"—इति रवींद्रनाथ टैगोर।

ताई के संबंध में यह सौ प्रतिशत सही है। वह ऊपर से सौम्य तथा शांत दिखाई देती हैं, मगर अंदर से मजबूत और सख्त हैं। उनके साथ रहे श्री सचिन चतुर्वेदी बताते हैं—"राष्ट्र सेविका समिति की त्रिसूत्री 'मातृत्व, कर्तृत्व और नेतृत्व' को ताई ने आत्मसात् किया है। ये मूल्य ताई के जीवन में केंद्र स्थान पर हैं और उन्हीं पर वे चलती हैं। ताई उनके लिए दृढ़ता के साथ खड़ी रहती हैं। उनके विचार, वर्तन तथा निर्णय प्रक्रिया में इन मूल्यों का स्पष्ट प्रतिबिंब दिखाई

देता है। आदरणीय सिंधुताई पाठक, आ. प्रमिला ताई मेंढे इन सारी समिति प्रमुखों तथा अन्य सभी से उनके स्नेह संबंध अंत तक बने हुए थे। समिति की राष्ट्रवादी विचारधारा उनकी प्रेरणा है और उन मूल्यों के लिए वे वचनबद्ध हैं।" आज भी वे समिति के गुरुपूर्णिमा उत्सव में दिल्ली अथवा इंदौर जहाँ भी वे हो, अवश्य उपस्थित रहती हैं।

गृहिणी

श्री सुरेश प्रभु ने कहा, "मैं सारस्वत बैंक का अध्यक्ष था। हमने इंदौर में बैंक की शाखा खोलने का निश्चय किया था। वहाँ एक नए राज्य में पहली शाखा खोलनी थी। बैंक का मध्य प्रदेश में प्रवेश हो रहा था। नया प्रदेश, भाषा, लोग, अलग संस्कृति, ऐसे समय वहाँ हमारी अच्छी पैठ हो सके, लोगों से परिचय हो, व्यवसाय अच्छा चले, आनेवाली समस्याओं से निपटने में मदद मिले, इसलिए वहाँ बैंक की एक 'स्थानीय समिति' बनाने का भी निर्णय लिया था। उसमें किसे रखें, इसका विचार किया तो स्वाभाविक रूप से सुमित्रा ताई महाजन का नाम एक मत से सामने आया।

मगर वह किन्हीं कारणों से संभव नहीं हुआ। वे उस समय सांसद थीं, फिर ऐसा निर्णय हुआ कि उनके बजाय सुमित्रा ताई के पति जयंत महाजन, जो इंदौर के प्रसिद्ध वकील थे, इंदौर में उन्हें बहुत सम्मान था, उन्हें निवेदन करने का निश्चय किया। उस निमित्त सुमित्रा ताई तथा उनके परिवार से मेरा पहला परिचय हुआ।

उनका पीहर कोंकण में था। सगा भाई खार में रहता था, श्री अरुण साठे। वह भी परिचित। पहला परिचय इस तरह संबंधों तथा रिश्तों में परिवर्तित हुआ। समय के साथ उनके स्वभाव के अलग-अलग पहलुओं से परिचित हुआ। बैंक के काम से यदि किसी दिन श्री महाजन से मिलने उनके घर गया तो ताई भी घर पर होती थीं। ताई का बाहर का परिचय राजनीतिज्ञ, जनप्रतिनिधि का था। मेरी दृष्टि में ताई उस समय बड़ी नेत्री, सासंद, लोकसभा की सदस्य, यानी कितनी बड़ी, शायद थोड़ी घमंडी भी हो सकती थीं, मगर मैं गलत सिद्ध हुआ। अपने घर की दहलीज के भीतर वे स्वयं को गृहिणी ही मानती थीं और वैसा ही व्यवहार करती थीं। हम उनके घर जाते तो वे चाय-पानी-नाश्ता आदि की व्यवस्था करती थीं। कभी भी हमारी चर्चाओं में शामिल नहीं होती थीं।"

ताई ने स्वयं का 'गृहिणीपन' अभिमानपूर्वक जतन किया था। आज भी समय मिलने पर वह बच्चों तथा पोते-पोतियों में रमती हैं। उनकी पसंद की चीजें, पदार्थ, बनाती हैं। लाड़ करती हैं।

राजनीति में आते समय ही उनके विचार स्पष्ट थे। एक मुलाकात में उन्हें प्रश्न किया गया कि आपके पति से आपको कैसे सहयोग मिला? उन्होंने सीधा उत्तर दिया, 'जब हम दोनों की इस संबंध में चर्चा हुई तो मैंने उन्हें आश्वासन दिया था कि मैं घर को सँभालते हुए ही कार्य करनेवाली हूँ। कुछ भी गलत नहीं करूँगी, फिर भी जिस क्षण आपको लगेगा और आप कहोगे कि 'सुमित्रा अब बस', उसी क्षण मैं सब छोड़ दूँगी।' उनके पति ने उन्हें सहयोग दिया। प्रशंसा की। उनके काम में दखल नहीं दिया। 27 जुलाई, 2001 को जयंतराव का अचानक हृदय विकार से निधन हुआ। ताई इंदौर के रीति-रिवाजों का पालन करते हुए महीना भर घर में ही थीं। उसके बाद इंदौर के प्रतिष्ठित सामाजिक नेतृत्व ने, जिन्हे इंदौर में राजनीति से परे भी सम्मान तथा मान्यता प्राप्त थी, ने आकर उन्हें कहा कि अब आप अपना कार्य पुन: प्रारंभ करें।

ताई ने 'दै. भास्कर' की वाहिनी पर श्रीमती नताशा झा को दी गई एक भेंटवार्त्ता में बताया था, "मैं मध्य प्रदेश में भाजपा की पदाधिकारी थी, स्व. सुषमा स्वराज का मध्य प्रदेश में प्रवास था। सात दिन का दौरा। मुझे उन्हें लेकर कई जगह जाना था। हम निकले, तब मेरा छोटा बेटा मंदार वैसे छोटा ही था। होगा सात-आठ साल का। एक दिन पहले उसने मुझे कहा था कि जाते समय लड्डू बनाकर रखना, मगर काम की गड़बड़ी में वह काम रह गया था।"

"हम दोनों जाने के लिए तैयार हुए तो बेटे ने पूछा, 'लड्डू बनाए'? मैंने कहा, 'नहीं रे, गड़बड़ी में रह गया, अब दादी बना देंगी'। मेरी सासू माँ मेरे पीछे मेरा आधार बनकर मजबूती से खड़ी रहती थीं। वे लड्डू तत्काल बना भी देतीं, मगर बेटा अड़ गया—'नहीं, तुम पूरा सप्ताह नहीं रहोगी, मुझे तुम्हारे हाथ के ही लड्डू खाने हैं।' मैंने सुषमा (स्वराज) से कहा, 'थोड़ा 15 मिनट रुककर चलते हैं।' मैंने पहले लड्डू बनाए, बेटा खुश हो गया, फिर हम निकले। मजे की बात यह कि बाद में सुषमाजी राजनीति में महिलाओं को कैसा होना चाहिए, यह बताने के लिए सभाओं में यह किस्सा सुनाया करती थीं।"

ताई ने प्रथम मातृत्व, दूसरा कर्तृत्व और फिर नेतृत्व, इन सीढ़ियों को महत्त्व दिया। उन्होंने इसमें कभी कोई गफलत नहीं की।

स्त्री स्वावलंबन

स्त्री स्वावलंबन का पाठ उन्होंने बचपन में ही पढ़ लिया था। चौथी में थीं, तभी माँ का देहांत हो गया, ग्यारहवीं में पिता भी चल बसे, फिर आगे की पढ़ाई के लिए मुंबई आ गईं। पढ़ाई के साथ ही 'अकाउंटेंट जनरल' के कार्यालय में नौकरी भी की। सच्ची 'मुंबईवासी' बन गईं। आत्मनिर्भरता के बाद आर्थिक स्वतंत्रता से भी परिचित हुईं, मगर···

नौकरी और घर—लीक से बँधा जीवन जीने के बजाय उन्हें कुछ अलग और अधिक करने की इच्छा थी। स्वयं के भविष्य की उनकी कल्पना भी स्पष्ट और साफ थी। विवाह के पश्चात् मुंबई के बजाय वे किसी और शहर में जाकर रहना चाहती थीं। घर में जब उनके विवाह की तैयारियाँ शुरू हुईं तो उन्होंने यह मन की बात स्पष्ट की थी। इसीलिए महाजन परिवार में विवाहित होकर ताई इंदौर में आ गईं।

इंदौर में वह राष्ट्र सेविका समिति से जुड़ गईं। सामाजिक कार्य में उनके कर्तृत्व को अवसर मिला। राजमाता जीजाबाई की पुण्यतिथि के अवसर पर इंदौर में निकाली गई महिलाओं की शोभायात्रा उनके कर्तृत्व तथा संगठन-कौशल का उदाहरण बन गई। लोकमाता अहिल्याबाई होलकर के चरित्र को पढ़कर मिली सीख से उनके कर्तृत्व को दिशा मिली। बाद में सामाजिक तथा राजनीतिक नेतृत्व भी अपने आप चलकर उनके पास आया और फिर लगातार 35 वर्ष (1984 से 2019) तक जनप्रतिनिधि के रूप में सफलतापूर्वक स्वच्छ और निष्कलंक नेत्री की पहचान बनाकर तथा उसे बनाए रखते हुए उन्होंने अपने नेतृत्व गुणों का परिचय दिया।

स्त्री और कर्तृत्व

'राजनीति में स्त्रियों को आना ही चाहिए', ऐसा ताई कहती हैं, क्योंकि महिलाएँ दुर्बल नहीं हैं, ऐसा वह मानती हैं। यह वे बार-बार स्पष्ट भी करती रही हैं।

लोकसभा अध्यक्ष बनने के बाद अंतरराष्ट्रीय स्तर पर दिए गए अपने पहले ही भाषण में उन्होंने यह स्पष्ट रूप से कहा था।

आदिकालीन भारतीय अवधारणा के अनुसार स्त्रियाँ जीवन तथा धर्म का अविभाज्य अंग होती हैं। स्त्री को शक्ति तो पुरुष को शिव संबोधित किया जाता है और शिवशक्ति तथा अर्धनारी नटेश्वर की धारणा स्पष्ट रूप से यह बताती है कि पुरुष तथा स्त्री दो भिन्न एकक (entity) न होकर एक ही हैं और एक-दूसरे के पूरक हैं। वे दोनों ही समान गुण, बल और क्षमताओं से संपन्न हैं। स्त्री और पुरुष दोनों धर्म की दृष्टि से भी समान हैं।

उसके लिए सबसे प्राचीन वेद और हमारे धार्मिक साहित्य का एक भाग ऋग्वेद के एक सुंदर श्लोक को उद्धृत करते हुए उन्होंने स्पष्ट किया—

"ए स्त्रियो! ये मंत्र उतने ही (पुरुषों जितने) आपके लिए भी हैं। आपके विचार भी सुसंवादी बनें। आपके सम्मेलन भी भेदभाव के बिना सबके लिए खुले रहें। आपके मन और चैतन्यता भी सुसंवादी होने चाहिए। मैं (ऋषि) इन मंत्रों को पुरुषों जितना ही आपको भी दे रहा हूँ और आपको इस मंत्र के (संपूर्ण अधिकार) गृहण करने के सभी अवसर और समान शक्ति देता हूँ।"

भारतीय मान्यता के अनुसार, स्त्री पुरुषों की सर्वसमावेशकता की धारणा प्रचलित है, क्योंकि पुरुष और स्त्रियाँ एक-दूसरे से अलग नहीं हैं, मगर परिवार और बड़े समाज में वे दोनों ही एक-दूसरे पर निर्भर होते हैं। समाज की आज की यह मानसिकता बदलने की आवश्यकता है।

4-5 सितंबर, 2014 को 'महिलाओं के आर्थिक सशक्तीकरण के लिए अनुकूल वातावरण तैयार करने' के लिए विधि मंडलों का क्या उपयोग हो सकता है, इस विषय पर चर्चा के लिए एकत्र—संसदों की महिला अध्यक्षों—की 9वीं वार्षिक बैठक—जिनेवा, स्विट्जरलैंड में अभिव्यक्त विचारों से।

अर्थात् इस सबके बाद भी वर्तमान परिस्थिति में महिलाओं का प्रतिनिधित्व कम है और उसे बढ़ाने के लिए विशेष प्रयास करने पड़ेंगे, इस बात का प्रतिपादन उन्होंने लोकसभा अध्यक्ष बनने के तुरंत बाद अपनी पहली ही भेंटवार्त्ता में किया था। उन्होंने कहा था, "सोलहवीं लोकसभा में 62 महिला सांसद निर्वाचित होकर आई हैं, मगर मैं संतुष्ट नहीं हूँ। कम-से-कम 120 महिला सांसद निर्वाचित होकर आनी चाहिए। साथ ही केवल संख्या महत्त्वपूर्ण न होकर गुणात्मक सहभाग पर भी ध्यान दिए जाने की आवश्यकता है।"

महिलाओं में पुरुषों की तुलना में सहनशक्ति, धैर्य, संयम, लगन, मनुष्यों तथा परिस्थिति का आकलन करने की क्षमता मूलतः ही अधिक होती है। उनमें शारीरिक क्षमता भी अधिक होती है, अन्यथा बच्चे को जन्म देने का कठिन काम स्त्रियाँ कैसे कर पातीं? बाकी सभी क्षेत्रों में स्त्रियाँ पुरुषों के साथ बराबरी से काम कर रही हैं, मगर राजनीति के बारे में इनके मन में उदासीनता तथा थोड़ी सी वितृष्णा भी है। पहले उसे दूर कर तथा अपने को चाहिए, ऐसा स्वच्छ रूप राजनीति को देना हो तो अधिक-से-अधिक महिलाओं को इस व्यवस्था में आना होगा। उसके लिए ताई ने कुछ सोपान भी बताए हैं—

- **मानसिकता :** राजनीति मेरा कर्तृत्व क्षेत्र है, यह मन:पूर्वक निश्चित करना चाहिए।
- **अवसर :** समाज तथा परिवार में भी उन्हें समान अवसर मिले, इसके लिए जागरूक रहना चाहिए।
- **अध्ययन :** राजनीति अन्य क्षेत्रों से भिन्न क्षेत्र है। बहुत अध्ययन करना पड़ता है, जो अद्यतन होना होता है। विधिमंडल में बोलने के लिए भी अध्ययन तथा धैर्य दोनों की आवश्यकता होती है।
- **स्वावलंबन :** यहाँ कोई किसी के लिए नहीं रुकता और न ही कोई किसी पर निर्भर रह सकता है।
- **संघर्ष :** यह तो पुरुष तथा स्त्रियाँ दोनों को ही करना पड़ता है, मगर स्त्रियों की खुद्दारी महत्त्वपूर्ण होती है।
- **सिद्ध करना :** राजनीति दिन-प्रतिदिन बदलती रहती है। इसलिए इसमें स्वयं की योग्यता भी निरंतर सिद्ध करना पड़ती है। यह भी उतना ही सत्य है कि स्त्रियों के लिए यह और भी अधिक जरूरी होता है, क्योंकि समाज का स्त्री की ओर देखने का दृष्टिकोण भिन्न होता है।
- **संयम :** 'आज नहीं तो कल', यह भावना तो राजनीति करनेवाले प्रत्येक व्यक्ति में होनी ही चाहिए, क्योंकि न्याय-अन्याय की परिकल्पनाएँ यहाँ अस्थिर होती हैं, परिस्थिति सापेक्ष होती है।
- **स्वप्न :** महिलाओं को राजनीति में आने का स्वप्न देखना ही चाहिए, केवल उसे यथार्थ और वास्तविक होना चाहिए। अपनी क्षमता के अनुरूप होना चाहिए। व्यक्तिगत लाभ की अपेक्षा उसकी सोच व्यापक होनी चाहिए।

• **सामाजिक भान :** राजनीति में आने पर सामाजिक भान रखना ही पड़ता है, क्योंकि उसी पर हमारा राजनीति में रहना अथवा न रहना निर्भर होता है।

उपरोक्त मुद्दे स्पष्ट करने के लिए वे अनेक उदाहरण देती रहती हैं। इस पुस्तक में वे आपको स्थान-स्थान पर बिखरे दिखाई देंगे।

एक उदाहरण बहुत ही प्रेरणादायक है—

राजनीति में आने पर उन्हें रात-बेरात शहर में, ग्रामीण क्षेत्र में घूमना पड़ता था। भले ही गाड़ी होती थी तथा साथ में कार्यकर्ता भी होते थे। डरने की कोई बात नहीं थी। रात में भले ही कितनी भी देर हो जाए, ताई प्रवास में कभी भी सोती नहीं थीं। एक बार किसी ने जिज्ञासावश उनसे पूछा, **"ताई, हम लोग इतने थक जाते हैं तो आप कितनी थकती होंगी, आपको प्रवास में झपकी नहीं आती क्या?'**

ताई ने उत्तर दिया, "झपकी तो आती है, पर मैं नींद नहीं लगने देती। निश्चयपूर्वक जागती रहती हूँ।" सतर्कता ताई का एक और गुण है, जो सभी को अपनाना चाहिए।

ताई ऐसा कहती हैं, यह उनका अनुभव है। सभी का अनुभव ऐसा ही हो, यह आवश्यक नहीं, मगर जिन दिनों उन्होंने राजनीति में काम शुरू किया, उन दिनों, जिनके परिवार की राजनीतिक पृष्ठभूमि नहीं है, ऐसी कुछ महिलाएँ संघ अथवा परिवार के माध्यम से अथवा आंदोलन के माध्यम से अवसर मिलने पर स्वयं के कर्तृत्व से सांसद के पद तक पहुँची थीं। उनकी समकालीन मा. सुषमा स्वराज, मा. जयवंती बेन मेहता, मा. मृदुला सिन्हा, मा. उमा भारती आदि थीं। उसी प्रकार आज भी राजनीति में ऐसी अनेक महिला नेत्रियाँ हैं।

स्त्रियों को अवसर

ताई को समय-समय पर अनेक वरिष्ठ नेताओं का मार्गदर्शन मिला। अब ताई सबसे अधिक बार निर्वाचित सांसद तथा लोकसभा अध्यक्ष होने के बाद उन्होंने भी यही परंपरा जारी रखी है। कई बार कुछ पुरुष सांसद मजाक में चुटकी लेते हैं—ताई के राज में कोई भी महिला सांसद हाथ खड़ा करे तो वे उसे तत्काल बोलने का अवसर दे देती हैं। लोकसभा की काररवाई के प्रसारण में भी कई बार ताई महिला सांसदों को प्रोत्साहन देती नजर आती थीं। उसमें निस्पृहता की भावना दिखाई देती थी। एक बार राष्ट्रवादी कांग्रेस की श्रीमती सुप्रियाताई सुले बोलने खड़ी हुई थीं, तब किसी अन्य पार्टी का सांसद बीच में ही जोर-जोर से बोलने लगा, सुप्रिया ताई थोड़ी

विचलित हो गई। ताई आसंदी से ही उन्हें कह रही थीं, 'बोलो-बोलो, मैंने उनका नाम नहीं पुकारा है, उन्हें बोलने की अनुमति नहीं दी है। तुमको दी है, तुम बोलो।' सुप्रिया ताई ने ऊँची आवाज में अपना भाषण आगे बढ़ाया।

अध्यक्ष बनने के बाद देश की महिला जनप्रतिनिधियों, सांसदों, विधायकों को अपने कार्य में निपुण बनाने के लिए उन्होंने जमकर प्रयास किए, अर्थात् इसके लिए उनका स्वयं का अनुभव बहुत उपयोगी सिद्ध हुआ।

ताई पूर्व में—Joint committee on pre-Natal diagnostic Techniques (regulation and prevention of misuse) Bill, 1991 इस समिति की सदस्य रही थीं। गर्भ लिंग परीक्षण कानून के संदर्भ में ताई ने इस विषय का गहन अध्ययन किया और कानून बनाने की प्रक्रिया में बहुत मेहनत की।

इसके पूर्व अटलजी की सरकार में ताई राज्यमंत्री रही थीं। उनके पास महिला तथा बाल विकास मंत्रालय था, तब उन्होंने सामाजिक कार्य करनेवाली देश की प्रमुख महिलाओं के लिए **'स्त्री शक्ति पुरस्कार' प्रारंभ किया। उनकी वैचारिकता का यह एक दृश्य स्वरूप था, ऐसा कहा जा सकता है।**

महामहिम राष्ट्रपतिजी के कर-कमलों से आज भी यह पुरस्कार देने की परंपरा जारी है।

इसके साथ ही उन्होंने **महिलाओं को प्रोत्साहन देने के लिए, 'स्वशक्ति', शिक्षा के लिए 'स्वाध्याय' और आर्थिक सहयोग के लिए 'स्वाधार' योजनाएँ** प्रारंभ कीं।

उसके पूर्व ताई कई बार महिला सशक्तीकरण समिति की सदस्य तथा अध्यक्ष रही थीं। हर बार उन्होंने तत्कालीन विषयों का गहन अध्ययन किया। प्रतिवेदन तैयार किए। सिफारिशें कीं। ताई बताती हैं, "समिति सिफारिशें करती हैं, जानकारी देती हैं, उन्हें स्वीकार करना अथवा न करना, यह उस समय की परिस्थिति के अनुरूप सरकार द्वारा तय किया जाता है, मगर यदि केवल 25 से 30 प्रतिशत भी स्वीकार हो जाती हैं तो भी विषय आगे बढ़ता है और संबंधित संस्थाओं, मालिकों अथवा नेतृत्व पर एक प्रकार का दबाव रहता है। अपने कार्य पर सरकार की निगरानी है, यह अहसास भी अन्यायकर्ताओं को अन्याय करने से रोक सकता है।"

"अधिक न्यायपूर्ण तथा चिंता करनेवाली दुनिया बनाने के लिए, देश की सामाजिक तथा आर्थिक नीतियों में महिला सशक्तीकरण को सर्वोच्च प्राथमिकता दी जानी चाहिए, क्योंकि वही अच्छे जीवन का गुरुमंत्र है।

स्त्री अबला या सबला?

"महिलाओं के आर्थिक सशक्तीकरण के लिए सकारात्मक वातावरण निर्माण करने के लिए संसद् एक आदर्श संस्था के रूप में कार्य करती है।" ऐसा भी उन्होंने अंतरराष्ट्रीय स्तर पर दिए अपने एक भाषण में कहा था। इस विषय पर ताई ने अनेक बार अपने विचार व्यक्त किए है। एकदम प्रारंभ में जब अंतरराष्ट्रीय महिला दिवस की शुरुआत 1975 में हुई, तभी से समाज में 'स्त्री मुक्ति' की आवाज उठ रही थी। स्त्री यह अबला है, उसे समाज द्वारा आधार दिया जाना चाहिए, ऐसी माँग की जा रही थी। इसी दृष्टि से स्थानीय स्वराज संस्थाओं में महिलाओं के लिए राजनीतिक आरक्षण लाया गया।

सांसद रहते ताई महिला एवं बाल विकास समिति की सदस्य रहती ही थीं। उसमें काम करते समय अथवा प्रवास करते समय, मार्गदर्शन करते हुए उनके विचारों की प्रगल्भता दिखाई देती थी।

"स्त्री-पुरुष समानता को प्रोत्साहन देने के लिए तथा महिलाओं के सशक्तीकरण के लिए सूचना प्रौद्योगिकी का उपयोग करने के लिए भारत पूर्णतया वचनबद्ध है। लैंगिक समानता (स्त्री पुरुष समानता) उसे मुख्य प्रवाह में लाना, यह विकास तथा आदर्श का केंद्रबिंदु है। विकास की प्रक्रिया में लैंगिक समानता तथा गुणात्मक प्रभाव की महिलाओं के सशक्तीकरण में महत्त्वपूर्ण भूमिका है।"

न्यूयॉर्क में एक सम्मेलन में बोलते हुए उन्होंने कहा था, "भारत स्त्री-पुरुष समानता और सशक्तीकरण के प्रारंभिक अग्रगण्य देशों में एक रहा है और देश के स्वतंत्रता संग्राम तथा उसके बाद हुई राजनीतिक उत्क्रांति के कारण पिछड़ी महिलाओं को समान राजनीतिक अधिकार प्राप्त हुए हैं।"

शाश्वत विकास के संदर्भ में उन्होंने स्पष्ट किया कि समाज में स्त्री की पारंपरिक भूमिका को बनाए रखना भी उतना ही महत्त्वपूर्ण है।

स्त्री की व्यापक क्षमता के बारे में उन्होंने बताया, "भारतीय अनुभव समर्थता से दिखाता है कि स्त्री शाश्वत विकास में केंद्रीय भूमिका निभाती है। केवल एक माँ के रूप में ही नहीं, वरन् उतनी ही महत्त्वपूर्ण घर की प्रबंधक, परिवार की अविकल घटक, पारिवारिक मूल्यों को सँजोनेवाली, उन मूल्यों को नवीन स्वरूप में परिवर्तित करनेवाली के रूप में भी, वह युवा पीढ़ी की शिक्षा, उसके व्यक्तित्व निर्माण तथा उसके विकास पर सकारात्मक परिणाम करती है।"

महिला जनप्रतिनिधियों का राष्ट्रीय सम्मेलन-2016

हक, अधिकार और प्रतिष्ठा, ये माँगने की बातें नहीं हैं। वह प्राप्त करने की, प्रभुत्व प्राप्त करने की (command) होती हैं। स्वामी विवेकानंद के वचनों का आधार लेते हुए ताई ने अभिनव कल्पना से एक सम्मेलन का आयोजन किया।

'भारत की महिला जनप्रतिनिधि राष्ट्र के पुनरुत्थान में किस प्रकार से महत्त्वपूर्ण भूमिका निभा सकेंगी?'

वर्ष 2016 के 'अंतरराष्ट्रीय महिला दिवस' की पूर्व संध्या पर 5 व 6 मार्च को आयोजित इस सम्मेलन का उद्घाटन भारत के राष्ट्रपति श्री प्रणब मुकर्जी और बांग्लादेश की संसद् की अध्यक्ष तथा कॉमनवेल्थ पार्लियामेंट्री एसोसिएशन की अध्यक्ष डॉ. शिरीन शरमीन चौधरी के करकमलों से हुआ। इस सम्मेलन में 300 से अधिक सांसद, विधायक, केंद्रीय मंत्री और मुख्यमंत्री उपस्थित थे।

उस अवसर पर बोलते हुए ताई ने सबका स्वागत किया। इस प्रथम महिला जनप्रतिनिधि सम्मेलन में भारत के सभी सासंद, राज्यों तथा केंद्रशासित प्रदेशों की महिला विधायक उपस्थित थीं। उनका स्वागत करते हुए ताई का स्वर उत्साह से भरा था। उन्होंने इसके पूर्व थलसेना तथा वायुसेना में महिलाओं को प्रवेश देने की राष्ट्रपति की घोषणा का स्वागत किया।

इस सम्मेलन की भिन्नता इस बात में थी कि इसके पूर्व हुए सभी सम्मेलनों में महिलाएँ कैसी दुर्बल हैं, उन्हें समानता का अधिकार मिलना चाहिए। निर्वाचन में आरक्षण मिलना चाहिए आदि की ही रिकॉर्ड बजाई जाती थी मगर यह जो सम्मेलन ताई ने आयोजित किया, वह कानून बनानेवाली स्त्रियों, शासन चलानेवाली तथा अधिकार प्राप्त महिलाओं का था, माँगनेवालों का नहीं। **अब माँगने का नहीं, देने का संकल्प होनेवाला था।** स्थानीय स्वराज संस्थाओं में आरक्षण को बीस वर्ष हो गए। इसलिए महिला जनप्रतिनिधि चुनकर आने लगे। उन्हें अधिकार मिले। उसी से आगे चलकर राज्य स्तर पर बहुजन समाज की महिलाओं को भी अवसर मिला। अब इस अवसर का सक्षमतापूर्वक उपयोग करने का समय आ गया है। उसके लिए अध्ययन चाहिए, सिद्धता चाहिए। इस सम्मेलन का मुख्य उद्देश्य यही था। सम्मेलन में एक प्रमुख सत्र तथा बाद में तीन पूरक सत्र थे—(1) सामाजिक विकास में योगदान, (2) आर्थिक विकास में योगदान, (3) उत्तम प्रशासन तथा कानून बनाने में योगदान।

वरिष्ठ और विशेषज्ञों के साथ संवाद तथा उनके मार्गदर्शन से सभी सत्र

प्रभावी रूप से संपन्न हुए और उपस्थित प्रतिनिधियों के सहभाग से तथा उनके ज्ञान तथा अनुभव के प्रस्तुतीकरण से सभी के लिए उपयोगी भी सिद्ध हुए। भारत की पूर्व राष्ट्रपति श्रीमती प्रतिभा देवीसिंह पाटिल ने भी समापन समारोह को संबोधित किया।

इस सम्मेलन से संपूर्ण भारत की महिला विधायकों को संबंधित क्षेत्र का अद्यावत ज्ञान मिला। उनको उनके शासक और अध्ययनकर्ता, इन दोनों भूमिकाओं के लिए योग्य दृष्टिकोण, प्रेरणा तथा मार्गदर्शन मिला। विधायक के रूप में सामाजिक तथा आर्थिक प्रगति के लिए और परिवर्तन के शक्तिशाली घटक तथा सुशासन के कौशल का उपयोग कैसे करें, यह भी सीखा। उनकी क्षमताओं की पहचान नए सिरे से हुई।

वर्तमान राष्ट्रीय तथा अंतरराष्ट्रीय समस्याओं के संबंध में नवीनतम जानकारी मिली। पुनरुत्थानशील तथा सर्वसमावेशक भारत राष्ट्र के निर्माण तथा उसके सर्वांगीण विकास के लिए योगदान देने की दिशा भी मिली।

महिलाओं को केवल महिलाओं के विषयों पर ही चर्चा नहीं करनी चाहिए, वरन् राष्ट्र के भवितव्य की नवीन चुनौतियों का भी विचार करना चाहिए, यह धारणा थी। इसके लिए पूर्व लोकसभा अध्यक्ष मीरा कुमार, गुजरात की मुख्यमंत्री आनंदी बेन पटेल, दिल्ली की पूर्व मुख्यमंत्री श्रीमती शीला दीक्षित, विदेश मंत्री श्रीमती सुषमा स्वराज, नजमा हेपतुल्ला, मेनका गांधी, उमा भारती, स्मृति जुबिन ईरानी, हर सिमरत कौर बादल, इनके साथ ही पूर्व न्यायाधीश रंजना देसाई और वैज्ञानिक शैलजा चंद्रा का भी मार्गदर्शन उपस्थित जनप्रतिनिधियों को मिला।

इसके लिए विशेष रूप से श्री प्रसून जोशी द्वारा 'उम्मीदं उम्मीदम्' थीम सॉन्ग चित्रित किया गया था। उसके शब्द तथा भाव बहुत सुंदर थे। उसका वीडियो यहाँ दिखाना संभव नहीं, मगर उसके शब्द यहा उद्धृत कर रही हूँ।

उम्मीदं उम्मीदम् गीत

"हम हैं लहर¨ जो संग चले
तो रोकेगा कौन हमको
संकल्प है, विश्वास है
तो रोकेगा कौन हमको
छपाका छपाका, तरन्नुम तरन्नुम

नया गीत गाने चली
उम्मीदं उम्मीदम्
नई एक नदी है
नए कल को पाने चली
मैं देश बनाने चली

हम हैं लहर⋯जो संग चले
तो रोकेगा कौन हमको
संकल्प है, विश्वास है
तो रोकेगा कौन हमको

उधर आसमाँ से किसी ने पुकारा
कहा बादलों से जुड़ो
इधर से जमीं ने किया एक इशारा
उड़ो और ऊँचे उड़ो!
इरादों की टोली लिए साथ में
उजाले रचाने चली
मैं देश बचाने चली

उम्मीदं उम्मीदं उम्मीदं उम्मीदम्।

शाम को प्रसिद्ध नृत्यांगना सांसद श्रीमती हेमामालिनी की नृत्य नाटिका का मंचन और संसद् भवन का दर्शन भी समाविष्ट था।

समारोह के समापन के लिए प्रधानमंत्री नरेंद्र मोदीजी आए थे। संसद् के सेंट्रल हॉल में महिला विधायकों के राष्ट्रीय सम्मेलन के समापन सत्र में अपने भाषण में प्रधानमंत्री श्री नरेंद्र मोदी ने कहा कि **हमको 'महिलाओं का विकास' इसके आगे जाकर भी विचार करना चाहिए। महिलाओं का विकास से अब 'महिलाओं के नेतृत्व में विकास'** की तरफ आगे बढ़िए। इस सम्मेलन के आयोजन के लिए

सबका, विशेष कर श्रीमती सुमित्रा महाजन का, सम्मेलन में उनके नेतृत्व और दूरदृष्टि के लिए अभिनंदन करते हुए प्रधानमंत्री ने कहा कि ऐसे कार्यक्रमों में औपचारिक सत्रों के अतिरिक्त प्रतिनिधियों द्वारा आपस में बाँटे जानेवाले अनौपचारिक सामयिक अनुभव भी महत्त्वपूर्ण और समृद्ध करनेवाले होते हैं।

प्रधानमंत्री ने कहा कि आधुनिक समय के व्यवस्थापन में अत्यंत महत्त्वपूर्ण माना जानेवाला घटक मल्टी टास्किंग महिलाओं में नैसर्गिक रूप से होता है। प्रधानमंत्री ने महिला विधायकों को प्रौद्योगिकी का उपयोग कर अपने घटकों के साथ संपर्क साधने का आह्वान किया। उन्होंने इस संबंध ने स्वयं का अनुभव बताते हुए, mygov प्लेटफार्म और नरेंद्र मोदी एप द्वारा उन्हें प्राप्त होनेवाले समृद्ध विचार और दृश्यों के बारे में बताया, जिन्होंने विविध योजनाओं द्वारा महिलाओं के सशक्तीकरण के उद्देश्य को बहुत आगे बढ़ाया है।"

प्रधानमंत्री तथा आयोजन समिति का आभार व्यक्त करते हुए ताई ने कहा, "महिलाओं के लिए आरक्षण, माँगें, प्रावधान आदि के लिए लड़ने के बजाय, जो स्थान, जो प्रतिष्ठा, जो शक्ति, जो समानता चाहिए, उसे अपनी अंतर्शक्ति और अपने कर्तृत्व के बल पर प्राप्त करने का समय अब आ चुका है और इस विचार को आगे ले जाने के लिए महिला जनप्रतिनिधियों के अतिरिक्त और कोई भी प्रभावी माध्यम नहीं है।" इस सम्मेलन की मूल कल्पना भले ही ताई की रही हो, मगर इसका आयोजन युवा महिला सांसदों ने किया था। उनमें किरण खेर, पूनम महाजन, हीना गावित, सुप्रिया सुले, पूनम मदाम की कविता, सुस्मिता देव आदि सांसद सदस्यों की कमेटी ने काफी मेहनत की। उनके नवीन विचारों तथा अध्ययन के कारण यह सम्मेलन अधिक प्रभावी सिद्ध हुआ।

बाद में इस सम्मेलन की इतनी प्रशंसा हुई कि उसके बाद इस प्रकार के और भी आयोजन हुए।

ब्रिक्स BRICS द्वारा महिला सांसदों का प्रथम सम्मेलन

महिला दिवस की सफल कार्यशाला के बाद राजस्थान के जयपुर शहर में 20-21 अगस्त, 2016 को ब्रिक्स BRICS द्वारा महिला सांसदों के प्रथम सम्मेलन का आयोजन किया गया। उसमें ब्राजील, साउथ अफ्रीका, चीन, रूस आदि देशों की प्रतिनिधियों ने भाग लिया। संयोग से उस समय राजस्थान की मुख्यमंत्री भी एक महिला श्रीमती वसुंधरा राजे थीं। उन्होंने प्रतिनिधियों का उत्तम आतिथ्य

किया। इस कारण प्रतिनिधियों को भारत की समृद्ध संस्कृति के दर्शन हुए। उसमें अनेक वक्ताओं के भाषण हुए। आयोजक ताई थीं, उन्होंने अपने भाषण/मनोगत में इस सम्मेलन का उद्देश्य बताते हुए कहा—

सर्वस्तरतु दुर्गाणी सर्वे भद्राणी पश्यन्तु।
सर्व कामनावाप्रोतु सर्व सर्वत्र नन्दतु॥

इस श्लोक में कहे अनुसार हम सारी बाधाएँ दूर करें, सुंदर और पवित्र बातों को देखें, हमारी समस्त इच्छाएँ पूर्ण हों, सब लोग सुख और समाधानपूर्वक आनंद में रहें, यह हमारा दर्शन है।

ब्रिक्स संसद् की महिला सांसदों के रूप में अपने-अपने देशों में अच्छी बातें घटित हों, यह इस सम्मेलन की निर्णायक भूमिका है, ऐसी सशक्त घोषणा करने के लिए हम यहाँ एकत्र हुए हैं। महिला होने के नाते हम सब परिवार तथा समाज में, जीवन पर प्रभाव डालनेवाली नीतिगत समस्याओं से संबंधित हैं और विशेष रूप से शिक्षा, आधारभूत संरचना तथा स्वास्थ्य जैसे क्षेत्र में होनेवाली बड़ी सामाजिक समस्याओं से संबंधित हैं।

Sustainable Development Goals (SDGs) : 'शाश्वत विकास लक्ष्य' को साध्य करने के लिए महिला सांसदों की भूमिका से जनप्रतिनिधि के रूप में लोगों की चिंताओं को अधोरेखित करने के लिए और उसी प्रकार प्रशासन तथा शाश्वत विकास के मुद्दों पर नागरिकों का सहभाग बढ़ाने के लिए मदद करने की भूमिका पर ध्यान केंद्रित करना भी आवश्यक है।

सांसद के रूप में हमारी विविध भूमिकाएँ हैं—विधिमंडल, प्रतिनिधित्व और नेतृत्व। जनप्रतिनिधि के रूप में हम स्थानीय समस्याओं के संबंध में हमारा ज्ञान तथा समझ को लोगों तक पहुँचा सकते हैं और SDGs और उसके क्रियान्वयन की चिंता भी कर सकते हैं। प्रतिनिधि के रूप में हमारी भूमिका हमारे निर्वाचन क्षेत्र की चिंताओं का प्रतिनिधित्व करने के लिए, सरकार की विकास की प्राथमिकताएँ निर्धारित करने में मदद करने के लिए तथा उसके क्रियान्वयन के लिए प्रशासन को सहयोग देने तक प्रतिबद्ध/विस्तारित होती है। उसमें सांसदों की भी नेतृत्व की भूमिका होती है। उसमें हम नेतृत्व भी कर सकते हैं और निर्वाचित होकर आए पिछड़े समाज के प्रतिनिधियों का मार्गदर्शन भी कर सकते हैं, यह अधिक महत्त्वपूर्ण है और विकास प्रकल्पों तथा स्थानीय स्वराज संस्थाओं को उनके स्वयं के प्रकल्पों के लिए निधि उपलब्ध कराने के लिए भी मदद कर सकते हैं।

'बेटी बचाओ, बेटी पढ़ाओ' के अपने प्रयासों का उल्लेख करते हुए उन्होंने समापन किया—

जीवनेयावद आदानं शात प्रदानं ततोधिकम,
इत्येशाप्रार्थना अस्माकम भगवन परिपूर्यतम।

'जो मिला, उससे अधिक वापस करें', इस दर्शन से सुसंगत ऐसा हमारा दर्शन है। इस प्रार्थना में हम कहते हैं कि 'हे ईश्वर, कृपा करके मेरी मानसिक धारणा ऐसी बनाए रखें कि, मुझे जितना भी मिले, उससे अधिक देने के लिए मैं सदा प्रतिबद्ध रहूँ।'

स्त्री केंद्रित अन्य कार्यक्रम

'Innovative practices for care of elderly women in India' इस विषय पर बोलते हुए उन्होंने आज की वयोवृद्ध महिलाओं की परिस्थिति पर भाष्य करते हुए, स्वयं के अनुभव का उल्लेख करते हुए मार्क ट्वेन के प्रसिद्ध वक्तव्य—'Age is a state of mind, if you don't mind; it does not matter' को उद्धृत करते हुए उन्होंने वृद्धावस्था को प्रसन्नतापूर्वक और अपनी इच्छानुसार जीने का अवसर बताकर सबको ऐसा ही करते हुए जीवन को सार्थक बनाने की सलाह दी।

ताई ने कहा, "स्त्रियाँ, यानी जीवन का झरना। परिवार, समाज तथा देश, ये सब स्त्री के आसपास घूमते हैं। वही सबको एक रखती हैं। स्त्रियाँ नैसर्गिक रूप से सबकी चिंता करनेवाली होती हैं। वे प्रथम प्रदाता हैं। प्रथम शिक्षक हैं। परिवार तथा समाज में प्रथम संसाधन वितरण करनेवाली हैं और पर्यावरण की नैसर्गिक संरक्षक भी हैं। घरों में स्त्रियाँ बहुतांशतः पंचमहाभूतों की प्राथमिक ऊर्जा की व्यवस्थापक होती है। दैनंदिन व्यवहार में बदलाव करने की अधिक इच्छा के कारण ऊर्जा बचाने की संभावना पुरुषों की अपेक्षा उनमें अधिक होती है।"

अमरावती में 'राष्ट्रीय महिला संसद्' में छात्राओं और दुनिया भर के प्रतिनिधियों के साथ 22,000 से अधिक महिलाओं के सम्मेलन को संबोधित करते हुए उन्होंने कहा, **"संसद् और विधानमंडलों में महिलाओं को आरक्षण मिलना चाहिए, मगर किसी भी प्रकार के विवाद के बिना, 'आदरपूर्वक' दिया जाना चाहिए। सशक्तीकरण यह महिलाओं की 'पुरुषों से लड़ाई नहीं तो' जो उसका है, वह उसे उसकी योग्यता से मिलना चाहिए।"**

"स्त्री के स्वभाव तथा नदी के प्रवाह के बीच समानता बताते हुए उन्होंने कहा कि स्त्री नाले की भाँति अपने मार्ग में आनेवाली बाधाओं से लड़ती नहीं हैं, वरन् घूमकर नया मार्ग पकड़ती है। जरूरत पड़ने पर चट्टान को तोड़कर भी आगे जाती है। नदी की भाँति स्त्री को भी अपना मार्ग स्वयं ही बनाना पड़ता है और जीवन समृद्ध होता है, नदी के किनारे पर ही!"

स्त्री शक्ति की वे प्रबल समर्थक थीं। जो उसका है, वह उसे मिलना ही चाहिए, ऐसी उनकी प्रबल धारणा थी। इस दिशा में जब-जब भी अवसर मिलता, तब-तब वे आगे जाकर दृढ़ता से अपने विचार व्यक्त करतीं।

'अंतरराष्ट्रीय महिला दिवस' के अवसर पर महिला जनप्रतिनिधियों का दूसरा राष्ट्रीय सम्मेलन आयोजित हुआ। उसे नीति आयोग की मदद मिली और बहुत प्रशंसा भी मिली। यह सम्मेलन 10-11 मार्च, 2018 को संपन्न हुआ। भारतीय संसदीय दल की अगुवाई में दिल्ली में हुआ यह सम्मेलन 'We For Development' विषय पर केंद्रित था। संपूर्ण देश की महिला जनप्रतिनिधि बड़ी संख्या में उसमें सम्मिलित हुई थीं, साथ ही पुरुष जनप्रतिनिधि भी आमंत्रित थे। प्रधानमंत्री श्री नरेंद्र मोदी ने इस सम्मेलन का उद्घाटन किया। इस अवसर पर इसी विषय से संबंधित एक प्रदर्शनी का आयोजन संसदीय ग्रंथालय तथा म्यूजियम द्वारा किया गया, जो सभी के लिए खुला था।

इस सम्मेलन में नीति आयोग के प्रमुख अधिकारी श्री अमिताभ कांत ने प्रमुख सत्र में Aaspirational districts पर विशेष जोर देते हुए मार्गदर्शन और पावर पॉइंट प्रेजेंटेशन दिया। वहाँ क्या और कैसे कार्य चल रहा है और क्या आवश्यकता है? महिला जनप्रतिनिधियों का सहभाग कैसे हो सकेगा, इस बाबत विवेचन किया। इसके बाद हुए दो सत्रों में—1. **विकास प्रक्रिया में विधिमंडल की भूमिका तथा 2. विकास कार्यों में संसाधनों का अधिकतम प्रयोग,** इन विषयों पर अनेक मंत्रियों ने मार्गदर्शन दिया। श्री ओम बिड़ला द्वारा प्रस्तुत प्रस्ताव सर्वानुमति से स्वीकृत हुआ।

समापन समारोह सार्वजनिक यातायात मंत्री श्री निनिन गडकरी ने संपन्न किया। मा. ताई ने सबका आभार व्यक्त करते हुए सहभागी महिलाओं को प्रोत्साहित किया और राष्ट्र के विकास में महिलाएँ बहुत कुछ कर सकती है, यह विश्वास दिलाया।

इसके पूर्व के महिला सम्मेलन, विशेष रूप से महिलाओं की माँगें आगे करने

के लिए ही होते रहे हैं। मगर ताई के मत में स्त्री मूल रूप से ही सक्षम है, वह राष्ट्र के लिए बहुत कुछ कर सकती है। वह क्या और कैसे कर सकती है, यह मार्गदर्शन **'अंतररष्ट्रीय महिला दिवस' के अवसर पर हुए सम्मेलनों में राजनीतिक महिला नेतृत्व को दिया गया। 'माँगना नहीं देना' इस सूत्र को पुनः प्रतिपादित करते हुए ताईं ने अपने कुशल नेतृत्व से स्त्री शक्ति को योग्य दिशा दी, यही कहना पड़ेगा।**

सक्षम स्त्री सक्षम राष्ट्र – उम्मिदम गीत	
https://youtu.be/hvdssbiJ5hY	

मा. सुमित्रा ताई महाजन का महिला सम्मेलन में संबोधन	
https://www.youtube.com/watch?v=DPu45RMwCz0	

14

भ्रमण

देखोन ऐकोन जाणती।
शहाणे अंतर परिक्षिती।
धूर्त ते अनवधेंच समजती।
गुप्त रूपे॥ 15.7.29. **—दासबोध**

चतुर समझदार व्यक्ति देखकर, सुनकर ही दूसरे के मन की बात जान लेते हैं और बिना किसी के जाने सबकुछ समझ लेते हैं।

—समर्थ रामदास

एक प्राचीन सुभाषित है कि 'देशाटन करने, पंडितों से मैत्री करने और सभाओं में भाग लेने से मनुष्य चतुर और ज्ञानी बनता है,' यह तो है ही! मगर लोकसभा अध्यक्ष बनने के बाद ताई पर एक विशेष जिम्मेदारी आ गई, वह स्वयं चतुर होने की नहीं, वरन् देश और विदेश में, भारतीय लोकसभा और संसद् का स्वरूप कैसा होता है, यह दिखाने की और इसके लिए उन्हें भँवरे की तरह निरंतर भ्रमण करना पड़ा। सर्वत्र संचार करना पड़ा। उनके इस भ्रमण के दो भाग किए जा सकते हैं। पहला, देश के अंतर्गत भ्रमण, जो उन्होंने पहले भी किया था। इसलिए उनके लिए उसमें कोई नावीन्यता नहीं थी, मगर अबकी जो नई भूमिका थी, वह बहुत महत्त्वपूर्ण थी और इस नई भूमिका के लिए उन्हें स्वयं को भी आवश्यकता के अनुसार तैयार करना पड़ा, ऐसा मुझे लगता है।

भारत-भ्रमण

उनके देशभर के प्रवास की यदि हम बात करें तो देश के प्रत्येक प्रदेश की राजधानी को उन्होंने भेंट दी। उनके प्रवास का मुख्य उद्देश्य जिस प्रकार सर्वसामान्य जनों को लोकसभा से परिचित कराना था; उसी प्रकार वहाँ के विधिमंडलों, अर्थात् विधानसभा और विधान परिषदों के निर्वाचित जनप्रतिनिधियों के साथ गुणवत्तापूर्ण संवाद साधना भी था।

उनकी यह भेंट निश्चित ही पूर्वनियोजित होती थी। उसकी सूचना सभी को रहती थी। दलगत रूप से वे किसी भी राजनीतिक पार्टी के लोगों से नहीं मिल सकती थी। उनकी भेंट शुद्ध रूप से एक संवैधानिक पदाधिकारी के रूप में होती थी। इसलिए वे सबके साथ एक समान व्यवहार करती थीं, मगर अधिकृत कार्यक्रमों के बाद वे किससे मिलें, यह उनका व्यक्तिगत मामला होता था, मगर वे वैसा करती नहीं थीं। महत्त्वपूर्ण व्यक्तियों और कार्यालय के माध्यम से संपर्क कर वे वहाँ के महत्त्वपूर्ण स्थानीय व्यक्तियों, प्रसिद्ध व्यक्तियों अथवा डॉक्टर, इंजीनियर आदि व्यावसायिक, सामाजिक तथा राजनीतिक व्यक्तियों के साथ सामूहिक चर्चा कर उनसे परिचय प्राप्त करती थीं। उनके साथ गपशप कर उनकी समस्याएँ समझती थीं। साथ ही स्थानीय और राष्ट्रीय घटनाक्रमों की भी संक्षिप्त जानकारी से उन्हें परिचित कराती थीं। वे महिलाओं की पृथक् बैठकें लेती थीं। महिलाएँ राजनीति में आएँ, उसका अधिक-से-अधिक अध्ययन कर उसे समझें, इस दृष्टि से वे महिला विधायकों को महत्त्वपूर्ण मार्गदर्शन भी देती थीं।

इसके अलावा, उन्हें प्राचीन मंदिरों और साधु-संतों के दर्शन करना भी पसंद था। वे प्रयासपूर्वक वहाँ के प्रसिद्ध आध्यात्मिक गुरुजनों से भी भेंट करने जाती थीं। किसी से भी मिलने जाते समय वे कभी भी रिक्त हाथों से नहीं जाती थीं। इसका मैंने पूर्व में भी उल्लेख किया है। संभव हुआ तो वे घर का बना कोई पदार्थ और मालवा की कोई खासियत, कोई कलाकृति, पुस्तक आदि लेकर जाती थीं। वे ऋषि-मुनि और संतों का भक्तिभाव से स्वागत करतीं, आशीर्वाद प्राप्त करतीं, मगर किसी के प्रति भी अंधश्रद्धा नहीं रखती थीं।

स्थानीय पत्रकारों से चर्चा करना भी वे पसंद करती थीं। प्रेस कॉन्फ्रेंस भी होती थी और उनमें कभी स्थानीय समस्याओं की भी चर्चा हो जाए, इस धारणा से वे वहाँ के स्थानीय विषयों की जानकारी भी प्राप्त करके रखती थीं, इसीलिए उनकी पत्रकार वार्त्ताएँ रोचक होती थीं।

ताई अपने साथ आए सहयोगी व्यक्ति अथवा सचिवालय के कर्मचारियों को

भी समान व्यवहार मिले, इसके लिए आग्रही रहती थीं। ताई का एक विशिष्ट प्रवास, यानी उत्तर-पूर्व भारत में श्रीमती नजमा हेपतुल्ला से हुई भेंट। उसी प्रकार शिलांग में एक पुराना वृक्ष गिरने की अवस्था में था। वहीं उस वृक्ष का पुनर्रोपण उन्होंने कराया था। अनेक स्थानों पर वे अपने कार्यक्रमों में वृक्षारोपण के लिए भी स्वीकृति देती थीं, उन्हें वृक्षारोपण करना पसंद था। वृक्ष संपदा बढ़नी चाहिए, उनका संरक्षण होना चाहिए, इसके लिए वे आग्रही थीं।

अपने प्रवास में वे वहाँ के प्रसिद्ध तथा प्रतिष्ठित व्यक्तियों से मिलती थीं। 28 सितंबर, 2018 को वे लता मंगेशकर से मिलने गई थीं। एक विशेष प्रकार के समारोह में उन्हें बुलाया गया था।

लताजी की बहन मीना खडीकर ने लता मंगेशकर पर एक पुस्तक 'मोठी तिची सावली' (बड़ी उसकी परछाईं) लिखी थी। रविंद्र नाट्य मंदिर में 28 सितंबर को लोकसभा अध्यक्ष श्रीमती सुमित्रा महाजन के हाथों से उस पुस्तक का लोकार्पण हुआ। इस अवसर पर शिव शाहीर बाबासाहेब पुरंदरे भी उपस्थित थे। विद्यावाचस्पति प. शंकर अभ्यंकर कार्यक्रम के प्रमुख वक्ता थे। इस कार्यक्रम में 'हृदयेश आर्ट्स' द्वारा 'स्वर गंधार' के सहयोग से आनंदघन इस नाम से लता दीदी द्वारा स्वरबद्ध किए गए गीतों का कार्यक्रम भी प्रस्तुत किया गया। इसका संचालन हृदयनाथ मंगेशकर ने किया तो गीत गाए उषा मंगेशकर, विभावरी आपटे, मधुरा दातार, सोनाली कर्णिक और प्राजक्ता सातर्देकर ने।

जिस प्रकार देशभर में ताई के प्रवास होते रहते थे, उसी प्रकार भारत में देश-विदेश के विविध शिष्टमंडल भी मिलने के लिए आते रहते थे। पहले सामान्यता उनकी बैठकें दिल्ली में ही होती थीं। ताई के आग्रह पर वे दिल्ली के बाहर भी होने लगीं। बाहर के देशों से आनेवाले लोगों को अपना देश कितना समृद्ध है, सांस्कृतिक दृष्टि से कितना प्रगल्भ है, इसकी कल्पना हो सके, इसलिए वे विविध स्थानों पर इस प्रकार की अंतरराष्ट्रीय बैठकें और सम्मेलन आयोजित करती थीं।

ताई को जैसे समय मिला, जैसे अवसर मिला, वैसे उन्होंने देश भर में विविध स्थानों को भेंट दी, Indian Parliamentry Union-IPU यह संगठन 1949 में स्थापित हुआ, यह अंतर संसदीय संघ का राष्ट्रीय संगठन होकर कॉमनवेल्थ

संसदीय संगठन की मुख्य शाखा के रूप में कार्य करता है। उसमें मुख्य रूप से भारत की विधान सभाओं और विधान परिषदों के अध्यक्ष होते हैं। उनकी बैठकें होती हैं। विचार-विमर्श होता है। इस निमित्त अन्य सभी समकक्ष अथवा समान स्तर पर कार्य करनेवाले विविध व्यक्तियों से संवाद स्थापित होता है। समस्याओं से परिचित होते हैं। आवश्यकता के अनुसार उन्हें सलाह अथवा सुझाव भी दिए जा सकते हैं। लोकसभा अध्यक्ष होने के नाते ताई इन संगठनों की पदेन अध्यक्ष थीं। वे सभी राज्यों की विधानसभाओं के अध्यक्षों से संपर्क में रहती थीं। उनसे संवाद करती थीं। बैठकें लेती थीं। सभी स्थानों पर उन्हें अच्छा अनुभव हुआ। जहाँ भारतीय जनता पार्टी की सरकार है, वहाँ के अध्यक्ष तो उनको सम्मान देते ही थे, स्वाभाविक रूप से उनमें से अनेक से वे पूर्व परिचित भी थीं, इसलिए उनमें औपचारिकता का भाव भी नहीं होता था। **ऐसे सब स्थानों पर तो ताई जाती ही थीं, मगर उन्होंने विशेष रूप से उन राज्यों में भी प्रवास किया, जहाँ अन्य दलों की सरकारें थीं। सभी के साथ उनके सौहार्दपूर्ण संबंध थे।** उन्होंने इस संदर्भ में उल्लेख किया बिहार की विधानसभा अध्यक्ष श्री विजय चौधरी का। पार्टी अलग थी, मगर व्यक्ति बहुत ही सज्जन, अध्ययनशील तथा ज्ञानी और मृदुभाषी थे। इसलिए ताई के साथ उनका बहुत अच्छा संवाद होता था। श्री विजय चौधरी के लिए उन्होंने एक स्थान पर ऐसा लिखा/कहा था कि जिस समय बिहार में भारतीय अध्यक्ष परिषद् IPU की बैठक हुई, उस समय श्री विजय चौधरीजी ने बहुत ही अच्छी तरह से अतिथियों का आदर-आतिथ्य किया था। उसी प्रकार बैठक की गुणवत्ता भी उत्कृष्ट स्तर की रखी थी।

उसी प्रकार ताई ने एक और खास उल्लेख किया उत्तर प्रदेश का। वहाँ इसी प्रकार का एक सम्मेलन करते समय सचिवों के मन में किंचित् संदेह था, क्योंकि वहाँ अखिलेशजी की समाजवादी पार्टी की सरकार थी। इसलिए वे इस सम्मेलन को कितना सहयोग करेंगे? या फिर कैसा सहयोग करेंगे, इस बाबत कुछ अन्य सहयोगियों ने भी संदेह व्यक्त किया था, मगर ताई ने दृढ़ता से कहा, "नहीं, वह सम्मेलन वहीं होगा, हम निष्पक्षता से कार्य करेंगे। वे भले ही किसी भी पार्टी के हों, वे संसदीय विधिमंडल के प्रमुख हैं और उनके अध्यक्ष यह राज्य विधिमंडल के विधानसभा के अध्यक्ष हैं। इसलिए उनके साथ हमारी बैठकें होना आवश्यक है और वह बैठक अच्छी होगी, यह मुझे विश्वास है।" और हुआ भी वैसा ही। हो सकता है, प्रचार माध्यमों के द्वारा श्री अखिलेश सिंह ने अधिक-से-अधिक स्वयं का प्रचार

किया हो, मगर सम्मेलन की व्यवस्था बहुत अच्छी थी। लोगों से उनका व्यवहार भी बहुत अच्छा था, इसमें संदेह नहीं। ताई तथा अन्य सभी अतिथियों के साथ उनका व्यवहार भी सराहनीय था। ताई ने महसूस किया कि उनका उत्तर प्रदेश में सम्मेलन करने का निर्णय उपयोगी सिद्ध हुआ।

इस प्रकार के सम्मेलनों से ताई को सभी के साथ मिल-जुलकर काम करने का अवसर मिलता था; अन्यथा **एक ऊँचाई पर पहुँचने के बाद व्यक्ति सामान्य जनों से एकदम दूर हो जाता है। मगर ताई प्रयत्नपूर्वक केवल जनप्रतिनिधियों से ही नहीं, वहाँ के कार्यकर्ता, व्यावसायिक, महिला मंडलों के साथ भी अधिक-से-अधिक कैसे संवाद हो सकेगा, इसका विचार प्रत्येक कार्यक्रम में करती थीं। इससे उन्हें जनमानस का दृष्टिकोण तथा समाज के रुख से परिचित होने का अवसर मिलता था।**

आम महिलाओं से संवाद

बंगलौर में हुई महिला विज्ञान परिषद् में कुछ कार्यकर्ता तथा महिला प्रतिनिधियों से उनकी भेंट हुई। उसमें गाँव की सब्जिवालियाँ भी शामिल थीं। अनुभव बताते हुए उन महिलाओं ने कहा कि हमें गाँव से सब्जी लाने के लिए बस की आवश्यकता पड़ती है, मगर वजनदार टोकनियों को छत पर चढ़ाना पड़ता है। उन्हें चढ़ाने के लिए किसी की मदद माँगने में संकोच होता है। कई बार मदद करते समय पुरुषों का व्यवहार अच्छा नहीं होता। इसके बजाय बस के अंदर हम खड़ी तो रह लेंगी, मगर खिड़की के पास यदि टोकनियाँ रखने के लिए स्टैंड/रैक बना दिए जाएँ तो हम आत्मनिर्भर हो जाएँगी। एक महिला समूह ने बताया कि खेत में काम करने के लिए लगनेवाली खुरपी छोटी होनी चाहिए। पुरुष प्रधान व्यवस्था के अनुसार वह बड़ी तथा बहुत वजनदार होती है, मगर हमारी आवश्यकताएँ और समस्याएँ अलग हैं। महिलाओं से चर्चा करते समय वे अपने विचार खुलकर बताती हैं।

"महिला वैज्ञानिकों ने इस दृष्टिकोण से अनुसंधान तथा प्रौद्योगिकी में सुधार करने का प्रयास करना चाहिए। स्त्रियाँ आसानी से उपयोग कर सकें, ऐसे सुलभ औजार बनाए जाने चाहिए। Women fraindly tools." ऐसा मत उन्होंने व्यक्त किया।

ऐसे अनेक स्थानों पर ताई गई। लेह-लद्दाख गई। राजस्थान गई, गुजरात

गई, महाराष्ट्र, मध्य प्रदेश इन राज्यों में तो वे कई बार गईं। केरल, तमिलनाडु, आंध्र, तेलंगाना इन राज्यों में भी वे गईं। इस प्रवास में विधानसभा अध्यक्षों तथा जनप्रतिनिधियों से बोलते समय उनका रुख यह होता था कि हमें पहले राष्ट्रीय हितों की चिंता करनी चाहिए। राष्ट्रनीति सबसे पहले होनी चाहिए, क्योंकि हमारी जो प्रतिष्ठा है, हमारी जो भूमिका है, हमारा जो पद है, वह दल से ऊपर है। इसलिए उसका उपयोग हमारे द्वारा राष्ट्रीय हितों के लिए ही किया जाना जरूरी है।

उसके लिए महिलाओं का भी वे उतना ही मार्गदर्शन करती थीं, प्रोत्साहित करती थीं, प्रेरित करती थीं—'आप लोग अधिक-से-अधिक अध्ययन करने के लिए आगे आए, जनप्रतिनिधि के रूप में आप जितना अच्छा काम करोगी, उतना ही आप आगे बढ़ सकोगी और राष्ट्र के लिए भी उसका उतना ही अच्छा उपयोग हो सकेगा।'

उनके सहयोगी श्री रमा दत्तजी ने बताया—ताई को खरीदी करना पसंद था, मगर पैसे तथा हिसाब को लेकर बहुत सावधान रहती थीं। खरीदी के बाद पैसे स्वयं ही चुकाती थीं। उनके पैसे मेरे पास रहते थे। खरीदी के बाद मेरी तरफ मुड़कर देखतीं कि मैंने पैसे दिए या नहीं। अन्यथा स्थानीय कार्यकर्ता पैसे चुकाने का प्रयास करते, यह उन्हें पसंद नहीं था। उसी प्रकार भेंट के दौरान उन्हें मिलनेवाली सभी भेंट वस्तुओं की सूची बनाकर वे तत्काल लोकसभा के संग्रहालय में भिजवा देती थीं। वहाँ से प्राप्ति की मुहर लगी सूची उनके सामने रखनी पड़ती थी। उसे वे स्वयं चेक करती थीं।

विदेश भ्रमण

शासकीय शिष्टमंडलों के साथ ताई विदेशों में भी खूब घूमीं। उसमें से कुछ प्रसंग यहाँ दे रही हूँ। पद सँभालने के बाद ताई सबसे पहले एक बैठक के लिए न्यूयॉर्क गई। अपनी जिंदगी की पहली विदेश यात्रा उन्होंने बतौर सांसद की। वे पड़ोसी देश नेपाल गई थीं। एक एन.जी.ओ. ने उन्हें एक महिला कार्यशाला के लिए नेपाल आमंत्रित किया था। इस वजह से उन्हें विदेश जाने का अवसर मिला। उसके बाद पूर्व लोकसभा अध्यक्ष श्री सोमनाथ चटर्जी के साथ उनका संयुक्त समिति की बैठकों, कार्यशालाओं या सामयिक यात्राओं के अवसर पर विदेश यात्रा का सिलसिला जारी रहा। जब वे मानव संसाधन विकास राज्य मंत्री थीं तो उन्होंने ऑस्ट्रेलिया की शिक्षा-नीति का

अध्ययन दौरा किया। वह बहुत सफल रहा। इसमें उन्होंने कई नई चीजें, नए विचार और शिक्षण के आधुनिक तरीके सीखे। विषय का अध्ययन करने के बाद उन्होंने यह भी सोचा कि भारत में उनका उपयोग कैसे किया जा सकता है! ध्यान दें कि तब दुनिया उतनी करीब नहीं थी, जितनी आज है।

उनका एक यादगार और अविस्मरणीय विदेश दौरा था, वह था पूर्व राष्ट्रपति डॉ. अब्दुल कलामजी के साथ। ताई कहती हैं, "डॉ. कलाम एक महान् व्यक्ति थे, लेकिन उतने ही सरल। पूरे दौरे पर उनके साथ मेरे जैसे कुछ और सांसद भी थे। वे हमारे साथ घुल-मिल जाते थे। औपचारिक सम्मान समारोह में उनके लिए विशेष दक्षिण भारतीय व्यंजन रखे गए थे। साथ में हमें भी आमंत्रित किया गया था। जब हमने काँटा और चम्मच से खाना शुरू किया तो कलामजी ने कहा, 'जब भोजन आपकी शैली का है और आपके लिए आयोजित है तो बेझिझक अपने तरीके से हाथ से खाएँ।' हमने भी उनका अनुकरण किया, काँटा और चम्मच बाजू में रख दिया। वापस जाते समय हम एक ही विमान में थे। वे विमान में उनके विभाग से हमारे बाजू में आए। हमसे अनौपचारिक बातचीत करने लगे। अच्छी बातें हो रही थीं, अचानक उनमें जैसे शिक्षक जाग्रत् हुआ। उन्होंने कहा, "अब एक काम करो, लंबा रास्ता तय करना है। इस दौरे में आपका अनुभव कैसा रहा? नया क्या देखने को मिला? आपने जो सीखा, उसे एक कागज के टुकड़े पर लिखकर मुझे दे दें! मुझे पता है कि हवाई जहाज चल रहा है, इसलिए तुम्हारा हस्ताक्षर अच्छा नहीं होगा; लेकिन मेरे पास तुम्हारा पत्र होगा, चिंता मत करो; मैं आपकी लिखावट को पहचान लूँगा। कल ऑफिस में से नहीं, बल्कि हम उतरें, इससे पहले मुझे वह दे दो।' और हम सबने हाथों से लिखी हुई वह कॉपी जहाज से उतरते वक्त राष्ट्रपतिजी के सहायक के हाथों सौंप दी।

उनका व्यवहार, सादगी, बच्चों के प्रति लगाव प्रगाढ़ था। वह स्कूल के कार्यक्रमों में शामिल होने से कभी इनकार नहीं करते थे, लेकिन वह दो-तीन बार इंदौर भी आ चुके थे। बहुत ही अलौकिक व्यक्ति थे डॉ. ए.पी.जे. अब्दुल कलाम!

साउथ कोरिया में मानद डॉक्टरेट

उसमें से कुछ घटनाओं के बारे में ताई ने स्वयं बताया है। वह बहुत मजेदार है। साउथ कोरिया में उन्हें 'मानद डॉक्टरेट' प्राप्त हुई। सम्मानीय डॉक्टर डी.लिट्. दी गई।

30 सितंबर, 2016 को दक्षिण कोरिया गणतंत्र के हांकुक यूनिवर्सिटी ऑफ फॉरेन अफेयर्स द्वारा उन्हें मानद डॉक्टरेट प्रदान की गई। इस अवसर पर बोलते हुए उन्होंने कहा, "मुझे बताया गया है कि यह डॉक्टरेट राजनीति शास्त्र में है, इसके लिए मैं विशेष रूप से आपकी आभारी हूँ, क्योंकि सांसद का कार्य सार्वजनिक सेवा के शास्त्र की भाँति ही एक शास्त्र है, यह बात सामान्यत: लोगों को समझ में नहीं आती। इसलिए यह सम्मान विशेष है। वैसे देखा जाए तो विश्वविद्यालयों में और किसी भी लोकतंत्र के विधिमंडल में होनेवाले कार्य में बहुत समानता होती है। हम सब अपने कार्य लोगों की सेवा के लिए ही करते हैं। आपकी यह मानद डॉक्टरेट उसी समानता का प्रतीक है, जिसमे हमारे राजनीतिक कार्य, हमारे उद्‌देश्य, शैक्षणिक (शिक्षक) और राजनीतिक (जनप्रतिनिधि) के रूप में एक-दूसरे से जुड़े हुए हैं। मुझे दिए गए इस सम्मान का विशेष महत्त्व है, क्योंकि लोग सांसद के कार्य को बहुत कम पहचान पाते हैं।"

उन्होंने कहा, "यह सम्मान उनकी व्यक्तिगत क्षमता और भारतीय नागरिकों के निर्वाचित प्रतिनिधि के रूप में उन्हें दिया गया है। विश्वविद्यालयों द्वारा किसी सांसद के कार्य की कभी-कभार ही समीक्षा होती है, इसलिए इस सम्मान का विशेष महत्त्व है।" इसे उन्होंने पुन: अधोरेखित किया।

साउथ कोरिया के नागरिकों ने उन पर प्रेम की वर्षा की। 'समयुग युसा' (The Heritage history of three kingdoms) इस ग्रंथ के अनुसार इतिहास बताता है कि 13वीं सदी में अयोध्या की राजकुमारी सुरीरत्ना जलमार्ग से साउथ कोरिया के बुसान प्रदेश में पहुँची। वहाँ के राजकुमार से उसका विवाह हुआ। कुछ वर्ष बाद वह राजा बन गया—(king Kim Suro)। सुरीरत्ना क्वीन हूह वांगओके (Queen Huh Hwang-ok) के नाम से पहचानी जाने लगी। उन दोनों ने विवाह के बाद अच्छा शासन किया। लोकोपयोगी कार्य किए। जनता में वे बहुत प्रसिद्ध और लोकप्रिय हुए। ऐसा कहा जाता है कि साउथ कोरिया में अयोध्या क्षेत्र के भारतीय वंश के अनेक लोग रहते हैं। वहाँ के पाँच करोड़ नागरिकों में लगभग 50 लाख लोग मिस्र वंश के हैं। वे आज भी स्वयं को भारतीय वंश से संबंधित मानते हैं। वहाँ आते समय राजकुमारी अपने साथ बहुत सारी स्वर्णमुद्राएँ, रत्न-जवाहरात, अनेक वस्तुएँ नौका में लेकर आई थी। पुराने जमाने में बहुत बड़ी-बड़ी नौकाएँ हुआ करती थीं और वजनदार वस्तुओं का संतुलन बनाने के लिए उसमें उतने ही वजन के बड़े-बड़े

पत्थर और शिलाएँ रखी जाती थीं। जिस स्थान पर राजकुमारी उतरी थीं, वहाँ एक स्मारक बनाया गया है। उस स्थान पर राजकुमारी की नौका के साथ आए उन पत्थरों और शिलाओं को भी सँजोकर रखा गया है।

जिस स्थान पर राजकुमार और राजकुमारी की प्रतिमाएँ हैं, जहाँ उनका स्मारक है। उस स्थान को देखने जब ताई गई, तब उन्हें बताया गया कि वहाँ रखे हुए पत्थर तथा शिलाएँ भारत से लाई गई हैं। वहाँ के स्थानीय लोगों की ऐसी मान्यता है कि यदि उन पत्थरों का एक छोटा टुकड़ा लेकर कोई समुद्री यात्रा पर जाता है तो वह निश्चित ही सुरक्षित वापस लौटता है। इस श्रद्धा के कारण उन पत्थरों का बहुत सा भाग वहाँ के लोग उठाकर ले गए हैं, मगर अब सरकार ने उन पत्थरों को देश की अमूल्य धरोहर मानकर इनके संरक्षण के लिए उन्हें छूने अथवा उठाने पर पाबंदी लगा दी है। ऐसी हैं अयोध्या की ये शिलाएँ! भारतीय शिलाओं को वहाँ एक प्रकार से पूजा जाता है तथा उनका संरक्षण किया जाता है। यह किस्सा सुनाते हुए ताई को प्रसन्नता हो रही थी। उन्हें महसूस हो रहा था कि हमारा भारत देश कितना प्राचीन है और उस समय से उसके अन्य देशों से कितने अच्छे संबंध रहे हैं। उनके मन में भारत के लिए एक प्रकार की श्रद्धा है। उनकी इस मान्यता को सम्मान देने के लिए अयोध्या के समीप भारत सरकार की ओर से मोदीजी ने दक्षिण कोरिया के नागरिकों के लिए एक स्थान उपलब्ध कराया है। जहाँ अब एक स्मारक बनाए जाने की योजना है।

साउथ कोरिया में उन्हें यह पता चला कि वहाँ किसी की मृत्यु होने पर उसके अंतिम संस्कार के समय सांत्वना देने आए लोगों के बीच एक चादर घुमाई जाती है, जिसमें सारे उपस्थित लोग अपनी इच्छा और क्षमता से कुछ राशि डालते हैं। इससे मृत व्यक्ति के परिवार को तात्कालिक रूप से आधार मिलता है। सँभालने का अवसर मिलता है।

इसी प्रकार विवाह समारोहों में भी वर तथा वधू के नाम से दो पेटियाँ रखी जाती हैं, जिसमें विवाह समारोह में शामिल उनके रिश्तेदार तथा स्नेहीजन भेंट राशि डालते हैं। उसके बाद उस राशि को निकालकर वर तथा वधू के परिवारजन उसे आवश्यकता के अनुसार आपस में बाँट लेते हैं।

इन परंपराओं का अत्यंत निर्मलता से पालन किया जाता है। अपनी संस्कृति में भी सामंजस्य तथा सहयोग की भावना को व्यक्त करनेवाली ऐसी ही अनेक परंपराएँ हैं।

इसके साथ ही ताई ने यह भी बताया कि साउथ कोरिया ने पिछले 25 वर्षों

में इतनी प्रगति की है कि उसे देखकर आँखें चौंधिया जाती हैं। आपने वहाँ एक के ऊपर एक ऐसे अनेक मंजिल वाले पुल बनते देखे हैं। साउथ कोरिया में ऐसे पुल वर्षों से बनते आ रहे हैं। वहाँ का प्रशासन, वहाँ के शासक, वहाँ के नागरिक सभी राष्ट्र की प्रगति के लिए काम करने के लिए राष्ट्रप्रेम से भरे हैं।

मंगोलिया-भारत के बीच की कड़ी

मंगोलिया की भेंट भी ऐसी ही स्मरणीय रही। मंगोलिया, यानी चीन तथा रूस के बीच का क्षेत्र। **मंगोलिया, यानी चंगेज खान। कुख्यात लुटेरा। क्रूर कर्मी। हमने इतिहास में यही पढ़ा है कि मंगोलिया का यह चंगेज खान दूसरे देशों में जाकर लूटमार कर भारी मात्रा में सोना-चाँदी और संपत्ति अपने देश ले जाता था, मगर मंगोलिया के लिए चंगेज खान राष्ट्र पुरुष 'Father of the nation' है।** उसकी प्रतिमा संसद् के समक्ष खड़ी की गई है। वे उसे सम्राट् मानते हैं, चंगेज खान के मंगोल साम्राज्य में मध्य एशिया तथा चीन का बड़ा भू-भाग व्याप्त था। वह एक भी युद्ध में पराजित नहीं हुआ था। उसकी सैन्य सफलता के कारण उसे 'प्रथम सम्राट' माना जाता है। उसने सिल्क रोड को एक ही शासन तंत्र में लाया। इससे उत्तर-पूर्व एशिया, मुस्लिम दक्षिण पश्चिम एशिया और ईसाई यूरोप का यातायात तुलनात्मक रूप से बहुत सुलभ हो गया, सांस्कृतिक विस्तार हुआ।

ताई को मंगोलिया जाने के बाद चंगेज खान की दूसरी बाजू का पता चला। दूसरी बाजू यह थी कि मंगोलिया एक रेगिस्तानी प्रदेश है। वहाँ जीवित रहने के लिए बहुत कष्ट उठाने पड़ते हैं और उसके लिए उन्हें दूसरे स्थानों से खाने-पीने की वस्तुएँ तथा धन-संपत्ति लूटकर लानी पड़ती है। उसके आसपास के प्रदेश में रेगिस्तान होने के कारण उसके आगे के पड़ोसी देश, यानी उस समय का चीन, ईरान, इराक तथा अफगानिस्तान। तुलनात्मक रूप से सधन तथा संपन्न होने के कारण उनमें आपसी युद्ध होते रहते थे। वीर योद्धा होने के कारण वह छापे मारकर वहाँ से धन-संपत्ति लूटकर लाता था और अपने देश की जनता का पेट भरता था। इस कारण मंगोलिया में उसे हीरो माना जाता है। इसके साथ यह भी कहा जाता है कि चंगेज खान भले ही लूटमारी करता हो, मगर लूटमारी के बाद जब वह युद्ध से वापस लौटता था, तब सारी लूट अपने राज्य में देने के उपरांत वह वहाँ समीप के एक पवित्र जंगल में जाकर तीन से चार माह रहता था। अपने द्वारा किया गया कार्य बुरा है, यह वह जानता था, इसलिए वह प्रायश्चित्त स्वरूप तपश्चर्या करने जंगल में

जाकर रहा करता था। ऐसी वहाँ के लोगों की मान्यता है। ऐसी अनेक बातें ताई को मंगोलिया जाने पर पता चलीं।

800 वर्ष पूर्व, वर्ष 1221 में महान् मंगोल विजेता चंगेज खान सिंधु नदी के पश्चिम तट पर स्थित पंजाब के कालाबाग शहर के पास अपने 50,000 सैनिकों के साथ पहुँचा। उसने ईरान, तुर्कमेनिस्तान, उज्बेकिस्तान, कजाकिस्तान के कुछ भाग, ताजिकिस्तान, किर्गिस्तान और आज के अफगानिस्तान तत्कालीन उत्तर-पश्चिम भारत का बड़ा भू-भाग जीत लिया था। समरकंद, बुखारा, निशापुर, ओत्रार, इन महान् शहरों को गिराकर ध्वस्त किया था। उसने इस्लामिक केंद्रों को ध्वस्त किया। उसके सैनिकों ने इस्लामिक ग्रंथालय तथा मसजिदों को जलाकर उनके स्थान पर बौद्ध मंदिर बनाए। उसनें बौद्ध मठों को करों में छूट दी, क्योंकि उन्होंने उसके साम्राज्य की सेवा की, मगर हलाल जैसी पद्धति पर प्रतिबंध लगाया। वह मुस्लिम तथा यहूदियों को गुलाम समझता था। चंगेज खान स्त्रियों का आदर करता था और निरंतर अपनी माता तथा पत्नी से सलाह लेता था, मगर उसने भारत पर आक्रमण नहीं किया। उसके संबंध में कई किंवदंतियाँ प्रचलित हैं। एक कारण यह भी बताया जाता है कि हिंदुस्तान हिंदू और बौद्ध धर्म का उद्गम स्थान है। इस धार्मिक कारण से उसने भारत पर आक्रमण नहीं किया।

मंगोलिया की प्राचीन बहुदेवतावादी विश्वास प्रणाली, जिसे अंग्रेजी में 'टेंग्रीजम' कहते हैं, हिंदू धर्म से समानता/साधर्म्य रखती थी और बौद्ध धर्म भी मंगोलिया में लगभग 2000 वर्षों से अस्तित्व में है। चंगेज खान के पोते कुबलाई खान ने बौद्ध धर्म को मंगोल साम्राज्य का राज्य धर्म घोषित किया था। आज भी अधिकांश मंगोल बौद्ध हैं।

उसके बाद भारतीय प्रतिनिधिमंडल ने गांडनटेगचिनलेन मठ (The Gandantegchinlen monastery) को भेंट दी। मंगोलिया में तिब्बती बौद्ध धर्म का पालन किया जाता है। यह मंगोलियन राजधानी उलानबाटार ने स्थित एक मंगोलियन बौद्ध मठ है। इसका अर्थ है 'पूर्ण आनंद'। वहाँ वर्तमान में 150 से अधिक बौद्ध भिक्षु रहते हैं। इसमें अवलोकितेश्वर की 26.5 मीटर ऊँची मूर्ति है। वह 1994 में शासकीय नियंत्रण में आया। 13वें दलाई लामा 1904 में वहाँ जाकर रहे थे। उनकी आज भी वहाँ पूजा होती है। 1913 में ऊँचा अवलोकितेश्वर मंदिर बनाया

गया। 1925 में 8वें जेबतसुदंबा खुटूक्तू के अवशेष रखने के लिए मंदिर का निर्माण हुआ। वह अब मठ का ग्रंथालय है। 1992 से सभी मंगोलियन बौद्ध केंद्रों के सर्वोच्च नेता और गांडनटेगचिनलेन मठ के मठाधिपति लामा गब्जू चोइजामट्स डेंबेरल (Lama Ganju choijamts demberal) यहाँ निवास करते हैं। इसके अलावा प्रतिनिधिमंडल ने पेथब मठ (Pethub Monestry) को भी भेंट दी। भिक्षुओं से चर्चा कर उनके साथ विचार-विमर्श किया। वहाँ का संग्रहालय देखा। 19वें कुशक बकुल रिंपोच (Koshak Bakula Rimpoche) के जीवन तथा कार्य को समझा। पेठब मठ को भारत मंगोलिया के बीच की आध्यात्मिक कड़ी के रूप में संबोधित कर सबने अभिमानपूर्वक वहाँ से विदा ली।

रूस की डूमा में भाषण

वे रूस में गईं। रूसी लोगों ने आत्मीयतापूर्वक उनका स्वागत किया। रशियन संसद् को DUMA कहा जाता है। उस डूमा के इतिहास में पहली बार किसी दूसरे देश के प्रमुख राजनेता के रूप में अमेरिका के राष्ट्रपति श्री बराक ओबामा ने भाषण दिया था। उसके बाद किसी दूसरे विदेशी के रूप में भाषण देने का सम्मान मिला भारतीय लोकसभा की अध्यक्ष श्रीमती सुमित्रा ताई महाजन को। रूसियों ने उनका बहुत ही अच्छा तथा भावपूर्ण स्वागत किया। उन्होंने ताई को बहुत आदर दिया। प्रसिद्धि भी दी। वह सम्मान ताई का तो था ही, मगर रूसी लोगों की भारत के प्रति आत्मीयता का प्रतीक भी था।

रूसी भेंट-12 जुलाई, 2017-भाषण के अंश

ताई ने डूमा में बोलते हुए कहा, "भारत और रशिया के संबंध पुराने हैं। 15वीं सदी में रशियन प्रवासी 'अफानसी निकितिन' भारत में आए थे। उनकी पुस्तक 'जर्नी बियोंड थ्री सीज' द्वारा उन्होंने रशियन लोगों के साथ अपनी यादें साझा कीं। भारतीय संस्कृति से रशियन लोगों को परिचित करानेवाला यह प्रथम लिखित स्रोत है। लिओ टालस्टॉय और महात्मा गांधी दोनों एक ही विचारधारा के दो दिग्गज थे, इसका मुझे अभिमान है। टालस्टॉय की पुस्तक 'द किंगडम ऑफ इस विदीन यू' ने महात्मा गांधी को बहुत प्रभावित किया था।

इस वर्ष हम भारत और रशिया के बीच राजनीतिक संबंधों की स्थापना का 70वाँ स्थापना दिवस भव्य रूप से मना रहे हैं। इस अवसर पर दोनों देशों में

डेढ़ सौ से अधिक कार्यक्रम आयोजित हो रहे हैं। हम रशिया में 'नमस्ते रशिया' कार्यक्रम भी आयोजित कर रहे हैं।
रशिया के 68 प्रदेशों में तीसरे 'अंतरराष्ट्रीय योग दिवस' का सफल आयोजन करने के लिए मैं अपने रशियन मित्रों का आभार व्यक्त करती हूँ।

उस अवसर पर उन्होंने सांस्कृतिक प्रदर्शन करता रशियन नृत्य (Balley) भी देखा, जो उन्हें बहुत पसंद आया। उस प्रतिनिधिमंडल में प्रसिद्ध नृत्यांगना और सांसद हेमामालिनी भी शमिल थीं।

उसके बाद एक बार 'Promoting cultural pluralism and peace through inter-faith and inter-ethnic dialogue' विषय पर आयोजित परिसंवाद के लिए BRICS की बैठक में सेंट पीटसबर्ग जाने पर उन्होंने सांस्कृतिक विविधता के अनेक पहलू दिखाए थे। उन्होंने कहा, "भारतीय समाज अध्यात्मवाद, मानवतावाद पर आधारित होकर भौतिकता को कम महत्त्व देता है। हम सामाजिक, राजनीतिक, सांस्कृतिक, धार्मिक और आध्यात्मिक दृष्टि से लोकतांत्रिक हैं। परिणामस्वरूप हमारे यहाँ अनेक धार्मिक कल्पनाओं ने जन्म लिया और वे विकसित हुईं। भारत में विविध भाषा, संगीत, नृत्य और कला विकसित हुए हैं। हमारे सर्व समावेशक आचार-विचारों ने हमारी सीमाओं के बाहर से आनेवाले अनेक धर्मों को भी आश्रय दिया। भारतीय संस्कृति का प्रसार अपने चरित्र के अनुसार कभी भी दूसरे लोगों के लिए कष्टकारी नहीं रहा है, वह तो शैक्षणिक और उन्नत है।

इसे यों कहें कि भारतीय जहाँ भी गए, वहाँ उन्होंने केवल अपने कदमों की छाप ही नहीं छोड़ी है, वरन् लोगों के हृदयों में भी अपनी आध्यात्मिक और सांस्कृतिक छाप छोड़ी है। हमने दुनिया को दिखा दिया है कि विविध धर्म, भाषा, प्रथा और श्रद्धा एक ही समय एक साथ रह सकती है और समृद्ध भी हो सकती है। किसी भी राष्ट्र की संस्कृति वहाँ के लोगों के हृदय तथा आत्मा में बसी होती है। भारत दूसरों के लिए देने और वहाँ होने पर विश्वास करता है—

'गौरव प्राप्यते दानात। न तु वित्तीय संचलन। स्थितिः उच्चै पयोदानां। पयोधीनाम् अधः स्थितिः।'

अर्थात् जिस प्रकार वर्षा के द्वारा जल देनेवाले बादल दूर आकाश में होते हैं तो जल प्राप्त करनेवाला सागर नीचे ही होता है।

अधिकांश अवसरों पर अपने भाषण में प्रासंगिक संस्कृत सुभाषितों का प्रयोग

करने की ताई की विशेषता उनके भाषण की गहराई तथा भारत की उच्च विरासत को प्रदर्शित करती थी।

रेगिस्तान का स्वर्ग

ताई जब दुबई गईं तो वहाँ का वैभव देखकर चकित हो गई। दुबई तो रेगिस्तान में बसा है। वहाँ के बाग-बगीचे, हरियाली, मीठा पानी देखकर उनके मन में विचार आया कि "अरे इतना अगर आदमी इस रेगिस्तान में कर सकता है तो फिर हमारे यहाँ क्यों नहीं होता?" दुबई में बड़ी संख्या में भारतीय रहते हैं। व्यावसायिक हैं, उन्हें अब अलग-अलग मंदिर बनाने की अनुमति मिल गई है।

'व्यावसायिकता को ही धर्म माननेवाली आज की दुनिया में हम इतना विकास क्यों नहीं कर पाते?' यह प्रश्न उनको निरंतर परेशान करता रहता था।

ताई जापान गई थीं। जापान में तो बुद्ध के अनेक मंदिर हैं। इसलिए उन्हें लगता है कि भारत जापान के साथ एक प्रकार के एकात्मिक तथा आध्यात्मिक धागों से जुड़ा हुआ है। जापान में भी उन्हें बहुत आदर-सम्मान प्राप्त हुआ।

सीता की विदेश नीति

अपने श्रीलंका के प्रवास मे उन्होंने रामायणकालीन अशोक वाटिका तथा अन्य प्रसिद्ध स्थानों को देखा। अशोक वाटिका में रावण ने सीता को नजरबंद रखा था। वहाँ का परिसर, घने जंगल, चारों बाजू से पर्वतों से घिरा वह बाग कितना सुंदर और भयावह रहा होगा, वहाँ सीता कितनी हिम्मत से रही होंगी। सुदूर देश में किसी भी साधन के बिना उसने परिस्थिति का सामना कैसे किया होगा? ऐसी परिस्थिति में भी उसने वहाँ के लोगों को अपना बना लिया था। त्रिजटा नाम की राक्षसी, जो उस पर पहरा देती थी। उसे भी उसने अपने व्यवहार तथा प्रेम से अपना बना लिया था। त्रिजटा ने भी सीता को उतना ही प्रेम और ममत्व दिया था। जिस समय रावण आकाश मार्ग से सीता को ले जा रहा था और उसे नीचे लक्षण तथा सारी सेना मृत हो गई है, ऐसा बताकर उसे मनाने का प्रयास कर रहा था कि अब तो मेरा स्वीकार कर ले। उस समय त्रिजटा इशारे से सीता को बता रही थी कि कोई भी मृत नहीं है। यह रावण का मायाजाल है, इसलिए भ्रमित मत होना।

वैसे देखा जाए तो त्रिजटा रावण की अत्यंत विश्वास पात्र थी, मगर उसने भी सीता की मदद की। 'यह सफल विदेश नीति का उत्तम उदाहरण हो सकता है। समस्या कितनी भी विकट क्यों न हो, उसका समाधान निकल सकता है, यह हमारे

ग्रंथों में बताया गया है। हमें उस दृष्टि से सकारात्मक विचार करना चाहिए।' ऐसा उन्हें महसूस हुआ।

अन्य देशों के अनुभव

ताई साउथ अफ्रीका गई थीं, तब वहाँ के अधिकारी, प्रतिनिधिमंडल के सदस्यों को जंगल सफारी दिखाने ले गए, तब सबने देखा कि जंगल में उनकी गाड़ी के पास से दो जिराफ सड़क पर अक्षरशः कैटवॉक करते हुए गुजरे। ताई को वह दृश्य देखकर बहुत आनंद आया। उन्होंने कहा, "मेरे जीवन में मैंने पहली बार देखा कि जिराफ कितना सुंदर और सुडौल प्राणी है। दो जिराफ एक-दूसरे के साथ इतनी मैत्रीपूर्ण भावना से और सुंदर तरीके से सड़क पर चल रहे थे, यह देखकर मुझे बहुत आनंद आया।"

एक बार वे साउथ अमेरिका के एक देश में गई थीं। वहाँ उन्होंने स्थानीय शाकाहारी पदार्थ खाने के लिए मँगवाए। मेक्सिकन फूड अपने जैसा ही होता है। अनेक बार उनके ध्यान में आया है कि दुनिया भर के अनेक खाद्य पदार्थ भारतीय खाद्य पदार्थों से थोड़े-बहुत अंतर से मिलते-जुलते होते हैं।

दक्षिण एशियाई देश तथा इंडोनेशिया में भी ताई को बहुत अच्छा अनुभव आया। **ताई सब जगह घूमीं, मगर घूमते समय उन्होंने एक महत्त्वपूर्ण बात ध्यान में रखी थी कि मनुष्य जीवन भर विद्यार्थी होता है। मैं भी विद्यार्थी हूँ। मुझे सीखना है। अनुभव प्राप्त करना है। यह बात वे कभी भी नहीं भूलीं।**

ताई भले ही लोकसभा अध्यक्ष के रूप में बैठकों, सम्मेलनों के लिए अनेक सहयोगियों के साथ जाती थीं, मगर उस देश की संस्कृति, धर्म, परंपरा, इतिहास, रहन-सहन का अध्ययन अवश्य करती थीं। नई-नई बातें सीखने का प्रयास करतीं तथा उनकी भारत के साथ तुलना करतीं। उनके ध्यान में आया कि इन सभी बातों में दुनिया का भारत के साथ बहुत साधर्म्य है।

वैसे देखा जाए तो प्रत्येक देश में जहाँ भी वे गईं, उन्हें आधिकारिक रूप से व्याख्यान आदि के लिए ही बुलाया गया होता था। हम उनके भाषणों का विस्तार देखें, भाषणों के भिन्न-भिन्न विषय देखें, उन भाषणों को सुनें-पढ़ें, तो एक बात निश्चित रूप से पता चलती है और वह है उनका देशाभिमान, राष्ट्रभक्ति। संस्कृत सुभाषित, देवी अहिल्याबाई जैसे महान् व्यक्तियों के उल्लेख, अपनी सांस्कृतिक विरासत का अभिमान उनके भाषणों में निरंतर प्रकट होता था। इसके साथ ही अपनी विदेश यात्राओं में ताई

ने एक भावना कायम रखी, यानी अपने देश के अन्य देशों के साथ रहे पौराणिक, ऐतिहासिक और आध्यात्मिक संबंध। इनके कारण बढ़नेवाले संबंधों में हम उदारता दिखा सकते हैं, इसके लिए हमें सावधानी बरतनी होगी। इसी के अनुसार उनका वहाँ व्यवहार होता था और लोगों को भी वे ऐसा ही व्यवहार करने को कहती थीं।

इसके साथ ही दूसरी बात यह है कि वे ऐसी अच्छी बातों को नोट करती थीं, जो हमारे देश में भी अपनाई जा सकें, जिसे हम अपने समाज में भी लागू कर सकें तथा जिनका उपयोग हमारे द्वारा किया जा सके। यह करते समय वे हीनता महसूस नहीं करती थीं, वरन् उत्साह, कौतूहल, अध्ययनशीलता की भावना रखती थीं।

अपने और उन देशों की सांस्कृतिक समानता और अपने तथा उनके बीच के सांस्कृतिक, ऐतिहासिक धागों को वे ढूँढ़ निकालतीं। उसी पर उनका जोर रहता।

मॉरीशस देश यानी छोटा भारत ही है। वहाँ के आज के नागरिकों के पूर्वजों को भारत से मजदूरी के लिए यहाँ लाया गया था। वहाँ आज भी शंकर और विष्णु के मंदिर हैं। तालाब का नाम 'गंगा सागर' है। ताई वहाँ जाते समय अपने साथ हरिद्वार से गंगाजल लेकर गई थीं, वह उन्होंने गंगासागर में समर्पित किया। यह ताई ही कर सकती हैं!

इसके साथ ही वे अपने देश की प्रतिनिधि के रूप में जब भी बाहर जातीं, उस समय अपने देश की प्रतिमा अत्यंत उच्च कोटि की रहे, बहुत अच्छी रहे, इसका बहुत ध्यान रखती थीं। उनके ध्यान में यह बात आई कि सभी देशों में भारत को एक विशेष प्रकार का सम्मान दिया जाता है और उस सम्मान का मूल कारण यह है कि हमने कभी भी किसी का भू-भाग जीतने के लिए किसी देश पर आक्रमण नहीं किया। विविध देशों में हमने मानवीय संबंधों का निरंतर प्रतिपादन किया है। बंधुत्व और करुणा का प्रसार किया है। इसी कारण दुनिया हमें वंदनीय मानती है। हमारे लिए विश्वभर में आदर का भाव है। 'वसुधैव कुटुंबकम्' का संदेश ताई ने दुनिया भर में फैलाया।

□

रशिया के सर्वोच्च संसद, मा. सुमित्राताई महाजन का मार्गदर्शन लेते हुए	
https://www.youtube.com/watch?v=KbDB1bwxhdU	

15

अष्टावधानी अष्टभुजा

लोक पारखून सांगावे।
राजकारणे अभिमान झाडावे।
पुन्हा मेळवून घ्यावे।
दुरील दोरे॥ 11.5.20

—दासबोध

राजनीति में लोगों को परखकर राजनीतिक उपायों से ही उनका अहंकार गला देना चाहिए और फिर उन्हें अपने साथ दुबारा जोड़ लेना चाहिए।

—समर्थ रामदास

ताई इंदौर की हो गईं, इंदौर ताई का। अटूट बंधन तैयार हो गया। ताई के घर का पता अब केवल 'नंदलाल पूरा' इतना न रहकर 'श्रीमती सुमित्रा महाजन, सांसद, इंदौर' ऐसा हो गया। इंदौर की वृद्धि, विकास ताई के सामने एक माता की ममता से हुआ। 1984 से ताई इंदौर की जनप्रतिनिधि थी। उसमें से 30 वर्ष उन्होंने लोकसभा में इंदौर का प्रतिनिधित्व किया।

ताई विनोद में कहती हैं, "मुझे कभी कोई पत्रकार प्रश्न पूछता तो वह इंदौर के बारे में ही पूछता था। अरे, आपने मुझे सांसद के रूप में निर्वाचित किया है न, फिर मुझे देश के बारे ने प्रश्न पूछिए। इंदौर के लिए और भी जनप्रतिनिधि हैं। वे भी अच्छा काम कर रहे हैं, उनसे पूछिए स्थानीय प्रश्न। मगर वे **पत्रकार कहते, "हमने कहाँ देखी है दिल्ली? कहाँ देखी है लोकसभा? हमारी दुनिया तो इंदौर ही है।"**

ताई कहती हैं, "यह मैंने हमेशा ध्यान में रखा। अपनी जड़ें, अपनी नींव मजबूत होनी चाहिए।" ताई की निरंतर जीत का रहस्य यही है!"

उन्होंने मध्य प्रदेश की राजनीति में सक्रिय सहभाग लिया। देश भर में महिला मोरचे का काम किया। राष्ट्रीय स्तर पर प्रभावी नेतृत्व किया। केंद्र में विविध विषयों पर काम किया, मगर अपने उद्‍गम से, अर्थात् संघ विचार और इंदौर से उन्होंने कभी भी स्वयं को अलग नहीं होने दिया। उससे उनकी नाल हमेशा जुड़ी रही। मजबूत बनी रही। इंदौर में प्रत्यक्ष हो या न हो, मगर उनके अस्तित्व के निशान यहाँ हमेशा ताजे बने रहे। ताई बाहर है, इसलिए किसी का काम कभी भी रुका नहीं। न ही उनकी भेंट न होने से किसी को निराश होना पड़ा।

इसका कारण था ताई का बनाया गया सक्षम कार्यालय। उसमें कार्यरत सहयोगी और उनसे आत्मीयतापूर्वक जुड़े हुए गली-मोहल्लों के लोग, जमा की हुई कार्यकर्ताओं की फौज।

ताई यानी GOOGLE MAP ! कौन सी गली में कौन रहता है, से लेकर किस बस्ती में कौन सी सड़क का काम चल रहा है, इसकी उन्हें अचूक जानकारी होती थी। वे शहर में हों अथवा न हों, उनका कार्यालय वर्ष के 365 दिन 10.30 से 7.30 तक सक्रिय रहता था। उसके बाद भी जरूरत पड़ने पर उनके कार्यालयीन सहयोगी उपलब्ध रहते थे और फिर कभी भी वक्त-बेवक्त जरूरत के समय ताई हमेशा ही उपलब्ध रहती हैं, यह सभी को पता था।

जनसंख्या 9 लाख से 30 लाख हो गई। उनके लिए लगनेवाली प्राथमिक से लेकर अत्याधुनिक सुख-सुविधाएँ लाने में ताई की महत्त्वपूर्ण भूमिका रही है।

ताई की कार्य पद्धति पूर्णतः योजनाबद्ध थी।

एक व्यक्ति-एक जिम्मेदारी। प्रत्येक व्यक्ति अपने विषय का जानकार।

कुल मिलाकर उनका कार्य, यानी विकास का आवास है और उसके आठ आधारस्तंभ इस प्रकार है—

1. रेलवे-बसें
2. रास्ते-ड्रेनेज
3. नागरी उड्डयन
4. पानी-बिजली
5. शौचालय-श्मशान-स्वच्छता
6. महिला सशक्तीकरण
7. क्रीड़ा और सांस्कृतिक
8. विकास कार्य।

ऐसा कहा जाता है कि चील आकाश में ऊँची उड़ान भरती है, मगर उसका

ध्यान सदैव अपने चूजों पर बना रहता है! इसी प्रकार ताई का शरीर तथा बुद्धि भले ही दिल्ली में कार्यरत होती, मगर उनका मन हमेशा इंदौर के भले में ही अटका रहता था।

दिल्ली में शहरी विकास की योजना बन रही है। उसमें इंदौर को कैसे जोड़ा जा सकता है? देश में अत्याधुनिक चिकित्सालयों के निर्माण के लिए बजट में प्रावधान हुआ है, वैसा चिकित्सालय इंदौर में बन सकता है क्या? कितनी जगह लगेगी? कौन सी भूमि तहसीलदार के कब्जे में है? वह किसलिए आरक्षित है? उनका विचार चक्र निरंतर चलता रहता था। जब संसद् का सत्र चालू रहता, ताई दिल्ली छोड़ती नहीं थीं, मगर अन्य दिनों में वे शुक्रवार की शाम से सोमवार की सुबह तक इंदौर में रहती थीं। इंदौर आने के लिए विमान में सवार होते ही उनके इंदौर विषयक कार्य प्रारंभ हो जाते। किसी का काम हो तो वह व्यक्ति, सरकारी अधिकारी और सहयोगियों के साथ उनकी चर्चाएँ विमान में ही शुरू हो जातीं। इंदौर में उतरते ही वे सीधे काम की जगह पहुँचतीं। कहीं उद्‌घाटन, कहीं बैठक, कहीं काम का निरीक्षण, किसी से सामाजिक कार्य के लिए भेंट आदि। यही सिलसिला सोमवार को सवेरे विमान में बैठने तक सतत चलता रहता।

इसका अर्थ यह नहीं कि सप्ताह के अन्य दिनों में ताई का इंदौर से संपर्क नहीं होता था। ताई रोज शाम को नियमित रूप से इंदौर कार्यालय के साथ फोन पर चर्चा कर काम का लेखा-जोखा पता करतीं और दूसरे दिन के कार्य का नियोजन कर सहयोगियों को काम की जिम्मेदारी बाँटतीं। उस समय कई बार उनके साथ श्री तातेंड होते। यदि दिल्ली में किसी काम में विलंब हो रहा हो तो तत्काल उस काम को तातेंडजी को सौंपा जाता था। काम के क्रियान्वयन की बाधाएँ दूर करने के लिए ताई स्वयं भी संबंधित अधिकारी से बात करती थीं, उससे उपाय भी पूछती थीं।

उनकी दृष्टि में काम का होना तथा समय पर होना महत्त्वपूर्ण होता था।

रेल के कामों की जिम्मेदारी एड. श्री नागेश नामजोशी कार्यकर्ता देखते थे, वैसे तो नागेश काका ताई के पति एड. श्री जयंत महाजन के शिष्य थे। ताई जब से सामाजिक और राजनीतिक क्षेत्र में कार्य करने लगीं, तभी से महाजन साहब के कहने पर उनकी सहायता करने लगे!

रेलवे का काम सँभाला श्री नागेश काका ने। उनकी कार्य पद्धति भी उनके व्यक्तित्व के अनुसार ही है। गहन अध्ययन, सभी कागज-पत्रों का परीक्षण, संबंधित अधिकारी की जानकारी जुटाना, अपेक्षित बाधाएँ पहचानना, यह सारा गृहपाठ पूरा

करने के बाद ही वे विषय में हाथ डालते और फिर हर पाँच दिन में उसका पृष्ठ पोषण। (Follow up)।

वे बताते हैं कि "2014 से 2019 के बीच इंदौर से 12 नई गाड़ियाँ प्रारंभ हुईं। तीन गाड़ियों का विस्तार हुआ। पूर्वोत्तर तथा झारखंड को छोड़कर शेष सभी राज्यों की राजधानियों के साथ इंदौर का सीधा सपर्क शुरू हुआ। एक वर्ष में 8 नई गाड़ियाँ प्रारंभ होने का रेकॉर्ड पहली बार बना। नया रेलवे मार्ग बनाने की स्वीकृति मिली। चल रहे कामों के लिए लगभग 3000 से 3500 करोड़ रुपयों का प्रावधान किया गया और क्रियान्वयन भी प्रारंभ हुआ। विद्युतीकरण तथा दोहरा मार्ग बनाने के लिए स्वीकृति प्राप्त की। विशेष, यानी फतेहाबाद-उज्जैन मार्ग के चौड़ीकरण की अनुमति नहीं मिल रही थी, वह भी प्राप्त की।

और सबसे महत्त्वपूर्ण बात, यानी सभी बातों के लिए सतत पृष्ठ पोषण। नवीन रेलमार्ग के निर्माण हेतु आवश्यक भूमि के अधिग्रहण हेतु चल रही काररवाई के बारे में हर तीसरे महीने संबंधित जिलाधिकारी से संपर्क का प्रयास होता और हर बार संबंधित सांसद, रेलवे के उच्चाधिकारी और जिलाधिकारी के साथ बैठक कर आ रही बाधाओं को दूर कर कार्य को सफल बनाया।

देश के सबसे पुराने रेल मार्ग में से एक और पर्यटन की दृष्टि से महत्त्वपूर्ण ऐसे एक रेलमार्ग को, जो होलकर महाराजा द्वारा 1877 में बनाया गया था और 'होलकर स्टेट रेलवे' के नाम से जाना जाता था, उसका महू-पाताल पानी अत्यंत सुंदर भाग, जो 140 वर्ष पुराना था, उसे 'हेरिटेज ट्रैक' के रूप में सुरक्षित रखने का निर्णय रेलवे मंत्री के द्वारा करवाया गया। साथ ही उसके नवीनीकरण की स्वीकृति भी प्राप्त की।

उसके लिए ग्रेडियंट ऑफ स्लोप, जो 1:40 था, उसे 1:50 करा लिया—

" (The gradient refers to the change rate of a slope. Take for instance a gradient of slope that is 1 in 40 (1:40). A 1:40 slope means that for every 40 metres along the ground, the slope hight increases by 1 metre) " **उस हेरिटेज गाड़ी को पारदर्शी छतवाले डिब्बे जोड़ने का प्रकल्प उसी कारण पूरा हो सका और अब यह मार्ग अत्यंत लोकप्रिय हो गया है।**

श्री नागेश नामजोशी ने अपना एक अनुभव बताया। एक काम के लिए वे दिल्ली में रेल मंत्रालय गए, तब श्री सदानंद गौड़ा रेलमंत्री थे। काम साधारण ही था,

मगर हो नहीं रहा था। प्रकरण का पृष्ठ पोषण कर वे रेल भवन से 10 मिनट की दूरी पर ताई के 8, गुरुद्वारा रकाबगंज स्थित निवास पर पहुँच ही रहे थे कि रेल भवन से अधिकारी का फोन आ गया। काम हो गया था। श्री नामजोशी ने बताया, "कई बार विकास कार्य के लिए भूमि का अधिग्रहण करना होता था, मगर इतना निश्चित कि यदि विस्थापन के समय खेत में यदि बोवनी हो चुकी हो तो फसल की कटाई तक भूमि का कब्जा न लिया जाए और यदि वहाँ घर हो तो उसे वैकल्पिक स्थान उपलब्ध कराने का प्रयास किया जाए, वह सफल होने पर ही पुराना घर तोड़ा जाए, इसके लिए ताई आग्रही रहती थीं।"

नई-नई योजनाएँ ताई यहाँ लाती थीं, मगर कुछ तथ्यों का पालन उन्होंने किया। Transfer, Cotracts and Appointments, इन विषयों में उन्होंने कभी ध्यान नहीं दिया, हस्तक्षेप नहीं किया।

इंदौर से कोंकण जाने के लिए सीधी गाड़ी नहीं थी। सारे प्रयासों के बाद भी रेलवे अधिकारी इसके लिए तैयार नहीं हो रहे थे। श्री सुरेश प्रभु के रेलमंत्री रहते रेलवे बोर्ड में किसी ने चर्चा के दौरान कहा कि "ताई का पीहर कोंकण का है और वहाँ के लोग इंदौर आने-जाने के लिए सीधी गाड़ी की माँग उनसे कर रहे हैं।" श्री प्रभु भी उसी क्षेत्र के होने के कारण अधिकारी पेंच में फँस गए और आखिर हम गाड़ी शुरू करवाने में सफल हो गए, अब यह गाड़ी बहुत लोकप्रिय हो गई है।

श्री सुरेश प्रभु इस विषय में कहते हैं—"हमने रेल बजट प्रस्तुत किया। पहली बार जब बजट पेश करने का अवसर मिला, तब मैं थोड़ा असहज महसूस कर रहा था, मगर ताई ने मेरा ढाढ़स बँधाया। मुझे सँभाल लिया, जब दूसरी बार बजट पेश किया, तब ताई ने हँसते हुए कहा, 'अब है न गाड़ी पटरी पर?' इंदौर-मनमाड रेलमार्ग बनाने के लिए ताई का बहुत आग्रह था। इंदौर-मनमाड रेलमार्ग बनने पर उस मार्ग पर आनेवाले संसदीय निर्वाचन क्षेत्रों के सभी सांसदों की अपने कक्ष में बैठक आयोजित की। सबकी ओर से आभार व्यक्त करने के लिए एक कार्यक्रम किया। वास्तव में वे अध्यक्ष थीं, वह बहुत बड़ा पद है। इसलिए उसकी आवश्यकता न होते हुए भी उन्होंने छोटे-बड़े का विचार न कर वह बैठक आयोजित की। किए गए काम का भान रखकर कृतज्ञता व्यक्त करने की उनकी यह वृत्ति-शैली मुझे बहुत अच्छी लगी।"

ताई इंदौर में हों या न हों, उनका कार्यालय लोगों के लिए हमेशा खुला रहना चाहिए। यह जिम्मेदारी थी कार्यालय प्रमुख श्री योगेश वर्तक की। नेकी और

ईमानदारी से काम होना चाहिए, ताई के इस निर्देश का उन्होंने निश्चयपूर्वक पालन किया। प्रत्येक पैसे का हिसाब। जनसहयोग से प्राप्त होनेवाला पैसा सीधे बैंक में। ब्याज सहित उसका विनियोग कैसे किया जाएगा अथवा कैसे हुआ, इसका पूरा हिसाब श्री वर्तक तथा कार्यालयीन लोगों ने रखा। कार्यालय में काम करनेवाले लोगों के व्यवहार पर नेता की प्रतिमा बहुत कुछ निर्भर होती है। कार्यालयीन कर्मचारी, कार्यकर्ताओं का व्यवहार यदि सहानुभूतिपूर्ण होता है तो उन्हें लोगों का प्रेम मिलता है, जो ताई को मिला।

लोकसभा अध्यक्ष बनने के बाद ताई का इंदौर में प्रत्यक्ष आना-जाना कम हो गया, मगर फिर भी इंदौर के विकास से उनका ध्यान कम नहीं हुआ। श्री राजेश मिश्रा उनके साथ कई बार दिल्ली-इंदौर में रहते। ताई को क्या चाहिए, उनके मन में किस काम का विचार चल रहा है, यह वे अपने अनुभव से पहचान लेते थे। उसी प्रकार श्री कृष्णा उपाध्याय सोशल मीडिया के माध्यम से ताई के कार्यक्रम तथा विचार आज भी लोगों तक पहुँचा रहे हैं।

लोकसभा अध्यक्ष होने के पूर्व लोगों को मूलभूत सुविधाएँ उपलब्ध कराने पर ताई का जोर अधिक रहता था। गाँव-गाँव में सड़कें बनवाईं, मगर प्रत्येक सड़क के पास पानी बहाने के लिए नालियाँ भी बननी चाहिए, यह उनका आग्रह रहता। ग्रामीण क्षेत्र में प्रत्येक गाँव में सड़क होनी ही चाहिए। लगभग 20,000 किमी. की सड़कें, उनपर पुल और नालियाँ बनाए गईं। 658 गाँवों में से लगभग 500 गाँव यातायात के साधनों से जुड़ गए। राजस्व विभाग में सभी की संगणकीय नोंद भी हो चुकी है। उन्होंने प्रधानमंत्री ग्राम सड़क योजना और केंद्रीय सड़क निधि का सूक्ष्म अध्ययन कर उसका लाभ अपने निर्वाचन क्षेत्र को उपलब्ध करा दिया था।

विकास की दृष्टि से प्रमुख सड़कों को चौड़ा करने के विषय में भी ताई का ध्यान रहता था। एक मजे की बात, लोकसभा में दिल्ली-मुंबई एक्सप्रेस हाइवे बनाने के बारे में सार्वजनिक निर्माण मंत्री श्री नितिन गडकरी बयान दे रहे थे, तब वह इंदौर से सीधा जुड़ नहीं रहा था। वह मंदसौर जिले से होकर जानेवाला था। वहाँ ताई ने याद दिलाया कि मंदसौर जिले के साथ यदि उज्जैन, गरोठ तथा इंदौर की सड़कें जोड़ दी जाएँ तो इंदौर को इस एक्सप्रेस-वे का लाभ मिल सकता है। गरोठ-इंदौर सड़क को छह लेन बनाने की स्वीकृति की घोषणा तो ताई के सुझाव देते ही तत्क्षण श्री गडकरी ने लोकसभा में कर दी। राज्य मार्ग को चार लेन बनाने, उसका सौंदर्यीकरण करने आदि के काम उसके बाद हुए।

ऐसा ही एक असाधारण प्रकल्प, यानी धार जिले के पीथमपुर में बना 11.3 किमी. का auto testing track। इस पर 300 किमी. की गति से गाड़ियाँ दौड़ सकती हैं। वहाँ ऐसे चौदह testing tracks बनाए गए हैं। 512 करोड़ का यह मार्ग (testing track) दुनिया का 5वाँ और एशिया का पहला प्रकल्प है। वह 296 एकड़ भूमि पर बना है। यहाँ भारत के अनेक स्थानों से वाहन गति परीक्षण के लिए लाए जाते हैं।

स्व. मुकुंद द्रविड़ और श्री वसंत म्हसकर खेलों के लिए समर्पित ताई के सहयोगी। क्रीड़ा, कला तथा सांस्कृतिक क्षेत्र में भी ताई ने ठोस कार्य किया। स्टेडियम बनाए, डे बोर्डिंग प्रारंभ किए, उसके माध्यम से प्रतिवर्ष 300 खिलाड़ियों को छात्रवृत्ति और खेल साहित्य उपलब्ध होने लगा। प्रैक्टिस तथा मार्गदर्शन मिलने लगा। विचारपूर्वक भारतीय खेल, खोखो, कबड्डी को प्रोत्साहन दिया। उससे अनेक नए खिलाड़ी तैयार हुए। महिला खोखो की राष्ट्रीय स्पर्धाएँ आयोजित कीं।

Sports Authority of India (SAI) की शाखा इंदौर में स्थापित की। चार करोड़ की निधि लाकर 11 एकड़ भूमि पर क्रीड़ा संकुल बनाया। उसका व्यावसायिक उपयोग कर उससे कला, क्रीड़ा, नाट्य और नृत्य की साधना कैसे हो सकती है, इसका विचार किया। नियोजन किया। उससे बहुत लाभ मिला। अनेक खिलाड़ियों को नौकरियाँ मिलीं। अभी तक इंदौर में तीन खिलाड़ियों को अर्जुन पुरस्कार मिल चुका है। कु. जूही झा की उपलब्धि प्रेरणादायक है। सुलभ शौचालय में रहनेवाली इस लड़की ने अपनी लगन से खोखो में राज्यस्तरीय 'विक्रम पुरस्कार' प्राप्त किया है। कुछ लोगों को द्रोणाचार्य पुरस्कार भी मिले हैं। खेलों को बचाने-बढ़ाने के उद्देश्य से किसी भी मैदान पर अतिक्रमण नहीं होने दिया है।

इस पुस्तक का दायरा केवल ताई के द्वारा लोकसभा अध्यक्ष के रूप में किए गए कार्यों का जायजा लेना, इतना ही होने के कारण अधिक विस्तार में जाना संभव नहीं है, मगर वास्तविकता यही है कि इस पद पर पहुँचना बहुत ही दुर्गम है और उसमें दुर्ग को काबिज करने में सहयोग देनेवाले सेनाधिकारियों का भी अपना महत्त्व है और उनके द्वारा दिया गया योगदान भी अतुलनीय है।

श्री देवराजसिंह परिहार ने ग्रामीण विकास में महत्त्वपूर्ण सहयोग दिया है। गरमियों में ग्रामीण क्षेत्र में पानी का अकाल होता था। टैंकरों से पानी पहुँचाना पड़ता था। इसके लिए अनेक ग्राम पंचायतों को टैंकर उपलब्ध कराए गए। इससे पानी की आपूर्ति सुलभ हुई। जिस टैंकर की कंपनी से टैंकर लिये थे, वह दो-तीन वर्ष बाद

मिलने आया और उसने सभी टैंकरों की निःशुल्क मरम्मत कर देने की पहल की और उसे करवा भी दिया। उसके साथ पूर्व में हुआ व्यवहार इतनी सच्चाई से हुआ था कि उसने इसे अपना नैतिक कर्तव्य समझा तथा उसे पूरा भी किया।

प्रत्येक व्यक्ति में सुप्त भलमनसाहत होती ही है, केवल उसे जाग्रत् करना पड़ता है।

हर गाँव में सड़क, पानी और बिजली तो सुशासन के तीन प्रमुख सूत्र हैं। ताई ने उसमें जोड़ा चौथा स्तंभ—**प्रत्येक गाँव में श्मशान।** पहले गाँवों में खुली भूमि पर मृत देहों को अग्नि दी जाती थी। ताई ने प्रत्येक गाँव में चिता जलाने के लिए पक्के ओटले बनवाकर उसपर चार लोहे के खंभे लगवा दिए। ताई संवेदना व्यक्त करने के लिए उनसे मिलने गाँव में जाती थीं, दान-धर्म की चर्चा करतीं और जनसहयोग से श्मशान निर्माण करने की आवश्यकता उन्हें समझाती थीं। अनेक गाँवों में उन्होंने सांसद निधि से तीन लाख की राशि देकर शेडवाले श्मशान बनवा दिए। इससे पर्यावरण की हानि कम हुई। पहले खुले में चिता जलाने में 5 क्विंटल लकड़ी खर्च होती थी, वह अब कम होकर डेढ़ क्विंटल हो गई। लोगों के श्रम और पेड़ दोनों की बचत हुई। सांसद निधि का काम देखनेवाले सज्जन इस जिम्मेदारी की तरफ एक समाजसेवा की दृष्टि से देखते थे। अपनी स्वयं की नौकरी को ईमानदारी से करते हुए उन्होंने सांसद निधि का यह काम 30 वर्ष तक किया। पाँच पैसे का भी गैर-व्यवहार नहीं किया।

ऐसे लोगों को जोड़ना, टिकाकर रखना आसान नहीं होता। लोकसभा अध्यक्ष ताई लगातार आठ बार सांसद निर्वाचित हुई हैं। यह महज एक छोटा सा वाक्य है, मगर क्या? कैसे? यह एक केस स्टडी है। उसके पीछे की 35 वर्ष की मेहनत देखे बगैर उसका महत्त्व समझा नहीं जा सकेगा।

ताई की निजी सहायक सौ. वंदना म्हसकर कहती हैं—

"आदरणीय ताई के साथ काम करने से बहुत कुछ सीखने को मिला। कैसे बात करनी चाहिए, कैसे उत्तर देना चाहिए, किस काम को प्राथमिकता देनी चाहिए, अपने से जो काम हो सकता हो, उसी के लिए स्पष्ट रूप से हाँ कहना चाहिए; नहीं तो नहीं कहना चाहिए और काम कर देने के बाद उसके बदले में कुछ भी लेना नहीं चाहिए। यदि कोई कुछ देने का प्रयास करे तो उसे स्पष्ट रूप से नहीं कहना चाहिए और अगली बार उसका काम विचारपूर्वक करना चाहिए।

दूसरी बात, यानी 1998 से हम रोज इंदौर में जिन लोगों का देहांत होता है,

उनके परिवार को संवेदना-पत्र भेजते हैं। उसमें कोई अपनी जान-पहचानवाला हो, कोई नेता हो, फिर वह किसी भी पार्टी का क्यों न हो, कार्यकर्ता अथवा उसका कोई रिश्तेदार हो, मित्र मंडल हो, इनके परिवार का किसी व्यक्ति का फोन नंबर प्राप्त कर दिवंगत व्यक्ति को क्या हुआ था, वह बीमार थे क्या, आदि संपूर्ण पूछताछ कर मैं ताई को एस.एम.एस. करती थी और फिर ताई भी बिना भूले जहाँ कहीं भी होतीं, वहीं से उन्हें फोन पर सांत्वना देती थीं। जब भी वे उन्हें फोन करतीं, तब वहाँ कोई-न-कोई रिश्तेदार भी होता; उसके मन में ताईजी के लिए जो भी आदर होता, वह इससे और बढ़ जाता, क्योंकि इतनी व्यस्तता के बाद भी ताई द्वारा उनके परिवार को फोन किया जाना उन्हें आत्मीयतापूर्ण महसूस होता था। इंदौर आने के पूर्व वे यहाँ कितने दिन के लिए आ रही हैं, उसके अनुसार पहले से कार्यक्रम तैयार कर लेती थीं और फिर उस दिन उस परिवार को मिलने उनके घर भी जाती थीं। जिस जगह जाना होता, वहाँ के मंडल प्रमुख, महिला मोर्चा प्रमुख और उस क्षेत्र के प्रमुख महिला तथा पुरुष कार्यकर्ताओं को भी एक दिन पहले सूचित कर दिया जाता था, जिससे वे भी उस समय वहाँ आ जाएँ। इससे कार्यकर्ताओं को भी महत्त्व मिलता और वह भी हमेशा कार्य के लिए तत्पर रहते। आज भी मिलने जाने का यह क्रम चल रहा है।

इसके साथ ही मैं रोज जिनके जन्मदिन होते हैं, उनके नाम और फोन नंबर उन्हें एस सम एस करती हूँ। ताई उस व्यक्ति के जन्मदिन पर फोन कर शुभकामना देती हैं। कई लोग उनके फोन की प्रतीक्षा भी करते हैं।

उसी प्रकार, यहाँ नाटकों में काम करनेवाले कलाकार, उन्हें यदि कोई विशेष पुरस्कार मिलता है अथवा किसी प्रेस फोटोग्राफर को फोटोग्राफी के लिए कोई पुरस्कार मिलता है या फिर अखबार में अच्छा फोटो भी आया तो उसे फोन कर उसको बधाई देती हैं। किसी ने पढ़ाई में प्रावीण्य प्राप्त किया, उसका भी फोन पर अभिनंदन करती हैं। साल में दो बार ईद आती है, तब उन बाँधवों को भी बधाई देती हैं। यह क्रम पिछले अनेक वर्षों से निरंतर जारी है और विशेष यह कि वे लोग भी महत्त्वपूर्ण त्योहारों पर फोन कर शुभकामना देते हैं।

एक विशेष बात, यानी हम जब भी कोई ताई को मैसेज भेजते हैं, ताई उसका उत्तर अवश्य देती हैं। वैसे देखा जाए तो वे व्यस्त रहती हैं, अपने मैसेज का उत्तर मिलना कठिन होता है, क्योंकि वे बहुत बड़े पद पर हैं; मगर फिर भी वे हमारे मैसेज का अवश्य उत्तर देती हैं। कोई मैसेज काम के लिए हो, महत्त्वपूर्ण हो तो, 'हाँ, फोन कर दिया, बात हो गई' इतना लिखकर भेज देती हैं। इससे हम भी संतुष्ट हो जाते हैं

कि हम जो काम कर रहे हैं, उसको भी महत्त्व दिया जा रहा है। उस काम की वर्तमान स्थिति भी पता चल जाती है और आगे क्या करना है, इसका अंदाजा लग जाता है।

ताई की काम करने की पद्धति अलग है। जैसे प्रदेश के बाहर यदि कोई कार्यक्रम माँगता है तो उसके लिए 'हाँ' कहने से पहले वे उस शहर के अपने मंडल अध्यक्ष, महिला मोर्चा अध्यक्ष से संपर्क कर, जिसके यहाँ कार्यक्रम में जाना है, उसकी जानकारी जुटाती हैं और यदि स्थानीय अधिकारियों ने यह कहा कि यह कार्यक्रम आप मत लीजिए तो आयोजकों को धन्यवाद के साथ इनकार कर दिया जाता है। इससे वहाँ के स्थानीय कार्यकर्ताओं को भी उचित महत्त्व मिल जाता है। इससे वे भी खुश रहते हैं। वे जहाँ-जहाँ जातीं, वहाँ के कार्यकर्ताओं को ताई के आने की पूर्व सूचना दी जाती थी और वे कार्यकर्ताओं को अपने साथ कार्यक्रम में ले जाती थीं। एक बार हम एक कार्यक्रम के लिए सोलापुर गए थे, तब वहाँ पर आसपास जो मंदिर है, वहाँ भी दर्शन करने गए थे, जैसे अक्कलकोट, पंढरपुर, अंबेजोगाई, परळी वैजनाथ, औरंगाबाद, उस्मानाबाद। तब उन्होंने होटल में भोजन न करते हुए कार्यकर्ताओं के घर भोजन का कार्यक्रम रखा। एक बार तो बहुत मजा आया—**असल में ताई के लिए टेबल पर भोजन की व्यवस्था की गई थी और बाकी लोगों के लिए जमीन पर! तब उन्होंने कहा था, 'मेरे लिए अलग व्यवस्था क्यों की गई है, मैं तो सबके साथ पंगत में बैठनेवाली हूँ' और उन्होंने वैसा ही किया। सब लोग भावुक हो गए।**

उनके पास स्कूल की फीस माफ कराने अथवा फीस के लिए मदद माँगने हेतु अनेक आवेदन आते हैं। उसमें से कुछ लोगों को मदद की जाती है। कभी वे खुद करतीं तो कभी-कभी कोई प्रतिष्ठित व्यापारी अथवा नागरिक स्वयं आकर उन्हें कहते कि आपके पास ऐसे आवेदन आएँ तो हम भी मदद करेंगे और इस प्रकार उनके द्वारा भी मदद की जाती थी। जिन बच्चों के लिए मदद की जानी है, उनकी एक सूची बनाई जाती और उनके क्षेत्र के अपने कार्यकर्ताओं से उनकी जानकारी प्राप्त की जाती और जहाँ वास्तव में मदद की आवश्यकता प्रतीत होती, वहाँ फीस जमा करवाकर, उसकी अपने यहाँ नोंद कर उन छात्रों तथा पालकों को बुलाकर मूल रसीद उनको सौंप दी जाती थी। छात्रों को यह बताते थे कि आज तुम्हें जरूरत थी तो तुम्हारी किसी ने मदद की है, जब तुम सक्षम हो जाओगे, तब यदि कोई तुम्हारे पास मदद माँगने आए तो तुम भी उसे जरूर मदद करना। यह चक्र ऐसा ही चलता रहना चाहिए।

ताई लोगों के मन का अचूक विचार कर लेती हैं। सामनेवाली क्या विचार कर रही होगी, इसका उन्हें अचूक अनुमान हो जाता है।

महिला सशक्तीकरण के संबंध में उनका मत, कार्य तथा उपलब्धि एक अन्य प्रकरण में आ ही चुकी है, मगर यहाँ यह उल्लेख करना आवश्यक है कि गाँव-गाँव में जब उनकी बैठकें होतीं, तब मुख्य रूप से उसमें पुरुष वर्ग ही सम्मिलित होता था, मगर मुख्य बैठक समाप्त होने के बाद ताई वहाँ की महिलाओं की अलग बैठक जरूर लेती। उनसे मुक्त रूप से गपशप करतीं, किसी सहेली की तरह उनके साथ व्यवहार करती थीं।

यह जानकारी श्रीमती सुमित्रा महाजन की न होकर एक ही निर्वाचन क्षेत्र से लगातार 35 वर्ष तक जनप्रतिनिधि के रूप में निर्वाचित होनेवाली महिला की है। एक कर्तबगार महिला की है। कोई भी आरक्षण, संरक्षण न होते हुए भी खुले राजनीतिक दंगल में खेलकर अनेक प्रतिस्पर्धियों को मात देनेवाली बेदाग, ठोस और स्वच्छ राजनीतिक कार्यकर्ता की है।

वे राजनीति में आईं, 'सही' राजनीति कैसी होनी चाहिए, दिखाने के लिए और वह उन्होंने दिखा दिया।

इस बयान में उनके काम का उदात्तीकरण अथवा विश्लेषण करने का हेतु कतई नहीं है। जो है, वह ऐसा ही है। इस दौरान कितने लोग लगातार आठ बार एक ही निर्वाचन क्षेत्र से निर्वाचित होकर सांसद बने? भविष्य में इसे कोई और दोहरा सकेगा क्या?

निर्वाचित होते समय वे कितने मतों से जीतीं, इसका ग्राफ, यानी कोई सीधी रेखा है क्या?

ऐसी अनेक शंकाओं अथवा प्रश्नों की तरफ मैंने ध्यान ही नहीं दिया, क्योंकि अकबर-बीरबल की एक प्रसिद्ध कहानी में अनेक प्रश्नों का उत्तर एक ही होता है— **पलटा इसलिए! शतरंज के खेल में भी वही सफल होता है, जो प्रतिस्पर्धियों की चाल को स्वयं की इच्छा के अनुरूप पलट सकता है।**

□

16

पद्‌मभूषण-प्रकाशदीप

पाहता तरी सापडेना।
किर्ती करू तरी राहेना।
आले वैभव अभिळासीना।
काही केल्या॥ 11.5.24

—दासबोध

उस महंत (मुखिया) को देखने जाएँ तो वह दिखता नहीं, मगर कीर्ति किए बिना रहता नहीं, प्रशंसा होने लगे तो वहाँ रहता नहीं और किसी प्रकार के वैभव की अभिलाषा रखता नहीं।

—समर्थ रामदास

संभवत: अब चुनाव के मैदान में ताई नहीं होंगी। मगर अभी तो इंटरवल हुआ है। उनकी दूसरी पारी तो अब शुरू होनेवाली है। अब तक उन्होंने राजनीति कैसी करनी चाहिए, यह प्रत्यक्ष रूप से बताया। भले ही राजनीति के लिए आवश्यक जैसा उनका मूल स्वभाव नहीं था, फिर भी। उनका मूल स्वभाव है प्रवचनकार का, शिक्षक का, प्रबोधनकर्ता का, विचारक का, चिंतक का। इसीलिए जब ताई को पद्‌मभूषण पुरस्कार मिला, तब वह अपेक्षा के अनुरूप होने के कारण उन्हें उसकी प्रसन्नता हुई। और समाज की उनसे अपेक्षाएँ भी बढ़ीं।

पद्‌मभूषण पुरस्कार समारोह 9 नवंबर, 2021 को राष्ट्रपति भवन में संपन्न हुआ। उसके लिए प्रसन्नता व्यक्त करते हुए ताई ने कहा, "मुझे प्रसन्नता है, इंदौर को मान्यता मिली है। इंदौर के कार्यकर्ताओं और लोगों की तरफ से मुझे मिले प्रेम

तथा समर्थन और मेरे पिता द्वारा किए गए नैतिक पालन-पोषण, मेरे ससुराल के लोगों का ठोस समर्थन, इससे मुझे आगे बढ़ने मे मदद मिली। भाजपा ने भी मुझे भिन्न-भिन्न क्षमताओं में कार्य करने का अवसर दिया। इस सबके कारण ही मैं लोकसभा अध्यक्ष पद को जिम्मेदारी के साथ सँभाल सकी।"

नई पीढ़ी के राजनीतिज्ञों को आप क्या सलाह देंगी, यह पूछने पर उन्होंने कहा, "कोई भी किसी को सलाह नहीं देता। लोग जो देखते हैं, उसी से सीखते हैं। लोगों के भाग्य में जो लिखा होगा, वही उन्हें मिलेगा। **मगर यदि आप आपको सौंपा हुआ काम प्रामाणिकता और सच्चे मन से करेंगे तो ईश्वर भी आपकी मदद करेगा।** मेरी पार्टी द्वारा मुझे कोई भी जिम्मेदारी दी जाने पर मैं उसे प्रामाणिकता से निभाती हूँ।" आगे उन्होंने यह भी कहा, "मैंने अपने जीवन में कभी कोई अपेक्षा नहीं रखी। इसीलिए मुझे बहुत कुछ मिला है। मैं उससे संतुष्ट हूँ। कृतार्थ हूँ।"

ताई के लाख-लाख चाहनेवाले, सामाजिक कार्य करनेवाले स्वयंसेवक और राजनीति के होनहार इसी अपेक्षा से ताई की तरफ चातक की आतुरता से निहार रहे हैं कि आगामी परिस्थितियों में ताई उन्हें सुयोग्य मार्गदर्शन प्रदान करेंगी!

चाणक्य, समर्थ रामदास, पं. दीनदयालजी उपाध्याय और श्री दत्तोपंतजी ठेंगड़ी के प्रज्वलित वैचारिक दीप को वे आगे ले जाएँगी। राजनीति को बेदाग रखने के लिए अखाड़े में उतरनेवाली भविष्य की पीढ़ी के हाथों में सौपेंगी। शांत, सौम्य सक्षम प्रकाशदीप बनकर।

□□□

पद्मभूषण पुरस्कार प्रदान समारोह	
https://economictimes.indiatimes.com/news/india/sumitra-mahajan-former-ls-speaker-awarded-padma-bhushan-says-her-work-has-been-recognised/videoshow/87605722.cms	